本书为国家社科基金课题一般项目“移动终端谣言传播与社会认同影响及对策研究”（15BXW038）结项成果

# 谣言生命力解读与应对

THE VIABILITY OF RUMORS

雷 霞 著

中国社会科学出版社

**图书在版编目(CIP)数据**

谣言生命力解读与应对/雷霞著. —北京：中国社会科学出版社，2022. 1

ISBN 978-7-5203-9172-6

Ⅰ. ①谣… Ⅱ. ①雷… Ⅲ. ①互联网络—谣言—研究 Ⅳ. ①C913. 8

中国版本图书馆 CIP 数据核字(2021)第 227651 号

出 版 人　赵剑英
责任编辑　陈肖静
责任校对　刘　娟
责任印制　戴　宽

出　　版　中国社会科学出版社
社　　址　北京鼓楼西大街甲 158 号
邮　　编　100720
网　　址　http://www.csspw.cn
发 行 部　010-84083685
门 市 部　010-84029450
经　　销　新华书店及其他书店

印刷装订　北京君升印刷有限公司
版　　次　2022 年 1 月第 1 版
印　　次　2022 年 1 月第 1 次印刷

开　　本　710×1000　1/16
印　　张　13. 5
插　　页　2
字　　数　217 千字
定　　价　78. 00 元

凡购买中国社会科学出版社图书，如有质量问题请与本社营销中心联系调换
电话：010-84083683

# 目　录

**内容提要** …………………………………………………………………… （1）

**第一章　移动终端的发展及其对信息生产与接收的影响** …………… （1）
　第一节　移动终端的界定 ………………………………………………… （1）
　第二节　移动终端信息传播特征 ………………………………………… （3）
　第三节　移动终端信息传播中出现的问题 ……………………………… （6）

**第二章　移动终端上的谣言传播** ……………………………………… （13）
　第一节　谣言概念的界定 ……………………………………………… （13）
　第二节　移动终端谣言传播特征 ……………………………………… （26）
　第三节　谣言公式述评 ………………………………………………… （35）
　第四节　移动终端谣言公式:新媒体时代谣言公式的拓展 ………… （48）
　第五节　“信息拼图”在移动终端谣言传播中的作用及其
　　　　　带来的启示 …………………………………………………… （50）

**第三章　移动终端谣言传播与社会认同影响** ………………………… （54）
　第一节　社会认同与谣言传播的相互作用 …………………………… （56）
　第二节　社会认同对应对谣言的启示 ………………………………… （59）
　第三节　谣言传播与社会认同影响:以雷锋形象被恶搞与颠覆
　　　　　谣言为例 ……………………………………………………… （63）

第四节 民族地区谣言应对与舆论引导建议
——以内蒙古自治区融媒体舆论引导为例 ……………… (68)

第四章 移动终端辟谣模式:众筹式“信息拼图”的立体表达 ……… (83)
第一节 辟谣难度分析:公认的难题……………………………… (83)
第二节 辟谣现状分析:任重道远………………………………… (85)
第三节 信息确定性的立体拼接:移动终端辟谣模式……………… (87)

第五章 建立社会协同机制,打造风清气正的网络空间…………… (91)
第一节 新媒体时代舆论引导工作的关键点 ……………………… (92)
第二节 增强政府公信力 ………………………………………… (95)
第三节 完善法律法规,警惕“寒蝉效应” ……………………… (104)
第四节 维护主流传统媒体的权威性…………………………… (108)
第五节 主流媒体的责任与抗议性谣言的治理………………… (116)
第六节 举全社会之力,打造风清气正的网络空间 …………… (122)

第六章 新冠肺炎疫情谣言特征及后疫情时代谣言治理建议……… (129)
第一节 新冠肺炎疫情谣言特征………………………………… (129)
第二节 新冠肺炎疫情谣言治理的反思………………………… (134)
第三节 防疫与虚假谣言信息的甄别…………………………… (137)
第四节 后疫情时代谣言治理建议……………………………… (142)

第七章 信息确定性的回归:智媒时代的新闻生产展望 …………… (147)
第一节 谣言:与新闻互为补充的信息形式 …………………… (147)
第二节 智媒时代的新闻生产:专业性与权威性的提升 ………… (149)
第三节 智能化检测与提醒:提升谣言审核效率 ……………… (155)
第四节 加强云计算技术,促进资讯产品移动化生产 ………… (157)
第五节 利用智能搜索推荐阻断谣言传播……………………… (159)

**附录 1　台湾媒体移动终端舆论引导及应对谣言的经验和问题分析** …………………………………………（163）
**附录 2　青少年网络素养与网络谣言破解** …………………………（170）
**附录 3　斩断谣言传播链　共建清朗网络空间** ……………………（181）

**参考文献**……………………………………………………………（186）

**后　记**………………………………………………………………（207）

# 内容提要

移动网络信息传播打破和拓展时空界限，即时的、移动的、多维的互动得以实现，信息传播的效率和范围大大提升。随着新媒体移动终端的普及，用户对移动终端信息传播平台的黏性增大，移动终端成为信息传播的重要平台，用户成为信息的制造者和传播者，媒体与受众之间的关系也发生根本性改变。互联网技术的发展、使用和普及为基于新媒体移动终端信息传播的社会认同的建构提供条件与保障，并培养用户新的媒介使用习惯与思维习惯。移动终端的多样化和丰富化是必然趋势，低门槛与便捷性为用户随时随地制造、转发和分享信息提供可能，相应地，谣言的产生与传播也增加更多机会。移动终端谣言传播影响和改变着社会认同的建构和重塑，而社会认同反过来也对造谣、传谣、信谣和辟谣产生重大而深远的影响。

本书认为，以往研究者提出的谣言公式和基于数学建模建构的谣言传播模型，为谣言传播动因及其生命力解读提供了多维视角，但某些公式的复杂性和局限性也在一定程度上影响其适用范围。本书梳理出目前学界比较有代表性的谣言十大概念界定，并指出谣言概念的不同界定揭示谣言产生和传播的不同面向和根源，同时提示谣言应对与治理的不同视角。本书以移动终端谣言为研究对象，结合移动终端信息制造与传播的特征，以及移动终端新闻生产方式的变革，总结移动终端谣言传播的特征，继而在对有代表性的谣言公式和模型进行述评的基础上，提取出谣言生命力的主要构成要素。通过对谣言生命力主要构成要素的分析，认为在新媒体平台谣言传播中，谣言与广告、游戏结合现象，以及传播技术和推送力度等作为谣言传播的助推因素，值得关注。基于此，本书提出符合移动终端谣言产生与传播的谣言公式，以期对新媒体时代谣言公式进行补充和拓展。

本书引入社会认同理论，并以雷锋谣言等为案例，分析指出大众对谣言的相信与传播与其社会认同有关，并互相影响。因此，以往针对谣言易感人群的分类基于年龄、性别、职业、地域等划分有一定的局限性。而谣言的控制和治理也远非“诉诸法律”和“信息透明”这样简单的策略就能达到。

本书通过对微信“谣言过滤器”2018年1月至6月发布的朋友圈每月十大谣言的60条辟谣信息的辟谣策略及其特点的分析，指出当前移动终端辟谣策略的经验与不足，结合爱德华·霍尔文化的三个层次理论，首次提出移动终端辟谣模式，从六个层面提出应对谣言的“众筹式信息拼图的立体表达”，同时结合疫情期间谣言传播特征及应对中出现的问题，提出后疫情时代谣言治理建议，以期对谣言研究，尤其是辟谣策略研究方面进行探索。

# 第一章

# 移动终端的发展及其对信息生产与接收的影响

手机端即时通信等移动终端信息传播平台成为大众获取与分享信息的重要渠道，同时，随着手机等新媒体移动终端的普及化，以及网速的大力度提升，用户对于移动终端信息传播平台的黏性增大，移动终端也成为新闻媒体机构信息传播的重要平台。未来，可穿戴智能设备的发展将使新的媒介不再作为人的延伸，而是作为人身体的一部分，信息生产与传播的便捷性进一步提升，将为人的认知和体验带来深远影响。

## 第一节　移动终端的界定

关于移动终端的界定，目前通用的是来自百度百科的界定，即移动终端或者叫移动通信终端是指可以在移动中使用的计算机设备，广义来讲包括手机、笔记本、平板电脑、POS 机甚至包括车载电脑。但是大部分情况下是指手机或者具有多种应用功能的智能手机以及平板电脑。[①] 基于本书的研究领域与研究主题，结合百度百科对于移动终端的界定，笔者尝试提出以下界定。

在本书中，移动终端指的是可连接互联网的、用户可随身携带使用的智能通信设备及信息传播工具，除了包括笔记本电脑、平板电脑、手机等常用设备之外，也包括智能相机（摄像机）、音乐（视频）播放器、智能

---

① 百度百科："移动终端"，https：//baike. baidu. com/item/% E7% A7% BB% E5% 8A% A8% E7% BB% 88% E7% AB% AF/7162720？fr = aladdin，2019 年 1 月 9 日。

音箱、VR 一体机、各类可穿戴设备等。

从媒介发展的历史来看，纸质媒介注重视觉；广播媒介注重听觉；电视媒介注重听觉和视觉；电脑媒介在重视听觉和视觉的基础上，增加了一定的交互性；移动终端媒介在听觉、视觉、交互性上增加了便携性，而虚拟现实设备在听觉、视觉、交互性、便携性上增加了感知与沉浸性。媒介的发展正是在逐渐增加用户体验方式的基础上进行的，如图 1－1 所示。

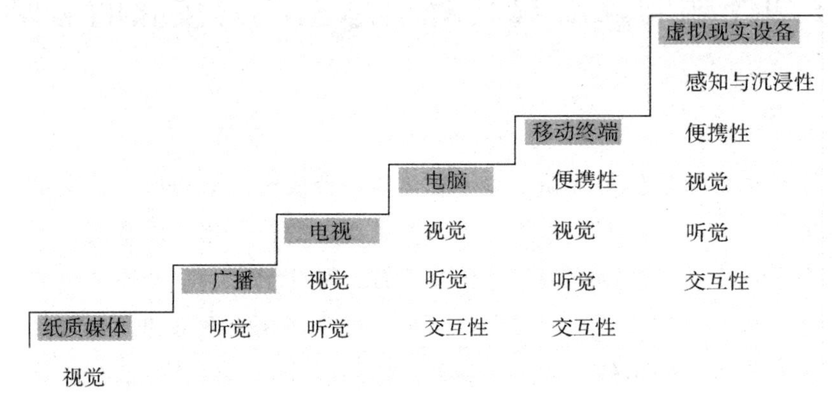


**图 1－1　媒介发展及用户体验方式的增加**

随着各种终端技术的不断发展和革新，虚拟现实技术也得到了日新月异的发展。VR 一体机要求虚拟现实终端设备穿戴更舒适和轻便，以使用户的感官和肢体以及思想的延伸与到达（到达虚拟现实）无须多余的终端，而是通过一体化的操作和感知实现。可穿戴设备的发展趋势必然越来越轻便化，就像刚开始时候的头盔到现如今的眼镜，未来应该是朝着更轻便的方向发展。同时，打破以往只有头和眼睛或肢体在一定范围内动作，实现不受距离限制的自由行走。虚拟现实领域依赖自身内容的丰富和产品的提升，将带来市场的逐渐成熟和用户的增长。虚拟现实技术的发展可望具有更好的交互性、沉浸感和感知力，并且更加人性化。未来，“VR＋”融入各个领域，将为信息确定性提出新的挑战，也带来新的传播机遇。

无论移动终端如何发展，不同的移动终端的共同特征是可移动的、联网的、可便捷操作的。便携与交互是移动终端作为新媒体信息传播平台的基本特征。现有的虚拟现实技术强调交互的通道和方式，而智能交互强调交互的感知、识别和理解。虚拟现实交互 + 智能交互可将原来的人—机—人的交互方式升级为人—人的直接交互。伴随着信息增强、环境感知技术的提升，下一步将是万物认知。人工智能将成为虚拟现实继沉浸感、交互性和想象力之后的第四大特性。虚拟现实与人工智能的结合，将提升高速计算能力、用户身体移动和静止多元数据的采集和处理能力，以及智能建模和交互能力，这带来更多的用户媒介感知与交互新体验。单人动作捕捉和多人各种动作捕捉能力，虚拟与现实的混合，沉浸和现实的触感、现实实物识别与扫描，虚拟物品现场操作互动等都将有所提升。同时，人工智能将提高虚拟现实产品的研发和生产效率，节省人力成本。未来的虚拟现实产品将融合知识性、娱乐性、社交性、组织性、推广性，涵盖用户学习、兴趣、圈子、工作及生活的方方面面。出于社交与信息分享的需要，基于关系的内容建设不可或缺。因此，需要打造虚拟现实制作和分享的开放平台，并实现平台标准化。通过移动端轻量级计算实现人与人、人与自然、人与机器之间的远程交互，可以让不同空间的人拥有类似于“面对面”的交流，让沟通重新回到自然状态，必然迎来信息分享的升级。

## 第二节　移动终端信息传播特征

我国网民通过手机接入互联网的比例逐渐增多，相应地，用户接收新闻信息的渠道也更加多样化。以往的新闻内容通过传统媒体渠道传播，使用的介质是新闻报纸、广播和电视。而新媒体时代，除了使用这些介质外，大量使用了计算机、手机、平板、可穿戴设备等各种多媒体移动终端。新闻内容的数字化存储与传播大大地改变了以往的空间观。以前，报纸、广播和电视有各自不同的新闻内容生产方式和特征。到了 Web 1.0 时代，因为新媒体本身具有的多媒体特性，使得以往在报纸、广播和电视上传播的新闻内容全都可以通过新媒体平台传播。而到了 Web 2.0 时代，由于互联网和各种移动终端、智能终端的发展，受众与新闻内容的交互性大大加强，适用于各种社交媒体平台和移动终端的新闻内容受到用户的青睐。因此，如何生产出适应新时代背景下不同介质传播平台的新闻内容提上日程，新闻的存储手段与传播介质产生的变化大大拓展了传播新闻信息的终端。

## 一　高时效性的信息传播

根据陆定一对新闻的定义，新闻是“新近发生的事实的报道”。[①] 但到了移动终端媒体时代，新闻变成了正在发生的事件的报道。虽然广播、电视的现场播报和现场直播都已经接近“正在发生的”事件的报道，但是，广播与电视的直播有一定的延时，有一些新闻内容音频与视频还都需要有处理和编辑的过程。而移动终端新媒体传播技术的低门槛和大量受众无处不在又同时在线的互动使得新媒体平台上的新闻信息传播几乎是实时的，因此，移动终端信息传播有更强的时效性。但值得注意的是，媒体融合为多种媒体资源的整合利用提供了前所未有的便利，新闻机构在整合各信息传播平台资源的基础上，需要生产出更加优质的和更加专业化的适用于不同媒体平台的新闻内容，而不仅仅是盲目迎合新媒体平台，尤其是移动终端和社交媒体平台受众的碎片化接收习惯，生产大量碎片化的新闻信息。移动终端不仅仅是信息发布与传播的绝佳平台，同时也是很好的信息澄清平台，还信息以确定性，维护各新闻媒体机构及其发布新闻信息的媒体与移动终端信息传播平台的公信力，提高其权威性。

## 二　多元化的内容生产主体

刘义昆、赵振宇指出，从广义上讲，新闻生产是指新闻机构及从业者对新闻的选择、加工与传播，它是一条单向的链条，由生产主体、生产客体以及所形成的生产关系构成。在新媒体的影响下，新闻生产从传统的组织化生产向新媒体平台转移，通过与公众互动进行新闻生产，体现出新闻生产的互动性、及时性与广泛性。其生产主体、生产客体和生产关系发生了深刻变化。[②] 新媒体技术的发展和各种社交网络平台的普遍化使得用户成为信息的制造者和传播者，媒体与受众之间的关系从根本上发生了改

---

① 陆定一：《我们对于新闻学的基本观点》，原载延安《解放日报》1943 年 9 月 1 日。

② 刘义昆、赵振宇：《新媒体时代的新闻生产：理念变革、产品创新与流程再造》，《南京社会科学》2015 年第 2 期。

变。由于信息传播终端多样，平台入口丰富，技术门槛较低，再加上社交媒体的助推，产生了众多的“公民记者”，他们无处不在，随手即拍，随时播报，并且即时互动，在打破时空限制的同时，也打破了信息发送与传播的藩篱。正如刘义昆、赵振宇指出的，尽管那些非专业的“公民记者”及各种社交媒体、自媒体和政务媒体，所发布的信息质量参差不齐、可信度堪忧，但他们的存在会迫使新闻媒体的工作重心偏移。这些新媒体形态的出现，让未来的新闻生产竞争将不再是独家新闻之争，新闻生产的主体也将更加多元。[1] 与此同时，众多的互联网企业和移动网络公司依托大量的用户与社交网络平台信息服务实现了新闻内容的生产，从而也成为新闻内容的生产者。因此，在传统媒体机构之外，产生了更多的新闻生产主体。

## 三　同时媒介消费与即时互动的受众

移动终端新媒体凸显的是互联网精神，而互联网精神的核心是创新、开放、共享、平等、自由。新媒体技术以及各种媒介终端的发展满足用户不同的需求，并且使得用户能够同时消费不同的媒介，边看电视边通过个人移动终端在社交网络上评论、与别的用户互动，边在电脑上或者移动终端上观看视频边发表评论形成弹幕等，多人同时在线的互动已经屡见不鲜。各种 O2O 技术仅通过特定的 App 便迅捷地连接线上与线下，即时地将虚拟终端上的信息与个人身处的现实世界联通，并且发生切实的关联，所有这些都是在传统媒体时代不可想象的，如今在新媒体时代得以实现。伴随用户同时不同媒介消费习惯的，是不同媒体平台对于新闻信息的不同呈现。新媒体技术使得同一新闻事件以数据化、可视化、多媒体化等全方位方式传播，这必然要求新闻内容生产者掌握多种技能，使同一新闻素材的采写编排及音频视频内容能够满足不同平台的需求。在数据化、可视化的背后，要探求新闻的社会意义，并且保留人性的温度。多种媒体平台为受众提供了多样化的选择，也为新闻内容生产者提供了多样化的新闻信息

① 刘义昆、赵振宇：《新媒体时代的新闻生产：理念变革、产品创新与流程再造》，《南京社会科学》2015 年第 2 期。

呈现方式与路径，更为多样化的新闻内容生产提供了技术保障。媒体融合时代的受众成为享受新闻信息服务的用户，他们不再满足于单一媒介对于某一新闻事件的呈现，而是可能同时消费不同媒介，并有所互动。因此，对于同一新闻事件，新闻内容生产者如果想要满足用户的需求，就必须提供内容多样、新式多样、多角度以及多媒体化的呈现，以多样化的内容和形式呈现于多样化的媒体平台。同时，由于媒体平台多样化与便捷化的保障，新闻内容生产者可以提供新闻事件相关的背景资料、前因后果、相关知识等信息的链接，并引入科学的研究方法，以多媒体、数据化、可视化等多样态的形式呈现，满足新媒体时代用户的多样化信息需求，并培养受众的科学素养，从而打破知其然而不知其所以然的藩篱，培养大众理性思维。

## 第三节　移动终端信息传播中出现的问题

国家大力提倡和支持媒体融合，给传统媒体机构带来了扶持与鼓励，以及方向上的引导，但是在现实操作过程中，大多媒体机构对媒体融合理念的认识不够充分，对新媒体技术有所恐惧，缺少新媒体技术操作人才等严重阻碍了媒体融合的进程，甚至出现媒体“融合”中传统媒体与新媒体“两张皮”的现象。究其原因，最主要的是根深蒂固的以传统媒体为主体的观念，使得传统媒体机构从业者站在护卫者立场，认为新媒体带来了“冲击”，在此情形下，有些媒体还固守传统媒体的优越性地位，无视新媒体或相反的进驻；而有些媒体认为搭建新闻客户端、推送微信公众号和手机报等就是“媒体融合”，迎合移动终端与用户消费短、频、快特点，向用户推送“碎片化”的信息。同时，在实际的考核中，又出现重视传统媒体忽视新媒体或相反的现象，因此无法激发和调动员工的积极性，难以真正调动新媒体的活力。

可以看出，移动终端信息传播的理念并没有得到客观、理性、全面的普及与实施，与之相对应的，是两个极端：一是全然不顾新媒体的发展和新技术带来的便捷，固守传统媒体的传统新闻生产与传播方式，将传统媒体内容简单“搬运”到新媒体信息传播平台，无视新媒体信息传播平台的特有规律；二是全盘新媒体化，紧随移动终端信息传播特征，将终端化简单等同于碎片化，生产和传播大量“碎片化”的信息。在个人拥有便捷的途径生产、传播信息并与他人实时互动普遍化的新媒体时代，专业的新闻机构的新闻生产势必受到影响，并且需要转变观念，改变新闻生产的方式。但是，大多从业者与研究者都站在传统媒体的立场，认为新媒体“冲击”了传统的新闻生产与传播方式，带来了挑战。

## 一　认识不到位，以传统媒体的视角发展新媒体

传统媒体与新媒体的深度融合，并不是简单的传统媒体向新媒体转向，也不是仅仅将传统媒体的内容搬到新媒体平台上，而是应该以平等的身份和相对独立的运营为前提的深度融合。传统媒体的观念和新媒体的观念是完全不同的，如果仅仅是在传统媒体内部划出一块地盘称作新媒体中心，而该新媒体中心的所有运营思路和人员都来自传统媒体，是不可能做到深度融合的。

笔者曾于 2014 年 8 月对某新闻网进行实地调研，并对相关管理及工作人员进行了访谈。以其为例，该网于 2003 年 11 月 26 日正式开通，是成立最早、规模最大、技术力量最雄厚的省级新闻网之一。但笔者在实地考察与调研中发现，目前网站与受众之间的互动严重不够，成了“自娱自乐”，对百姓关心的问题不够重视，因此用户黏合性较低。究其原因，主要在于新媒体仅仅是传统媒体的一个部门，并不是单独的机构，而管理人员又都来自传统媒体，观念跟不上。调研中笔者还发现，报社要求报纸和网站稿源和新闻资源共享，传统媒体要给网络媒体提供内容，但奖励机制和约束机制有问题，有时候网站其实拿不到稿源。实际上无论是记者还是领导，都认为先做好报纸，“顺带”做好网站就可以了。同时，由报社各部门人员轮流一两个月去网站当主编，但其编制在报社，效果不理想。因此，无论是从机制上还是从观念上，都束缚了新媒体的发展。时间到了 2019 年，笔者对另一家媒体进行媒体融合现状调研的过程中，同样发现传统媒体公职人员与新媒体环境不能进行良好的对接，即便技术上使用“外脑”的介入，帮助搭建起新型的媒体平台，但在内容和观念上，甚至包括人力资源管理上，都跟不上新媒体时代的需要。

必须认识到，新媒体技术与移动终端信息平台的发展为新闻信息的传播

和与受众的互动提供了前所未有的机遇，不全是“冲击”，同时，媒体融合更贴合目前的发展趋势，新媒体时代不可能固守传统媒体时代的思维与习惯，必须转变观念，以合作的、平等的、开放的思维重新认识媒体融合。

## 二　过于迎合终端，新闻走向碎片化

与上述以传统媒体为主体、新媒体为外来入侵者观念相对应的，是过于迎合新媒体时代终端化的趋势，新闻制作以短、频、快为主，忽视了新闻的本质要义。于新闻专业机构来说，发布信息短小精悍，不能变为粗浅和断头断尾；于受众（用户）来说，在于培养其自身思考深度与广度的融会贯通和思考能力，不能肤浅地消费碎片化带来的快餐文化。

陆安给“碎片化”的定义是：“碎片化”指的是完整的东西破碎成一块一块的。陆安认为，在传播的语境中，可以把碎片化理解为多元化，即信息来源的多元化、信息的零碎性、大众价值观的多元化。[①] 必须认识到，碎片化是在新媒体时代受众被细分，以及信息接收终端多样化、用户随时随地利用零散时间进行信息的接收与互动等背景下形成的一种个性化的信息需求与服务。微博、微信等社交媒体更加促进了短小精悍的信息传播趋势，也培养了更多的接收碎片化信息的用户。可以说，碎片化新闻信息对于各种移动终端和社交媒体平台来讲是一个必然的趋势。

但是，需要警惕的是，专业的新闻机构不能过度迎合终端化，不能仅仅满足于提供碎片化的新闻信息，甚至为了紧跟所谓的热点事件（热点事件随着用户的注意力转移而迅速转移），提供的信息片面、无头、无尾，无来源、无背景等。同时，为了足够吸引眼球，故意使用标题党，或者将新闻事件简单化、标签化（比如妖魔化城管）。这样的碎片化新闻信息容易误导受众，不利于大众媒介素养的提升与科学理性精神的培养。

## 三　严重的同质化

不同的移动终端新媒体平台，对信息进行直接的转发造成普遍的同质

---

① 陆安：《碎片化时代媒介传播力的构建——以上海〈东方财经〉杂志社为例》，《科技传播》2015 年第 3 期。

化，再加上新媒体技术提供的转发与接收便利，使得大众即时性的快速评论、转发成为可能。而便捷的转发导致各社交媒体平台在一定时间内信息内容严重的同质化。正如刘义昆、赵振宇指出的，新媒体在带来新闻资源丰富化的同时，也形成了媒体新闻资源同质化的局面。[①] 而新媒体平台上的信息传播已经在很大程度上影响了传统媒体新闻报道的议程设置。传统媒体以网络媒体热议信息为新闻由头，再对网上热议信息重复报道也屡见不鲜。因此，在一定时间段内，媒体内容同质化现象严重。

如果说碎片化还不足以对新闻的专业性构成威胁的话，严重的同质化更加加深了新闻内容生产的危机。原因在于，如果仅仅是碎片化新闻信息增多，如果这些碎片化的信息没有严重的同质化，受众可以根据不同的碎片来拼接新闻的全貌，但如果同质化的碎片充斥于各种媒介平台，受众很难拼接出事件的全貌。例如，2013 年 7 月 25 日发生于北京的一位父亲带着他 9 岁的女儿摆地摊被城管打伤的事件，在事件被广泛关注的前期，舆论一律地倒向同情父亲和女儿，批评城管，表达对城管及城管制度的愤恨和不满，后来有人开始质疑这位父亲是新京报主编，主动发起该事件来“钓鱼”，再后来，出现了更加理性的声音，开始质疑 9 岁儿童摆地摊本身的非法性。一时间该事件成为热点事件，截至 2013 年 7 月 29 日 15：44，“父亲陪 9 岁女儿摆摊被打”在百度新闻热点排名第二，相关结果约 311000 个；“父亲陪 9 岁女儿练摊”在新浪微博搜索搜到 356411 条结果。该事件背后的真相在不同时间段的说法众说纷纭，先后出现了谴责城管暴力执法说、新闻碰瓷说和谴责借用事件攻击城管执法说等，每个时间段，信息严重同质化。

同质化引发两种后果：一是对于同一事件缺乏全方位的、不同角度的报道；二是集中于同质化内容所涉及的新闻事件，对于其他事件疏于报道，因而形成其他事件的“真空”。

## 四 高素养移动终端新闻专业人才缺乏

传统媒体机构拥有大量的新闻生产专业人员，但到了传统媒体与新

---

① 刘义昆、赵振宇：《新媒体时代的新闻生产：理念变革、产品创新与流程再造》，《南京社会科学》2015 年第 2 期。

媒体深度融合的今天，其思维方式与专业技术显然需要很大的转变方能跟上时代的发展与需要。正如财新传媒 CTO（首席技术官）、财新数据可视化实验室负责人黄志敏指出的，目前媒体机构不缺传统媒体时代需要的记者、编辑等适应传统媒体的专业人员，但普遍缺乏既有新闻专业背景又懂新媒体、会编程、可以以可视化数据展现新闻的人员。同时，媒体机构对研发技术人员也没有足够的吸引力。原因有三：其一，研发技术人员认为，与在专业的研发技术类公司任职相比，在媒体机构很难得到技术上的帮助与提升；其二，与在专业的研发技术类公司任职相比，在媒体机构不被认为是在核心部门或核心岗位，得不到足够的重视；其三，与在专业的研发技术类公司任职相比，在媒体机构收入偏低。[①] 同时，欠发达地区新闻媒体不仅吸引不了外界综合性人才，而且既有的人才也容易流失。正如陶格图指出的，内蒙古新闻媒体发展保守，还是主要依靠国家拨款生存，报刊行业不活跃，没有很好的激励机制，广告收入不理想，业务不拓展，新兴媒体发展滞后，新闻传播人才东南飞。这不仅制约了内蒙古新闻传播事业的快速发展，也出现了该专业的毕业生找工作难的现象。[②] 因此，无论是经济发达地区还是经济欠发达地区，普遍都存在媒体机构缺乏适应新时代的、拥有综合性能力与专业技术的新闻生产人员，也是导致媒体融合理论理想与现实脱节的一个重要因素。

## 五　流量经济拉动“10W +”，吸引眼球炮制虚假信息

“华夏文明导报”官方抖音于 2020 年 5 月 18 日发布标题为“首都机场两辆豪车停了六年，高达 9 万元停车费！保安说：人回来开走不收钱！真相令人泪目。”的短视频，第二天，自媒体公众号“叫我杨咩咩”写了题为《保时捷停首都机场 6 年，真相让人泪目：梦里看见的人，醒来记得去找他！》的爆款文章，阅读数超过 10 万，但是后来据腾讯新闻谷雨实验

① 信息来源：财新传媒 CTO、财新数据可视化实验室负责人黄志敏在中国社会科学院新闻与传播研究所午餐学术沙龙的讲座，2015 年 5 月 19 日。

② 陶格图：《内蒙古新闻传播教育发展现状》，《西南民族大学学报》（人文社会科学版）2010 年第 7 期。

室查证，首都机场并没有发现这样的豪车。[1] 这样的一个虚假谣言信息，被多个社交媒体平台转发，影响巨大。这个案例提示我们，移动终端信息传播过程中，源于短视频和直播的谣言，因为更多的“在场感”和情感卷入，以及“有图有真相”的迷惑性，加上煽动性的幕后音配合，很容易诱导受众相信谣言，而且经由社交媒体的转发和发酵，有些谣言可能会导致严重后果，值得警惕。

### 六　新媒体技术拼接为辨识信息真伪带来新挑战

传统媒体时代，谣言主要以口耳相传的方式传播和扩散。口耳相传的过程中，信息非常容易变异和扭曲，因此容易产生带有不确定性的信息，从而形成谣言。新媒体时代，存储、查询、搜索等数字技术避免了信息在流传过程中的失真，信息的不确定性本应减少，但现实中，谣言的产生与传播并未减少，反而更多。新媒体时代，信息量急剧增多，信息传播更加复杂。在注意到新媒体技术对于信息真实性的还原能力的同时，也要注意到新媒体技术对谣言产生与传播的重要推动作用。有了新媒体技术的保障，一些以往的旧帖经由网友的移花接木式的加工，完完全全变成了新近发生的故事，在网上，甚至传统媒体上传播的现象并不鲜见。

### 七　谣言充斥于移动终端各信息传播平台

碎片化的信息留下更多的受众猜测与臆想空间，而受众又有着多样化的信息发布渠道与平台，并且能够非常便捷地分享信息。于是，关于碎片化的新闻信息的“填空”性质的信息被传播，这些“填空”性质的信息因为缺乏确定性，大多来源于猜测，因而容易形成含有不确定信息的谣言。同时，新媒体整合了图片、音频、视频，形式更加丰富、更有“在场”感，因此，在新媒体平台上传播的信息更加难辨真伪。移动终端新闻与用户黏合得更加紧密，到达得更加迅速，接收更加便捷，与社交媒体的联动也更加便捷。新媒体平台上的信息很容易成为大众媒体的新闻由头，

---

① 柳宁馨：《我们来终结这则保时捷落满 6 年灰的催泪假消息》，谷雨实验室—腾讯新闻，https：//new. qq. com/rain/a/20200530A0BCT700，2020 年 5 月 25 日。

而反过来，大众媒体上的新闻信息也很容易成为新媒体平台上热议的话题来源。媒体融合时代的新闻生产过程中，议程设置明显改变。因此必须认识到，一方面，新闻的真实性原则不容不确定性；另一方面，不确定性的信息在各种社交媒体平台的广泛传播，甚至为主流媒体设置议程，都需要专业新闻机构和工作者澄清和还原信息的确定性。

# 第二章

# 移动终端上的谣言传播

移动终端的多样化和丰富化是必然趋势，低门槛与便捷性为用户随时随地制造和转发、分享信息提供了条件，但随之而来的是作为不确定信息的谣言的产生与传播也具有了更多的机会。以微信为例，微信于 2014 年 10 月 17 日正式发布的官方辟谣账号“谣言过滤器”与人民网、果壳网、丁香园等合作，专门澄清微信平台上的谣言。腾讯公司公布的财报数据显示，截至 2018 年第一季度，微信用户达 10.4 亿。[①] 拥有如此庞大用户数量的微信，早在 2014 年，其每天接到关于谣言的投诉就已经达到 1 万至 2 万单。[②] 截至 2017 年 12 月 20 日，腾讯辟谣文章阅读总次数达 8 亿次，拦截谣言超过 5 亿次。[③] 那么，我们应该怎样理解谣言？移动终端上的谣言传播有哪些特征？

## 第一节　谣言概念的界定[④]

中国学界对于谣言的研究，虽然关注到谣言产生与传播的心理机制，

---

① 逍客：《2018 微信用户数量首次突破 10 亿》，https：//www. shopefx. com/college/news/2380. html，2018 年 5 月 21 日。

② 李峥巍：《微信开设官方辟谣公众号“谣言过滤器”》，http：//news. 163. com/14/1019/09/A8TJO21V00014AED. html，2014 年 10 月 19 日。

③ 腾讯科技：《关注网络谣言治理，腾讯发布〈2017 腾讯公司谣言治理报告〉》，《2017 腾讯公司谣言治理报告》，http：//tech. qq. com/a/20171220/026316. htm，2017 年 12 月 20 日。

④ 本节部分内容发表于雷霞《谣言生命力解读——谣言概念及公式研究综述》，《新闻记者》2020 年第 11 期。

但大量传播学方面的研究成果主要以谣言的负面影响为切入点，先入为主，然后提出宽泛的整治策略。也有从其社会功能入手的研究，但强调的是谣言与经济、政治、国际关系等的社会大联动效应，观照谣言本质属性的研究反而不多。如今到了移动终端与社交媒体结合的新媒体时代，结合以往谣言研究成果，回归谣言最核心和最本质的要素，再去理解谣言在新媒体时代产生与传播的新特点和新动因，可以帮助我们深入认知和更加有效地应对谣言。

谣言被认为是一个重要而又难以界定的概念。大众对谣言的认识比较模糊，同时有着根深蒂固的偏见和误解，多数时候都是简单地将其归为“虚假消息”或“不实信息”。而在谣言相关研究领域，其定义也是众说纷纭，加之西方关于谣言的研究著述被引进国内的过程中，“rumor”一词被译为“谣言”“流言”和“传言”均被接受，甚至有学者认为“谣言”与“流言”不用区分，[①] 这就使得本来就难以界定的谣言概念更趋复杂。新媒体时代，新媒介技术与传播平台的发展远远拓展了传统时代谣言口耳相传的维度与模式，进一步模糊了假新闻、虚假消息与谣言的边界。那么，谣言的本源意义及其使用与演变是怎样的，谣言到底应该如何界定？

据程中兴考察，“谣言”一词最早出现在《后汉书》，既有歌谣、颂赞之意：“诗守南楚，民作谣言”（《后汉书·杜诗传赞》）；又有诋毁、诽谤之意：“在政烦忧，谣言远闻”（《后汉书·刘焉传》）。[②] 在“谣言”的形式及其使用方面，黄宛峰指出，“谣言”在汉代是指民间流行的歌谣。“‘曲合乐曰歌，徒歌曰谣’，与乐曲配唱的韵语便谓歌；不配乐曲的韵语，则称谣。”[③] 从汉语中“谣言”一词的产生与演变过程来看，其前身

① 《朗文当代高级英语辞典》（英英·英汉双解）英汉释义中，“谣言”对应的汉语解释为“流言、谣言和谣传”。虽然英文单词“rumor”对应的中文同时为“流言”和“谣言”，但考虑到汉语中两词的含义与使用习惯，还是应该加以区分。笔者认为，“谣言”的传播范围更广，强度更大，“流言”的传播范围较小，强度也较小。同时，“谣言”更具有“谣”的“故事化”的完整性；“流言”则更具有“流”的“碎片化”的零碎性。

② 程中兴：《谣言、流言研究：以话语为中心的社会互动分析》，博士学位论文，上海大学，2007年。

③ 黄宛峰：《汉代考核地方官吏的重要环节——“举谣言”与“行风俗”》，《南都学坛》（社会科学版）1988年第3期。

应为“谣”，但古人经常将“谣”与“谚”合在一起编辑，如中国最早专门辑录“谣”“谚”的宋代著作《乐府诗集》和《古今谚》等。晚清杜文澜在其所编《古谣谚》中，从外在形式及其特点入手，对“谣”做了界定，并将其和“谚”进行了区分。[①]“以谣谚行教化”是古代编注谣谚的目的之一，因而“谣”的收集受到官府的重视，这也是“谣”能够长期流传下来的重要原因。从中国古代对“谣”的界定与认识可以看出，首先，作为一种文学体裁与信息载体，“谣”多为言简意赅、朗朗上口的传唱体，因此具有很强的传播性、扩散性与即兴创作性；其次，作为信息或“作品”本身而言，“谣”多为民间传唱，不确定其作者是谁，因此，“谣”具有匿名性、隐蔽性与不确定来源性。

在中国历史上，谣言曾经是对官员的监督手段和政治工具。而历来的起义、夺权和战争中出现的种种谣言总是与神力同时出现，这就更加大了谣言的神秘性、神圣性和不可质疑性。但早在先秦，屈原所作《离骚》中，就有“众女嫉余之蛾眉兮，谣诼谓余以善淫”这样的句子，其中，“谣（诼）”便是“诋毁”之意。随着时代的发展，谣言“歌颂、颂赞”之意渐渐消失，而“诋毁、诽谤”之意逐渐突出。按照《现代汉语词典》的解释，谣言是“没有事实根据的消息”。[②]据此，很多人更是简单化地认为，谣言便是虚假消息。

西方历史记录中对于谣言（rumor）的认知既充满了丑化、防范与怀疑，又有着尊崇与膜拜。在古罗马诗人普布利乌斯·维吉尔·马罗的史诗《埃涅阿斯纪》（公元前19年）中，“法玛”（Fama，即“谣言”）的形象被描述为：“她走路迅速，生着灵巧的双翼，真是个怪物，可怕又巨大，身上长着羽毛无数，羽毛下仿佛奇迹般，有许多警惕的眼睛，还有那许多舌头，说着话的嘴和偷听的耳朵。”[③]谣言被描述为一个可怕的怪物，她的身量、力量和速度以及恐怖的外形代表了谣言“丑陋的”内容。她的工

---

① （清）杜文澜：《古谣谚》，周绍良校，中华书局1958年版，2008年第4次印刷，第3页。

② 中国社会科学院语言研究所词典编辑室：《现代汉语词典》，商务印书馆1996年版，第1462页。

③ 转引自［德］汉斯—约阿希姆·诺伊鲍尔《谣言女神》，顾牧译，中信出版社2004年版，第46页。

具是人的眼睛、耳朵和嘴巴。[①] 而对“谣言女神”崇拜的历史可追溯到公元前465年的雅典（源自战争），而且“谣言女神”被作为诸神中新的一员列入神谱，“它本身就是一种神圣”，谣言通过人来发挥威力，而人类用谣言进行社会监督。[②] 对于谣言形象的认识中，往往容易充满矛盾与纠结，既认为它神秘莫测，甚至“神圣”，能够为社会监督做出贡献，又认为它丑陋、恐怖，无处不在。

学界对谣言概念的不同界定为我们从不同维度去理解谣言的产生与传播提供了不同视角。谣言的产生与传播具有多种动因，受个体和集体意识影响，也受整体社会环境和传播环境的影响。从1940年至今，谣言概念先后发展出以下各有侧重的代表性界定。不同面向的谣言概念界定揭示不同的谣言产生与传播的动因和特征。

## 一　未被证实说

纳普认为，谣言是一种“旨在使人相信的宣言，它与当前时事有关，在未经官方证实的情况下广泛流传”。[③] 谣言研究领域的两位奠基人奥尔波特和波斯曼认为，谣言是一个“与当时事件相关联的命题，是为了使人相信，一般以口传媒介的方式在人们之间流传，但是却缺乏具体的资料以证实其确切性”。[④] 彼德森和吉斯特认为，谣言是一种“在人们之间私下流传的，对公众感兴趣的事物、事件或问题的未经证实的阐述或诠释”。[⑤] 此概念被国内很多学者所接受。苏萍认为，“谣言”是“旨在使人相信的宣言，它与当前时事有关，在未经官方证实的情况下广泛流传”。[⑥] 需要质疑的是，“未经证实”普遍被认为是“未经官方证实”或者“不是官

---

① ［德］汉斯—约阿希姆·诺伊鲍尔：《谣言女神》，顾牧译，中信出版社2004年版，第50—51页。

② ［德］汉斯—约阿希姆·诺伊鲍尔：《谣言女神》，顾牧译，中信出版社2004年版，第11—15页。

③ Knapp，R.，A Psychology of Rumor，*Public Opinion Quarterly*，8（1），1944，pp. 22 – 37.

④ Allport，G. W.，Postman，L.，An Analysis of Rumor，*Public Opinion Quarterly*，10，Hiver 1946 – 1947，pp. 501 – 517.

⑤ Peterson，W.，Gist，N.，Rumor and Public Opinion，*American Journal of Sociology*，57，1951，pp. 159 – 167.

⑥ 苏萍：《谣言与近代教案》，上海远东出版社2001年版，第6页。

方发布”。但是，首先，“未经证实”的并不一定是假的；其次，“官方”是否应该成为证实信息真实与否的唯一发布者或者鉴定者，值得商榷。其一，有些谣言虽然未被官方证实，但得到了直接相关的和拥有绝对权威性的非官方机构或个人的确定，显然，被确定后的信息就不能称为谣言了。而有些时候，出于一些政治或经济目的，即便是官方已经“证实”的谣言也有可能是不实的，我们不能将“官方”定为证实谣言是否属实的唯一权威。其二，有些谣言是未被证“实”，但也有相当一部分谣言是未被证“伪”，因此，“证实”的说法不够贴切。而且，大量形形色色、大大小小的谣言，是不可能被“官方”一一所证实或证伪的，有些是没有必要得到官方证实或证伪的，也有一些是没有可能得到官方证实或证伪的。同时，笔者质疑以往公认概念中谣言是由“非官方发布”的提法，原因是，新闻消息一般被认为是会经由官方信息发布平台，或者官方权威部门直接通过其认可的大众传播媒介发布，而谣言作为不确定性未被消除的信息，是与之相对的，传统观念中也认为谣言生来就应该没有像官方这样的发布者的权威性。但是，事实上，官方在一定情形下也会（甚至故意会）发布一些不确定性的谣言信息，并且会暗示大众相信其确定性，以达到自己的政治或其他目的。比如，在 2004 年台湾“大选”期间，国民党、民进党、亲民党选举结果公布前一天，即 3 月 19 日下午，发生了陈水扁、吕秀莲称在台南市遭到不明枪击受伤事件。国民党与亲民党自动宣布停止举办原定的大型选举造势活动。3 月 20 日公开选举投票结果，陈水扁、吕秀莲以 50.11% 的得票率领先。但从 3 月 20 日晚开始，国（民党）亲（民党）联盟政治人物及其支持群众走上街头，开始了对选举不公不义的抗议。抗争活动一直持续了两周时间。根据台湾《联合报》3 月 22 日公布的民意调查，枪击事件“是选情逆转的最主要因素”，牵动了 8% 的选票流动，其中有 5% 的民众“由不投票或可能投票转为投票”，有 3% 的人则“由投票转为不投票”，两者相抵，投票率因此提高了 2%。[①] 枪击案后，国民党指控枪击案作假，意图获得民众同情以赢得选票。在这

① 东方网：《阿扁枪击案全景记录：两颗子弹扭曲选举岛内人人成神探》，来源：《瞭望东方周刊》，作者：范丽青，http://mil.eastday.com/eastday/mil/node3208/node16679/userobject1ai231975.html，2004 年 5 月 11 日。

一事件中，无论民进党和国民党哪一方的说法属实，都有另外一方属于造谣，并且，双方均为官方。因此，有些时候，官方发布的信息不一定就不是谣言。而谣言的制造者与传播者也不一定全是非官方。

## 二 虚假说

与未被证实说最为接近的便是虚假说，国内学者普遍接受谣言是“未经官方证实的/虚假的”消息这样的界定，比如王国宁将谣言直接定义为：“传播开的虚假的消息。”[①] 刘建明指出，“谣言作为舆论出现，是众人传播虚假事件的行为，但多数传播者并不认为是假的。”[②] 以上对于“谣言”的定义和理解的共同点是在强调广泛流传的基础上，均认为“谣言”都是“未经证实”或没有根据的，因而偏向于认为是“假”的。[③] 胡钰认为，“没有的事情说成有，这就是谣言”，并将谣言依据传播内容的差异分为两类：一类是人的反常性行为；另一类是社会现象或自然现象的反常性表现。[④] 蔡静认为，“在定义某信息为‘谣言’时，它已经基本判断为‘假’，如‘辟谣’”。[⑤] 但要注意到，很多情形下，谣言所传播的信息也可能后来被证明是真实的。因此，简单地将谣言等同于虚假的信息，显然是不客观的。加里·阿兰·费因认为，“虚假并非谣言的界定标准。谣言可真可假”。[⑥] 王绍光也指出，“在西文中，‘谣言’是指在人群中传播的未经证实的说法，它可能为假，但也未必不真”。[⑦] 目前对于谣言的定义如果停留在判定其“真”或“假”的层面上，显然过于片面化和简单化。

---

① 王国宁：《从传播学角度看谣言及其控制》，《新闻研究资料》1991 年第 1 期。

② 刘建明：《舆论传播》，清华大学出版社 2001 年版，第 291 页。

③ 王绍光：《序一：知之为知之，不知为不知》，［美］卡斯·R. 桑斯坦：《谣言》，张楠迪扬译，李连江校译，中信出版社 2010 年版，第Ⅸ页。

④ 胡钰：《新闻与舆论》，中国广播电视出版社 2001 年版，第 1—2 页。

⑤ 蔡静：《流言：阴影中的社会传播》，中国广播电视出版社 2008 年版，第 3 页。

⑥ 周裕琼：《真实的谎言：抵制家乐福事件中的新媒体谣言分析》，邱林川、陈韬文编：《新媒体事件研究》，中国人民大学出版社 2011 年版，第 100 页。

⑦ 王绍光：《序一：知之为知之，不知为不知》，［美］卡斯·R. 桑斯坦：《谣言》，张楠迪扬译，李连江校译，中信出版社 2010 年版，第Ⅸ页。

### 三　故意说

苏萍认为，“流言”“讹言”和“谣言”“最大的区别在于谣言的制造者是有目的、有意图的”。[①] 王绍光指出，“‘流言’是没有根据的传言……‘谣言’不是一般的流言，而是有意制造出来的流言，但不一定都是坏话”。[②] 但在现实的信息传播过程中，无论是“流言”还是“谣言”，都来自人们生活所处的环境以及人们自己内心情绪的表达，都反映着现实的问题，并非都是没有任何依据。相反，有些谣言事后被证明是真实的信息。同时还要注意到，谣言的制造与传播并不总是故意的和恶意的，也有非故意的和非恶意的。有些谣言被辟谣或被怀疑虚假，后来被证实是真的；有些谣言从一开始就是假的，是被故意制造和传播的；有些谣言从一开始就是假的，是非故意制造和传播的；有些谣言信息中包含了部分真实的成分，部分虚假的成分，甚至真假掺和在一起，很难严格以“真”或“假”的二元法来进行区分。以新媒体平台谣言为例，新媒体让整个世界成为“地球村”，各民族、各地区、各年龄阶段、各种各样具有不同文化背景不同经历与经验的人相聚于新媒体各种平台上，对于同样的信息，也将更加容易产生不同的话语释义，而个人的记忆误差随时随地、迅捷而随意地发布，各种各样随机的信息又导致集体拼凑的记忆误差，各种各样的新媒体用户不同的经验场导致对信息的不同理解等，都是谣言产生的非故意因素。

“谣言”和“流言”在汉语习惯表达中显然具有不同的含义，但是，区分的标准以“是否故意”是有失偏颇的，因为，有些流言也可能是有意的，有些谣言也可能是无意的。而有些谣言事后被证明是真实的信息，所以，用“没有根据”或者“虚假”来区分“谣言”与“流言”也不太合理。笔者认为，从传播范围的广度来区分流言与谣言，是一个值得考量的角度。“谣言”和“流言”最大的区别在于传播的强度和广度不同。一般来说，“谣言”的传播范围更广，强度更大，“流言”的传播范

---

① 苏萍：《谣言与近代教案》，上海远东出版社 2001 年版，第 6 页。

② 王绍光：《序一：知之为知之，不知为不知》，［美］卡斯·R. 桑斯坦：《谣言》，张楠迪扬译，李连江校译，中信出版社 2010 年版，第Ⅸ页。

围较小，强度也较小。同时，“谣言”与“流言”既然在于“谣”和“流”一字之差别，“谣言”更具信息“故事化”的完整性；“流言”则更具信息“碎片化”的流通性。而对于“谣言”与“流言”的社会影响，则需要辩证看待，两者都有可能带来正面的社会影响，也有可能带来负面的社会影响。

### 四 即兴新闻说

美国社会学家特·希布塔尼认为，谣言反映了群体的智慧，当正式渠道的信息不可信时，人们就会用非正式的猜测或谣言来补偿。因此，谣言是在群体议论过程中产生的即兴新闻。[①] 需要警惕的是，该定义中的谣言需要与假新闻相区别。假新闻一般是指将故意或者非故意制造的虚假信息通过大众传播媒介平台以新闻的形式进行广泛传播，并且假新闻显然是“假”的，而谣言可真可假。但是，虽然假新闻与谣言不同，但如果假新闻一旦被民众接受并大范围传播，就容易演化成谣言。

### 五 解释与评论说

卡普费雷（1987）认为，谣言是信息的扩散过程，也是对信息的解释和评论过程。[②] 对于个人来说，Rosnow 指出，谣言是一种公共的信息交流，反映了个人对某一社会现象的阐释，能帮助消除焦虑、获得平静；[③] 对于社会来说，Fine 指出，谣言“允许群体在充分互动的基础上获得集体记忆，解构并重构社会信任，最终推动社会发展”。[④] 这种概念从社会的、个人的和群体的视角为谣言传播做出了注解与阐释，同时指出了谣言对于促进社会问题的解决方面以及推动社会发展方面的作用和意义，有助于我

---

① 转引自［法］让—诺埃尔·卡普费雷《谣言：世界最古老的传媒》，郑若麟译，上海人民出版社 2008 年版，第 8 页。

② ［法］让—诺埃尔·卡普费雷：《谣言：世界最古老的传媒》，郑若麟译，上海人民出版社 2008 年版，第 8 页。

③ Ralph，L.，Rosnow，Rumor as Communication：A Contextualist Approach，*Journal of Communication*，38（1），1988，pp. 12 – 28.

④ Fine，G. A.，“Rumor，Trust and Civil Society：Collective Memory and Cultures of Judgment”，*Diogenes*，2007（213），pp. 5 – 18.

们对谣言的认识更进一步深化，但该概念未指出问题及其负面影响。不过该定义提示我们，看似以确定性发布的信息，公开传播之后，人们对该信息有诸多质疑和疑问，并在此基础上可能生发一些猜测、解释与评论，进而发展成为谣言。

## 六　历史习俗与神化说

汉斯—约阿希姆·诺伊鲍尔认为，谣言首先是人们所描述的那种随历史发展而变化的习俗，其次是在某一群体中以听传或类似的交际方式传播的信息，而谣言在古典时期留下的大部分痕迹都是保存在对神话、战争和历史这些根本问题的探讨中。[①] 安德鲁·斯特拉森等也认为，"历史可以是一种谣言"，"神话的某个方面可以变成当下的谣言"。[②] 中国古代对于"谣（言）"的认识也在某种程度上有此含义，例如借助人们对于谣言所赋予的神权，使得改朝换代和战争更加合理化，或者赋予皇权更稳固的神圣地位。[③]

## 七　都市传说（故事）说

布鲁范德认为，都市传说反映了我们时代某些基本的烦恼焦虑（例证之一是对食品污染的恐惧）。在都市传说中，传统信仰故事中的超自然威胁，有时被现代科技产品所替代，只不过故事中添加的种族、性别歧视、技术工具等当代因素，使之有别于传统的版本。[④] 恐怖故事与都市传说总是以"潜水谣言"的形式出现。"潜水谣言"往往潜伏着一些根深蒂固的社会矛盾，或者暗含着一些亟待解决，但又没有足够希望解决的问题，与这些矛盾与问题相关的信息一点即燃，并且因其根深蒂固并且指涉社会问题，会在短时间内迅速而广泛地传播开来。历史上的都市传说类谣言中，

① ［德］汉斯—约阿希姆·诺伊鲍尔：《谣言女神》，顾牧译，中信出版社2004年版，第16页。

② ［美］安德鲁·斯特拉森、帕梅拉·斯图瓦德：《人类学的四个讲座：谣言、想象、身体、历史》，梁永佳、阿嘎佐诗译，中国人民大学出版社2005年版，第109页。

③ 雷霞：《新媒体时代抗议性谣言传播及其善治策略研究》，中国社会科学出版社2016年版，第34—35页。

④ ［美］扬·哈罗德·布鲁范德：《美国民俗学概论》，李扬译，上海文艺出版社2011年版，第124—127页。

中国社会1768年、1810年和1876年先后出现和蔓延的“叫魂”谣言，[①]和19世纪印度尼西亚的“建筑献祭”谣言[②]有着非常贴合的相似性，谣言中的主角都是“外来人”，即外地口音的外乡人，与“叫魂”谣言一脉相承的是中国1950年初夏在华北地区爆发的“割蛋”谣言和1946年、1949年、1953年和1954年断断续续在苏北、华北、华东地区广泛流传的“毛人水怪”谣言，全都是与割取身体某些器官有关而造成大面积恐慌，并且谣言中的主角都是“外来人”。在当代的社会，“针刺”“学童绑架”“割肾”“取走眼角膜”等都市传说类谣言虽然发生在不同国家和地区，但故事梗概同属一脉相承。2009年下半年开始的深圳学童遭绑架的案件发生后，逐渐衍生出不同的学童绑架类都市传说，并由深圳辐射扩散到多个城市。而某某人孩子丢失后或遭绑架后，“眼角膜被摘除”……这一类模式雷同的都市传说类谣言，正是折射出弱小群体对于外面世界的恐惧，同时反映出了对社会道德和安全感的集体担忧与质问。

### 八　对抗说

纳普指出，谣言能够表达人们的对抗性诉求，而这些对抗性诉求恰好反映的是无法通过其他有效途径表达的诉求。[③] 胡泳认为，谣言常常作为一种社会抗议而出现。[④] 这种观点将造谣与传谣者与某种社会现象形成对立，为谣言的产生与传播找到了合理的解释，并且赋予谣言一定的工具性意义，但从大量案例来看，谣言的传播主体并非全有此需求与目标，不应将谣言一并认为都是对抗性的，也应该看到有非对抗性的谣言。但从这种角度界定谣言为我们更加全面、理性地认识谣言（尤其是谣言产生的根源）提供了社会性与历时性维度。

---

① ［美］孔飞力：《叫魂：1768年中国妖术大恐慌》，陈兼、刘昶译，上海三联书店1999年版，第1、6、293页。

② ［美］安德鲁·斯特拉森、帕梅拉·斯图瓦德：《人类学的四个讲座：谣言、想象、身体、历史》，梁永佳、阿嘎佐诗译，中国人民大学出版社2005年版，第19页。

③ Knapp, R., “A Psychology of Rumor”, *Public Opinion Quarterly*, 8 (1), 1944, pp. 22－37.

④ 胡泳：《谣言作为一种社会抗议》，《传播与社会学刊》2009年第9期。

## 九 反映与投射说

纳普认为，谣言是一种被精心修饰过的大众传播，反映了公众的态度、主张以及对世界的设想。[①] 弗朗索瓦丝·勒莫（Francoise Reumaux）在《黑寡妇：谣言的示意及传播》中，将谣言看作“社会环境投射的影子”。[②] 程中兴视谣言为人们之间社会互动的过程及其结果，认为谣言的逻辑凭借话语展开，而造谣则包含了个人的心灵与世界，即社会间双向的话语投射过程。[③] 周裕琼指出，谣言反映人们内心真实的诉求。[④] 王灿发、侯欣洁认为谣言是特殊语境下的“异常”对话形式，将谣言比喻为监测舆情的“哈哈镜”，呼吁人们要对谣言的真实性判断标准做进一步的思考，但是目的指向的是“通过以谣言传播与表达过程中的社会聚焦来舒缓压抑作用，达到降低结构性紧张的忧虑”。[⑤] 这里，除了反映社会问题与民众心理，同时还强调了谣言作为一种个人心理的“减压阀”作用，以及对社会事件的认知作用。该视角有利于将谣言同社会和时代背景联系起来，同时，启发研究者对谣言的传播做出更加客观的评价，并对造谣、传谣的人群及其心理做更加深入的考察与探究，同时，可以让人们认识到谣言对于促进社会问题的解决方面以及推动社会发展方面的作用和意义。但同时应该注意到，对于谣言的研究，我们在强调谣言产生的社会背景和传播谣言的心理因素的同时，不能忽视谣言的结构、语言与符号等自身特征。

## 十 不确定信息说

雷霞将谣言界定为：谣言是被广泛传播的、含有极大的不确定性的信

① Knapp, R., “A Psychology of Rumor”, *Public Opinion Quarterly*, 8 (1), 1944, pp. 22 - 37.

② ［法］弗朗索瓦丝·勒莫：《黑寡妇：谣言的示意及传播》，唐家龙译，商务印书馆 1999 年版，第 21 页。

③ 程中兴：《谣言、流言研究：以话语为中心的社会互动分析》，博士学位论文，上海大学，2007 年。

④ 周裕琼：《谣言一定是洪水猛兽吗？——基于文献综述和实证研究的反思》，《国际新闻界》2009 年第 8 期。

⑤ 王灿发、侯欣洁：《重大突发事件中的谣言话语分析》，《新闻与传播研究》2012 年第 5 期。

息。谣言被广泛传播之初，其本身就已经包含了大量的不确定性，而在传播过程中，又有众人对谣言所含信息进行加工、增减、修补和变异，从而加大了谣言所含信息的不确定性，甚至虚假性。同时，如果缺少权威机构或个人给出确定性信息（或者权威机构或个人给出的确定性信息还未被广泛接受），都会使谣言信息更加扑朔迷离，真假难辨，因此，谣言的明了过程或辟谣过程是对信息的不确定性的消除过程。该定义中的“不确定性”和“广泛传播”缺一不可。也就是说，即便是带有不确定性，如果没有被广泛传播，也成不了谣言；而广泛传播的信息，如果具有非常强的确定性，就不再是谣言。正因为其不确定性未被消除，因而大多数时候当人们听到或看到谣言信息时，会自然而然地表现出一定程度的将信将疑，而且期望被确定。

“不确定性”主要是指对其宣称的信息的真假不确定，而这种不确定性也正是区别谣言与新闻的重要指标。能够确定的是，谣言在其形式上的或确定（比如，以“据我同事亲眼所见……”等开头的谣言信息），或不确定（比如，以“据说……”等开头的谣言信息）及其在内容上的不确定性与神秘性，在很大程度上增加了谣言自身的迷惑性，这种迷惑性正是谣言存活的保障，也是吸引大众传播的前提。[①]

## 十一　本书采纳的谣言概念

可以看出，以上谣言概念或界定各自阐释了谣言众多面向中的一面，虽然各有侧重与面向，但究其本质而言，谣言普遍具有的属性无非两点：一是广泛传播，二是其不确定性。

同时可以看出，谣言研究者对于谣言的影响力的认识大致经历了这样的逻辑：受众由完全被动的、容易被说服的（纳普，1944；奥尔波特和波斯曼，1947），到主动寻求解释的（彼德森和吉斯特，1951；克罗斯，1953；特·希布塔尼，1966；卡普费雷，1987），再到探寻真相以形成集体记忆的（Fine，2007）。谣言从旨在使人们相信（强效果的，受众完全被动，愿意相信一切信息），到旨在解释和阐释的（有限效果的，受众试图解释

① 雷霞：《谣言：概念演变与发展》，《新闻与传播研究》2016 年第 9 期。

的、阐释的）转变，因此，学界对谣言的认识也经历了由非理性到理性的转变。

谣言概念的不同界定提示我们认识不同的谣言类型以及谣言的不同面向，并提示我们谣言的产生和传播有着不同的根源和动因，因此也为我们如何应对谣言提供了重要参照。在梳理了国内外对于谣言的概念界定与认识之后，本书接受不确定说，认为谣言是被广泛传播的、含有极大的不确定性的信息。新媒体时代，谣言在传播过程中可能被个人与群体共同加工、增减、修补而产生变异，也有可能在个人与群体追求真相与明辨的过程中被证实或证伪，从而消除其不确定性。需要说明的是，本概念中所指涉的“不确定性”与广为流传的香农信息定义中的“不确定性”是有区别的。本概念中的“不确定性”关注的是信息本身的真实可靠性未被确定，而香农信息概念中的“不确定性”关注的是信息在传递过程中的失真，主要适用于信息通信领域。谣言的明了过程或辟谣过程是对信息的不确定性的消除过程，一旦其不确定性被消除，谣言要么转化成为真实信息，要么转化成为不实信息，总之，一旦其不确定性被消除，谣言就终止或死亡了。但是，曾经是谣言的信息，如果不再被加工重现，那么在新媒体时代的信息海洋里很快就会彻底消失，如果又被加工或重新出现，即又被当作新近消息传播开来或者是重新经过改造再传播开来，那么，它就以原来的形态或者被改造过的形态又“复活”了。

值得注意的是，谣言是含有不确定性的信息，是对于大多数传播谣言的人而言，实际上对于最初或者传播中故意制造、增补了不确定性信息的人来说，是明知不确定，但又以确定性的，或者求辟谣的形式来传播的。本概念中强调了“不确定性”，而这种不确定性就指可能是真，或者可能是假。

如果说传播的目的是消除不确定性，即便是谣言的传播，为了让人相信，因此也是借着确定性的外壳“5W”来传播的，但也有相当一部分含有“听说”这样的不确定性因素以及“不知道是不是真的”这样的求证因素。所以，谣言的不确定性，是我们不确定是否确定。那么，故意捏造的谣言呢？造谣者确定其不实，但是绝大多数传播者和信谣者不确定其确定性，更不用说那些非故意制造和传播的谣言了。部分新闻中的“还不确定”，比如关于转基因食品的讨论，是其内容本来的不确定，但是我们确定其不确定。正因为谣言含有不确定性，又广泛传播，而传播的终极目的是消除不确定性，因此，“信息拼图”① 效应发挥作用。

## 第二节 移动终端谣言传播特征

移动化的新媒体平台带来信息生产与传播的便利，也自然地带来了谣言信息的制造与传播的便利。易于传播很重要，会极大增加传播的积极性和参与性。传播积极性越高，参与主题和主体越多，信息传播中的“谣言”也将越多。信息的传播因简单的复制、粘贴、分享而变得便捷，最重要的是，除非主动更改，不然不会被扭曲变形。但新技术的发展也提供了更多的制造手段和方法。注意到这些新的手段和方法，对于谣言的认识、预防和控制都有一定的参照意义。本节选取谣言过滤器 2018 年 1 月至 6 月发布的朋友圈每月十大谣言的 60 条辟谣信息作为研究对象，借此对移动终端谣言传播的主要特征窥见一斑。

### 一 内容相关性高，信谣、传谣成本低

在笔者梳理的谣言过滤器 2018 年 1 月至 6 月发布的朋友圈每月十大谣言的 60 条辟谣信息所涉及的谣言中，关于健康、医药、防病毒、政策及社会热点事件等与信息接收者生命、生活和健康、安全高度相关的谣言信息有 45 条，占 75%。基于腾讯新闻客户端、视频客户端、天天快报和微信等移动端产品筛选的 6000 多条谣言信息和辟谣信息，以及北京师范大学新闻与传播学院和中国人民大学新闻与社会发展研究中心数据平台的用户行为样本，京师中国传媒智库（首席专家为喻国明）于 2017 年 10 月 31 日联合发布《移动社交网络时代的传谣与辟谣：技术逻辑视野下的新态势与新对策》研究报告。报告指出，科学常识类谣言占网友举报谣言的 47%，社会时政类占 27%，明星八卦类占 15%，军事类占 5%，国际领域类占 3%，历史文化类占 2%，财经新闻类占 1%，

---

① 雷霞：《“信息拼图”在谣言传播中的作用研究》，《新闻与传播研究》2014 年第 7 期。

详情见图 2-1。①

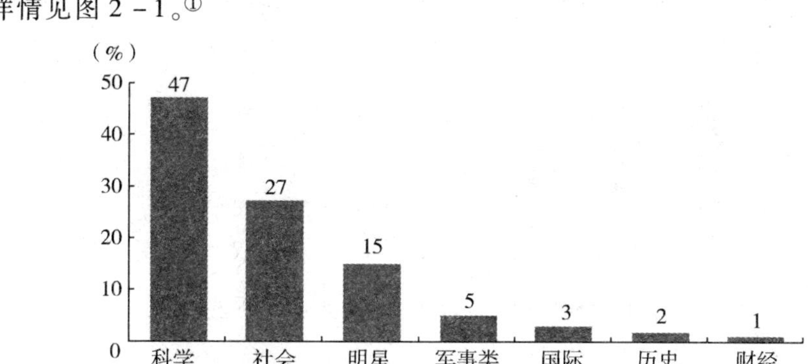


**图 2-1 网友举报谣言类型及占比**

科学常识类谣言占比最大，其中，辨识度最低的是食品健康类谣言。这类谣言反复出现转发高峰。阅读量最大的食品健康类谣言十四大关键词依次为："吃+癌""地沟油""食物+壮阳""吃+致命""食物相克""食物+避孕药""西瓜+打针""转基因""吃+禽流感""假鸡蛋""食物+抗生素""食品添加剂""肉+激素"和"吃+抗雾霾"。②

根据腾讯发布的《2017 腾讯公司谣言治理报告》，2017 年腾讯各平台处理的有效谣言文章中，可以看出健康与养生、奇闻趣事、食品安全类文章占比最大。在食品安全类谣言中，塑料紫菜高居榜单首位。医疗健康类谣言中，癌症出现的频率最高。社会、科学及其他类谣言则紧跟社会热点话题，详情见图 2-2。③

可以看出，高相关性是导致谣言大范围传播的重要因素之一。从用户对比选择相信和选择不相信谣言信息有可能产生的后果来看，显然选择信谣的成本低。以"吃+癌"谣言为例，因为食品的可替代性较强，选择相信，成本几乎为零，但是选择不相信，就会有可能像谣言所指的那样"致

① 京师中国传媒智库：《移动社交网络时代的传谣与辟谣：技术逻辑视野下的新态势与新对策》，2017 年 10 月 31 日发布。

② 京师中国传媒智库：《移动社交网络时代的传谣与辟谣：技术逻辑视野下的新态势与新对策》，2017 年 10 月 31 日发布。

③ 腾讯科技：《关注网络谣言治理，腾讯发布〈2017 腾讯公司谣言治理报告〉》，http://tech.qq.com/a/20171220/026316.htm，2017 年 12 月 20 日。

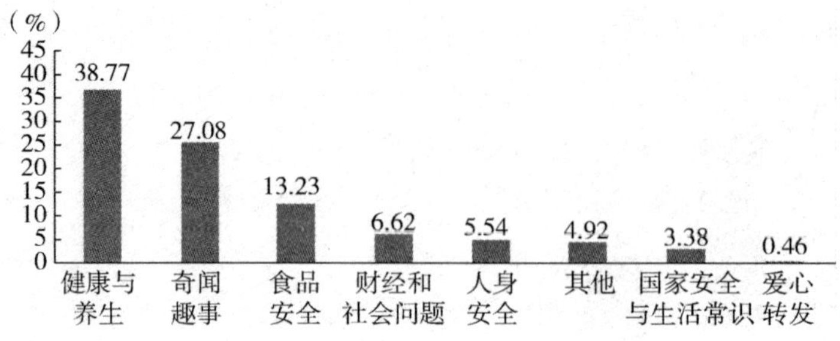


**图 2－2　2017 年腾讯各平台处理的有效谣言类型及占比**

癌”，两害取其轻。同时，谣言的转发者容易选择与自身社会认同较为一致的谣言，不需要转换自己已有的思维习惯和信念，从社会交换角度来看，选择信谣的成本也比较低，在成本低的前提下，以此类谣言信息的传播换取人际交流机会及其可能带来的收益，就变得更加“划算”。作为社交礼品，传播谣言既快捷方便又成本低廉，体现的却是对家人、群友的关心，同时收获的是自我角色的满足感、掌控感和存在感。

## 二　利用心理恐慌与道德绑架传播

在笔者梳理的谣言过滤器 2018 年 1 月至 6 月发布的朋友圈每月十大谣言的 60 条辟谣信息所涉及的谣言中，与人身安全、病毒入侵、意外及担忧相关的有 40 条，占 67%；与都市传说类、故事性、娱乐性、猎奇类等相关的有 21 条，占 35%；“让更多人知道”的利用“道德绑架”来“求转发”的有 13 条，占 22%。京师中国传媒智库针对其样本库中 6000 多条谣言信息和辟谣信息的所有标题进行的词频分析显示，谣言标题中经常性出现的词的特征：（1）绝对化用语，如“一定”“绝对”“只因为”等；（2）悬念用语，如“揭秘”“真相”“曝光”等；（3）夸张性用语，如“震惊”“惊呆”等；（4）表示意外用语，如“竟然”“没想到”“居然”等；（5）诱导性用语，如“必看”“警惕”“扩散”等；（6）实词则是“专家”“农村”“石头”“人类”等。[①] 移动终端的信息是碎片化的

① 京师中国传媒智库：《移动社交网络时代的传谣与辟谣：技术逻辑视野下的新态势与新对策》，2017 年 10 月 31 日发布。

存在，一瞬即逝，第一时间如果抓不住眼球，很可能会错过用户的关注，正因如此，谣言信息的制造与传播恰如其分地利用了人们的恐慌心理，让用户卷入自己的情绪以吸引关注，而卷入情绪最好的方式之一就是利用故事角色化的带入感，因此，大多数的利用恐慌心理传播的谣言都是通过故事化的呈现，也即通过都市传说来呈现。

布鲁范德认为，都市传说反映了我们时代某些基本的烦恼焦虑（如对孩童出门遭遇事故的焦虑）。[①] 移动终端信息传播过程中，无论信源是“熟人”（一则都市传说类谣言的涉事者通常是“我的朋友”/“我的同事”/“我朋友的同事”/“我朋友的朋友”/“我同事的朋友”/“我邻居”/“我亲戚”/“我孩子的幼儿园小朋友的家长”等），还是“陌生人”（“街上目睹”/“偶遇”/“听说”等），其含糊性、隐蔽性与匿名性正好符合谣言所含信息的不确定性这一特征。同时，改头换面“去地方化”流传的谣言，有一个大致统一的模板，但都揭示与暗合当前社会普遍的焦虑情绪，并且很可能成为“潜水谣言”，一触即发。这类谣言最为典型的案例为幼儿遭遇绑架（并有可能被摘除眼角膜）的故事，在不同地区、不同时间，流传出不同版本的幼儿绑架传说，并且此类谣言大多以提醒与关心的方式得到转发。此类谣言的迅速传播揭示出大众对于外部世界安全性的集体性焦虑与恐惧，而作为“爱心接力”形式的转发，也揭示出对谣言转发者“社会道德”的绑架。

### 三 从“眼见为实”到“身临其境”：技术实现“在场化”与“权威化”

谣言过滤器 2018 年 1 月至 6 月发布的朋友圈每月十大谣言的 60 条辟谣信息所涉及的谣言中，除了文字以外，有图或视频的有 25 条，占 42%；模仿官方权威信息发布（包括伪造官网截图）的有 5 条，占 8%。从技术层面来讲，对于普通用户来说，新媒体平台上的谣言能够被便捷地收藏、保存、转发，因此容易多次和长时间内重复传播；而对于稍微懂得一点新媒体技术编辑手段的网民来说，利用各种技术手段，通过增删、更改、剪

① ［美］扬·哈罗德·布鲁范德：《美国民俗学概论》，李扬译，上海文艺出版社 2011 年版，第 124—127 页。

辑、变异等手段来制造和传播谣言信息，或以技术手段故意伪造权威机构发布信息，都变得容易。因此，网民在“在场化”与“权威化”的信息面前，辨识信息真伪的难度进一步提升。与此同时，有些谣言产生本身就源于一定的社会问题、社会心理及安全恐慌，而谣言的不确定性特征正好与之契合，容易进一步引发不安、猜测和焦虑。一些在社交媒体上传播的谣言本来就是为了故意吸引眼球，求得粉丝关注，赚取流量，以“在场化”和“权威化”来装扮谣言，其内容具有很高的震撼性和吸引力，因此容易得到关注和传播。

（一）拷贝陈帖，死灰复燃

利用以往的新闻事件，甚至是以往的谣言信息，经由技术性的改造而重新打造，以“新闻”的或者“谣言”的方式传播开来的现象屡有发生。将以往新闻事件中的新闻要素，或者谣言信息中的不同构成因子进行重新的拼接，要么转换了地理位置（即故事发生的地点），要么转换了故事中的某些元素（如挖洞的时候看到蟒蛇，继而又在山上看到老虎等），要么改变了故事中的当事人（在场者、目击者、经历者、听说者等），要么转换了故事发生的时间等，使得重新拼接的文字、视频和画面大面积传播，再加上新媒体时代的大众拥有多种传播谣言的便捷途径，使得这些多源、多头的谣言信息被广泛传播开来。不仅仅是在新媒体上有陈帖被加工成新帖，在传统媒体上，也有“旧闻”变“新闻”的现象，通过一些技术性的处理和编辑，陈年旧闻就堂而皇之地登上了“新闻”宝座。一般来说，无论是专业的编辑、记者，还是非专业的大众、网友，在炮制这类谣言时，往往是选用陈年旧帖或旧闻中那些容易吸引眼球的、容易引起广泛社会关注和热议的事件要素，所以，这样炮制出来的信息一旦被发布，很容易引起轰动。如果一旦这些被制造出来的信息含有有害信息，其造成的社会后果自然也比普通信息更加严重，所以应该警惕这种现象。

（二）“在场化”的呈现

新媒体时代谣言产生和传播过程中，技术提供的虚拟的“在场”感，是谣言蛊惑大众最重要的杀手锏。移动终端信息传播平台上，谣言在传播过程中可能被个人与群体共同加工、增减、修补而产生变异，也有可能在个人与群体追求真相与明辨的过程中被证实或证伪，从而消除其不确定性。[①] 口耳相传时期容易产生谣言，其中一个原因是无法储存和还原信息，在多人口耳相传的过程当中，信息往往被增加、减少或者根据言说者和听闻者的理解不同、记忆不同、表述不同等，产生意义的偏离，从而产生信息的变异和扭曲。在新媒体时代，信息形式变得更加多元，而存储信息也随着新媒体和科技的发展与普及变得简单和快捷。就道理来说，有了新媒体技术的保障，信息传播应该变得不像传统的口耳相传方式下的信息那么容易失真和走样，但事实正好相反，正是因为有了新媒体和新技术的发展，使得谣言的编造也更加“本真化”，即“感觉更像是真的”、“在场的”，极大地增加了谣言的蛊惑性。

首先，有了新媒体技术之后，世界各地任何一个地方发生任何事情，都可能在瞬间被扩散和传播，因此，“听说”某个地方发生了某个事件，不再像口耳相传时代那么容易引发由于时间和地域以及“不在场”的质疑；其次，正是因为有新技术提供的存储手段和传播途径的保真性，的确看上去是“在场的”画面和影像，使得信息的接收者更加容易相信“这看起来的确像是真的”；最后，网络上多数的人好像都在言说这个信息，无论是在转发、在关注、在质疑、在认同，都将这一信息推到了舆论的前沿，成为热点，因而也就更加容易被放大、被扩散。

所有的文字、音频、视频和图像都好像在以“在场”的方式告知大众“实情”，来影响大众的判断和感知。“有图有真相”便是“在场”的真实性再现。但图像所表明的以点带面的特点早就证明了“眼见”不一定为实。事实上，信息符号最全面的视频介质，其影视化的语言是有着很大的欺骗性的。不同的角度、光线、瞬间，以及技术上的处理和剪接等都是能够很轻易地实现“断章取义”的。这就给谣言的制造、产生与传播扩散提供了极佳的技术保障和便利。

（三）情景拼接，以假乱真

新媒体技术为谣言制造提供便利的另一个重要途径是通过情境拼接，以“新闻”的方式发布以假乱真的信息，无论是文字的、图像的、

① 雷霞：《“信息拼图”在谣言传播中的作用研究》，《新闻与传播研究》2014年第7期。

声音的、影像的，还是多媒体的，经由对人物、地点、时间、不同事件、画面、音频、视频等的技术拼接，制造成全然像“新闻”那样的稿件，并以“新闻”的面目出现在各新媒体平台上，被想当然地认为是“新闻”的大众再进行评论和转发，成为像模像样的“新闻”，成为披上了“新闻”外衣的谣言，而披上了“新闻”外衣的谣言以“新闻”的面目被网友转发，在移动终端上大行其道。微博、微信等移动终端平台上信息的转发与评论几乎不费吹灰之力，加之信息来源本身就非常多元，很多时候信息在被转发和评论的时候，评论者或者转发者都不知道被评论或转发的信息是当前发生的事件还是历史事件，是被移花接木的伪造事件还是真实事件。更有甚者，转发者根本不注明信息来源，或者不注明转发自哪个账户，也不知道该事件发生在什么时间，导致有些信息变得像是没有标签或者标了假标签的产品，真假难辨，混淆视听。

同时，新媒体整合了音频、视频，更加丰富、更有“在场”感，因此更加难辨真伪。这种情境拼接分为两种，一种是信息要素都是真实的，但经由人为的剪辑、删减和加工之后，成为每个要素真实，但整体虚假的信息，如雅安地震中出现的谣言，就是借由剪辑嫁接的视频；另一种是本身掺和了真实和虚假信息，如前半部分真，后半部分假，或者前半部分假，后半部分真，或者真真假假掺和在一起。这两种拼接都真假难辨。而这样的信息一旦被制造出来，同样的内容以同样的方式被传播，而且是被迅速地、大量地、反复地传播，同时，其声音、文字、画面、动态影像中又融合了受众的互动讨论、加工、删改、增补等内容的一切符号形式，大众对于这样的信息的辨别难度增大。

当大众对于各种新媒体的技术渐渐了解和熟悉之后，谣言制造的技术和智力难度便随之加大。因为大众对于容易辨认的谣言信息渐渐有了免疫力，出现了更加理性的辨析和思考，因此，制造和传播谣言的技术也是在逐渐升级，而这个升级的结果，无疑使得谣言信息更加难以辨别。这样，就形成了移动终端新媒体时代，制造谣言的技术越来越高明、谣言信息越来越难以辨认的螺旋式上升现象。

### 四 接龙、“找茬”及娱乐式谣言

移动终端谣言产生与传播的另一种情形是，用户出于娱乐心理，对自己本来就已明确是不实的谣言信息进行传播，或者出于“好玩儿”的心理，甚至自己制作（或自导自演）虚假的谣言信息来进行传播。在此基础之上，还形成一种新的“谣言游戏”形式，即网友故意在自己发布的信息中留下“bug”，等待其他用户来“找茬”。此类谣言的制作者与传播者，包括“找茬者”或“接龙者”，并不看重信息是否属实，而是以找到信息中的质疑点为乐。2018 年 10 月 10 日，有网民在网上发布“海淀区动物园丢失一头大象的警情通报”，以警方权威信息发布的方式传播了谣言，辨识度很低，在短时间内引发了大量网民的关注。随后，动物园和警方及时进行辟谣，警方依法对谣言信息发布者处以行政拘留三日的处罚。[①] 事后当事人说，制造和发布这一谣言信息在微信群，本就为图一乐。这是在网络时代，各地网友即时互动成为可能之后，新出现的一种谣言产生和传播的现象。

### 五 营销加权威推送

移动终端谣言的产生与传播，除了专门的推送机构与人员（包括网络水军）对谣言信息进行专门的包装、生产与传播外，还有一个特征是往往以专家名义发布信息。有一定社会地位，或社会认可度高的专家、学者、公知等，很容易借助网络平台而成为“意见领袖”。比起一般民众，“意见领袖”对事件的看法和态度更能影响人们对谣言信息的信任度。卡普费雷的一项研究证实了这一点。通过对一个显示来自当地医院的关于食品安全内容的宣传单在犹太城连续十年传播的现象的观察，卡普费雷分析指出，当谣言信息的来源或发布者是看起来没有卷入其个人利害关系的“专家”，而不是普通民众或卷入了个人利益的人，那么谣言的可信度会极大增强，而民众对于自己接收到的信息，如果判定为来自“专家”，则倾向

---

① 彭扬、张琳：《海淀区动物园丢失一头大象？你被这类网络谣言忽悠了吗?》，http：//society. people. com. cn/n1/2018/1106/c229589 - 30384905. html，2018 年 11 月 6 日。

于不去核实。同时，民众有意愿去传播与分享此类宣传单，是基于他们对朋友、同事和家人的关心。民众认为，与口头传播信息相比，宣传单所显示的信息更加可信和可靠。[①] 要注意到，移动终端广泛传播的谣言，其中不乏在经济利益驱使下对谣言信息有组织、有目的的传播与扩散，更不乏以专家、权威人士之口，或假借专家、权威人士名义进行的谣言传播。营销公司正是借用新媒体时代大众对于所接收到的信息进行再创造的“信息拼图”能力，让大众“自动地”完成其预期的事件或者话题的启动和热捧。信息在现实社会与网络上的流通过程中，确实存在专门的机构和人员进行营销式传播的现象，大众在这样的营销式旋涡中，不知不觉地被“设置”和利用而不自知。

### 六 短视频和直播类平台成为谣言传播的新渠道

值得注意的是，抖音、快手等短视频和直播类平台成为谣言传播的新渠道，并且因其有声、有图、有场景、有影像、有故事，加上“当事人”出场或画外音参与，这样的谣言极易诱导用户信以为真。同时，如果用户将抖音或快手上看到的谣言进行转发或加工传到微信平台，会产生更大的聚合效应。上文提到过的首都机场停的豪车无人开走，因为车主已在6年前马航事故中亡故，[②] 这样的谣言信息就是源于抖音，再被公号作者情绪化解读，杜撰了煽动性极强的故事，很多读者都信以为真，并卷入真情实感，继而转发，引发高度关注，成为热点。我国网络视频（含短视频）用户规模达8.5亿，占网民整体的94.1%。网络直播用户规模达5.6亿，占网民整体的62%。[③] 将来，随着5G商用和网速极大提高，以及使用费用的降低，视频和直播类信息的制造和传播将越来越普及，而抖音、快手等网络直播和短视频平台成为谣言传播的新渠道，用户需要加强

---

① J. N. Kapferer, A Mass Poisoning Rumor in Euripe, *Public Opinion*, Volume 53, 1989, pp. 467 – 481.

② 柳宁馨：《我们来终结这则保时捷落满6年灰的催泪假消息》，谷雨实验室—腾讯新闻，https://new.qq.com/rain/a/20200530A0BCT700，2020年5月25日。

③ 工业和信息化部：《工业和信息化部关于印发信息通信行业发展规划（2016—2020年）的通知》，http://www.miit.gov.cn/n1146285/n1146352/n3054355/n3057267/n3057273/c5465134/content.html，2016年12月18日。

戒备，尤其对那些基于一定的真实事件杜撰的虚假故事，要对其保持警惕和敏感。

## 第三节　谣言公式述评[①]

谣言的产生是一个很复杂的过程，尤其是在新媒体技术迅速发展的今天，为数众多、分布在全世界各个地区的，具有不同背景、心理需求和目的的大众的参与使得谣言的产生和传播过程不可避免地受到很多偶然因素的影响，因此，通过一个简单的谣言公式，是很难认清谣言的真面目的，从这个层面上来说，任何谣言公式都是不完善的。但是，谣言公式比较直观地反映了谣言产生的重要因素，并能帮助人们简便了解谣言，从这个层面上来说，谣言公式是非常有价值和意义的。这也是为什么经典的谣言公式经久不衰地影响着大众对于谣言的基本认识以及大众依据谣言公式来解释谣言传播现象的重要原因。但不可避免地，新媒体时代的信息传播方式与途径较之于传统媒体时代发生了很大的变化，如何紧跟新的谣言传播规律，梳理新的谣言传播方式，成为一个亟待研究的新课题。对谣言传播相关公式的总结和拓展便于我们深入了解谣言传播的规律，同时也为我们有效阻止破坏性谣言的传播提供了重要参照。

### 一　重要性与模糊性：经典谣言公式的经典要素及其拓展

重要性与模糊性已成为经典谣言公式的经典要素。学界普遍认为这两个要素由奥尔波特和波斯曼在其谣言公式中首次提出。后续研究对这两个要素进行了拓展。

#### （一）奥尔波特和波斯曼谣言公式

奥尔波特和波斯曼认为，“谣言”的产生和传播有三个条件。一是信息的缺乏。在缺乏可靠的、确定性信息的情况下，容易产生和传播“谣言”。人们对于某事件的真相越是不明晰，围绕该事件的“谣言”

① 本节部分内容发表于雷霞《谣言生命力解读——谣言概念及公式研究综述》，《新闻记者》2020 年第 11 期。

就越容易传播和扩散。二是不安和忧虑。在不安和忧虑的情况下，很容易出现“谣言”的传播。三是危机。当社会处于危机状态的时候，人们容易产生恐惧和紧张，“谣言”容易传播。[①] 第二次世界大战带来极大的社会动荡和人心的焦虑不安，同时确定性信息又极度缺乏，上述三个条件极其符合第二次世界大战的时代背景和特征，为战时谣言的产生和传播提出了合理的解释。

在此基础上，奥尔波特和波斯曼提出了谣言传播的基本法则，后来成为经典的谣言传播公式：“R～I×a”，即“流行谣言传播广度（R）随其对相关人员的重要性（I）乘以该主题证据的含糊性（a）的变化而变化”。[②] 其中，重要性和含糊性缺一不可，任何一个为零，便不会有谣言的传播。但不可避免的是，“人们在对文化问题或文化事件的重要性的感知方面存在巨大分歧”。[③] 正因如此，该谣言公式中的“重要性”其实也具有一定的含糊性。但其作为经典的谣言公式，其生命力即便在新媒体时代，也依然值得肯定，并且也被很多研究成果引证或验证。

（二）巴斯德地震谣言研究结论与经典谣言公式的契合

吴建等[④]认为，加木纳·巴斯德（1935）的研究将学界普遍认为的“系统研究谣言的历史推前了近10年”，因其提出的“特殊的社会情景”包括“陌生而异常”“未知”“未经证实的因素”等与奥尔波特和波斯曼谣言公式中的“模糊性”契合，而“与群体利益相关”与奥尔波特和波斯曼谣言公式中的“重要性”契合。[⑤] 巴斯德的研究基于其对1934年印度比哈尔邦大地震谣言的分析，与第二次世界大战类似，其所处社会环境都动荡不安，并且处于确定性信息缺乏状态，因此，分析谣言产生与传播

---

① ［美］奥尔波特等：《谣言心理学》，刘水平等译，赵元村审校，辽宁教育出版社2003年版，第3页。

② ［美］奥尔波特等：《谣言心理学》，刘水平等译，赵元村审校，辽宁教育出版社2003年版，第17页。

③ ［美］理查德·韦斯特、林恩·H. 特纳：《传播理论导引：分析与应用》，刘海龙译，中国人民大学出版社2007年版，第397页。

④ Prasad, J., The Psychology of Rumor: A Study Relating to the Great Indian Earthquake of 1934, *British Journal of Psychology*, 1935（26）, pp. 1－15.

⑤ 吴建、马超：《谣言研究中被遗忘的先驱——巴斯德及其经典文献的考察》，《新闻与传播》2016年第3期。

的动因，都含有异常的社会情境与未经证实和未知等因素。一方面，其研究成果对后续研究者关注谣言传播与社会环境、个体心理和群体心理相互之间的互动影响有所启发；另一方面，其研究成果提示我们，在重大突发事件和人身健康与安全受到严重威胁的特殊社会环境中，重要性与模糊性作为谣言产生与传播不可或缺的两个要素，尤为凸显。

### （三）彼得森和吉斯特对模糊性的拓展

彼得森和吉斯特指出，不管谣言的“滚雪球式”传播过程是否取决于解释事件的视角，这种传播方式都暗示迭出，扩大对某些细节的猜想。思考所有相互关联的谣言，往往来自一个共同的源头，逐渐被分化成不同的细枝末节，这种现象如同滚雪球一般，内容得以积累。但是否有些内容在传播详述的过程中丢失了，并不为人们所知。[①] 因此，谣言信息本身的模糊性，一是传播过程中不断变异、增加、删减、改头换面、转换场景、移植等；二是信息本身的含糊性和是否真实的不确定性。

### （四）新媒体时代对重要性的新认识

传统媒体时代，信息源相对单一，大众接收信息的渠道也相对单一，因此，事件的重要性一般比较统一（或者容易被统一界定）。而在新媒体时代，信息源增多，大众接收信息的渠道也变得多元，信息量更是呈爆发式增长。如何判定这些信息的重要性，其标准实际上也已经变得多样化，在更多时候，谣言的生命力及其传播活力除了事件的重要性，事件对于传播者自身的相关性和娱乐性成为不可或缺的两个因素。相关性越高，越容易传播，这一点在有关环境污染、食品安全、灾难事故、人身安全等谣言中表现得尤为突出。

#### 1. 相关性：卷入度及重要性感知

在大量具体案例中，尤其在日常生活常态情境下的谣言传播中，经典谣言公式中的重要性是被高度相关性取代的，同时，值得一提的是，重要性在很多情形下，与个体自身感知的重要性相关，而不是存在一个判定重要性的外部标准。Rosnow 等认为，某人比起其他人来说，会对谣言所涉

① Peterson, W. A. and Gist, N. P., Rumor and Public Opinion, *American Journal of Sociology*, 1951, p. 165.

及事件的真相有更多的认知或更了解，或有更多时间与耐心去关注与核实，因此其研究关注不同个体对同一谣言的不同感知，通过对一所大学有关谋杀案的谣言传播进行研究，发现与案件相关的学校内谣言传播的频率大约是其相邻学校内的两倍。[①] 因此，谣言传播与个体感知到的相关性有很大关系。在局域性危机事件中，相关谣言的传播也受一定的地缘性的影响。Zixue Tai 等在考察中国 2003 年“非典”疫情相关谣言时发现，“非典”病情越严重的地区，越容易传播与之相关的谣言。[②] 新媒体传播平台确实为谣言的传播提供了更多的便捷性，但要注意到，尽管新媒体平台打破了现实中的地理位置的局限，信息传播范围更广泛，也更全球化，但依然有一定的地缘关系影响。也就是说，信息所包含或所指涉的要素与传播信息的人（或人群）之间的相关性越强，信息越容易传播。

2. 新媒体使“不相关”的信息变得“相关”

值得注意的是，新媒体平台容易将“千里之外”的看似不相关的信息变得相关。实际上，经由网络和移动网络瞬间即时可达并且可互动的信息传播，新媒体用户也可能对自家门前或者附近的信息一概不知，而对远方的信息因为即时接收而感同身受，也因为网络直播和各种短视频提供的“在场化”而身临其境。因此，相关性与传统媒体时代相比，其边界已不再明显。与此同时，网络信息中一些诱惑接收者继续转发的语言也将用户推到了“相关”的立场。“不转不是中国人！”“24 小时内不认证会停用微信所有功能！”……这些网络谣言、诈骗和虚假广告，时时刻刻困扰着一定数量的用户，尤其是老年用户。[③] 实际上，避免用户转发类似谣言信息，目前在技术上应该是完全可以实现的。因此这类谣言大量传播的背后，更深层原因值得深思，某些更加隐蔽的推送方式值得留意。但要注意到，类似这样的道德绑架式的语句，在谣言中捆绑进了这种所谓“不转不是中国人！”式的“相关性”。

---

① Rosnow, R. L., Esposito, J. L., Gibney, L., Factors Influencing Rumor Spreading: Replication and Extension, *Language & Communication*, 1988 (8), pp. 29 – 42.

② Zixue Tai, Tao Sun, The Rumouring of SARS During the 2003 Epidemic in China, *Sociology of Health & Illness*, 2011 – 2033 (5), pp. 677 – 693.

③ 谣言过滤器：《重阳节，别让谣言成为你我的隔阂》，https://chuansongme.com/n/2605934651015，2018 年 1 月 17 日。

## 二　公众批判力：可能的阻断要素

“谣言止于智者”，公众的批判力可以有效辨识谣言，从而阻断谣言的传播。但是在某些特殊情境下，公众的批判力受到挑战。

### （一）克罗斯谣言公式及其拓展

公众批判能力正是公众理性的表现。克罗斯在奥尔波特和波斯曼的谣言公式中加入了公众批判能力这一要素，将谣言公式修改为：“$R \sim I \times a/c$”。也就是说，谣言的传播广度与公众的批判能力成反比，公众批判能力越弱，谣言传播范围越广。[①] 克罗斯的谣言公式将公众的常识、理性思考和批判能力加进谣言公式，是对大众主观能动性的肯定，也使得谣言传播公式更加立体和多维。尹良润、徐速通过对 162 个微博谣言的实证分析，提出微博谣言的传播公式为：“微博谣言 = 模糊性 × 重要性 × 参与者可信度 × 参与者活跃度 × 信息关联性 × 转发次数 × a（围观者态度）÷ 参与者批判能力”。[②] 该公式中加入参与者的行为与认知因素，其中包括批判能力对微博谣言传播的反向作用。周裕琼采用控制实验法，向八位参与实验者植入四则奥运谣言，并要求其在 QQ 群讨论，通过对实验数据及访谈资料的分析，发现谣言并没有因为 QQ 群成员对于谣言相关信息的传播和针对谣言信息进行的聊天与探讨被强化，反而被澄清，结果是，该谣言信息经由 QQ 群成员的探讨变得“更不可信”。[③] 也就是说，信息接收者对于信息内容的批判能力直接影响其对信息的接受与否，而群体互动过程以及主动的信息检索过程都增强了批判能力。一般来说，公众的批判能力越强，越容易还原事件的真相，也越能赋予事件以确定性，那么谣言的生命力也就相应越弱。

### （二）社会焦虑与个体焦虑：对公众批判力可能的挑战

Anthony 提出用焦虑作为重要性的替代变量，如果人们对于这件事感

---

① Chorus, A., The Basic Law of Rumor, *Journal of Abnormal and Social Psychology*, 1953 (48), pp. 313 – 314.

② 尹良润、徐速：《微博科技谣言传播影响因素的实证分析——兼论微博谣言传播公式》，《当代传播》2015 年第 3 期。

③ 周裕琼：《QQ 群聊会让人更相信谣言吗？——以奥运谣言实验为基础》，中华传播学会年会，2009 年 7 月。

到焦虑不安，那么这件事就对他们是重要的。[①] Rosnow 提出影响谣言产生和传播的四大因素，即普遍不确定性、与事件结果相关的涉入感、个体的焦虑以及轻信。经由 Rosnow 对不确定性、焦虑和轻信三个要素在谣言传播过程中所起作用的估量，发现焦虑在谣言传播中的作用排在第一位，轻信排在第二位，不确定性排在第三位。[②] 波迪亚等通过实验发现，谣言在网络传播中是一种个体交互过程，不确定性和焦虑因素是谣言产生的先因，轻信盲从是谣言传播的中介。[③] Prashant Bordia 等发现焦虑是谣言的重要推动力，认为谣言传播力度与关联度、焦虑感和环境的不确定性呈正相关关联性。[④] 谣言传播过程中，焦虑感确实是一个值得考量的因素，但是上述要素中未能考虑公众的批判能力对焦虑的对冲作用。

也有学者研究结果显示，焦虑并不是影响谣言传播的重要因素。田中裕子等通过对 2011 年日本地震后 Twitter 平台上的谣言信息和辟谣信息的评价实验，发现在灾后的社交媒体上，谣言传播与其信息重要性相关，而与准确性和焦虑感并无关联。[⑤] Oh 等对 Twitter 平台上的三起社会危机事件中的消息进行分析，发现在社会危机情况下信息来源的模糊性对于谣言行为的影响最大、个人卷入度次之、焦虑的作用最小。[⑥] 因此，在谣言传播中，尤其在一些灾难性事件和突发性事件等与人身安全相关的谣言传播中，大众集体性的焦虑或个体焦虑与谣言生命力之间的关系值得更深入的研究。但从谣言公式的角度来说，即便焦虑在某些类型谣言的传播中起到重要作用，公众批判能力这一要素也可以对冲焦虑对个人的影响。也就是说，公众的批判能力可以过滤掉焦虑情绪对判断能力带来的影响，这也在一

---

① Anthony, S. , Anxiety and Rumor, *Journal of Social Psychology*, 1973, 89 (1), p. 8.

② Rosnow, R. , Inside Rumor-A Personal Journey, *American Psychologist*, 1991, 46 (5), pp. 484 – 496.

③ Bordia, P. and Rosnow, R. , *Rumor Rest Stops on the Information Highway Transmission Patterns in a Computer-Mediated Rumor Chain*, Human Communication Research, 1998 (12), pp. 163 – 179.

④ Prashant Bordia and Nicholas DiFonzo, Problem Solving in Social Interaction on the Internet: Rumour as Social Cognition, *Social Psychology Quarterly*, 2004 (67), pp. 33 – 49.

⑤ Tanaka, Y. , Sakamoto, Y. , Matsuka, T. , Transmission of Rumor and Criticism in Twitter after the Great Japan Earthquake, *Proceeding of the Annual Meeting of the Cognitive Science Society*, 2012, pp. 2387 – 2392.

⑥ Oh, O. , Agrawal, M. , Rao, H. R. , Community Intelligence and Social Media Service: A Rumor Theoretic Analysis of Tweets During Social Crises, *MIS Quarterly*, 2013, 37 (2), pp. 407 – 426.

定程度上解释了焦虑并不是影响谣言传播的重要因素的原因。

（三）认知鸿沟：先入为主的判定

鲍尔在来自苏联的难民中发现，大多数人都认为谣言比新闻更可靠，但不同阶级相信谣言更可信的占比不同，农民阶层中约56%的人认为传闻可信，城市知识分子中有95%的人认为谣言更可信。[①] 可见，在特定社会环境下，人们是否相信谣言，受其所在社会阶层和群体心理的影响。Rosnow等对一所大学的罢工事件进行了研究，发现人们坚信为真的谣言比那些他们不太肯定的谣言更容易传播。[②] 反之，DiFonzo等关于组织谣言的研究表明，信任可以抑制谣言传播行为。[③] DiFonzo等的研究也证实了相信谣言对于谣言行为的正向影响。[④] 桑斯坦通过对大量实验结果的分析指出，对错误观点的纠正反而会强化人们对错误观点的坚持，这种现象为“偏颇吸收”，即人们都会按照自己的偏好选择性地吸收信息。[⑤] 陶圣屏等从模型结构中发现，“相信谣言”这个变量，在认知鸿沟与网络传播的路径间扮演重要的中介变量角色，认知鸿沟不仅会对信息的传递产生直接效果，还会通过误信谣言造成间接效果。[⑥] 因此，公众一旦偏向于相信谣言，那么该谣言生命力会变强。一方面，公众本来容易选择与自己价值观一致的信息来吸收；另一方面，在认可某一个观念之后，态度很难改变。认知鸿沟这一要素同时也提示，信任对谣言传播有阻断作用，比如民众对政府的信任可以阻断污蔑政府的相关谣言传播。

（四）信息反常度：对公众批判力的考验

胡钰引入“反常度”因素，提出新的谣言公式：“$R \sim a \times a' \times a''$”，其

---

① Bauer, R. A., Gleicher, D. B., Word-of-mouth Communication in the Soviet Union, *Public Opinion Quarterly*, 1953, p. 307.

② Rosnow, R. L., Yost, J. H., Esposito, J. L., Belief in Rumor and Likelihood of Rumor Transmission, *Language and Communication Theory*, 1986 (8), pp. 29-42.

③ DiFonzo, N., Bordia, P., A Tale of Two Corporations: Managing Uncertainty During Organizational Change, *Human Resource Management*, 1998, 37, pp. 295-303.

④ DiFonzo, N., Bordia, P., Corporate Rumor Activity, Belief and Accuracy, *Public Relations Review*, 2002 (28), pp. 1-19.

⑤ ［美］卡斯·R. 桑斯坦：《谣言》，张楠迪扬译，李连江校译，中信出版社2010年版，第70—72页。

⑥ 陶圣屏、刘建萍、戴程：《认知鸿沟视角下的网络谣言传播影响因素研究——以台湾洪仲丘事件为例》，《北京理工大学学报》（社会科学版）2019年第5期。

中，“a”代表关注度，“a′”代表事件的模糊性，“a″”代表事件的反常度。[①] 某些谣言的传播是充分利用了人们的猎奇心理，因此信息越反常越容易传播，但同时要注意到，一则谣言如果反常度接近零，但其重要性和模糊性都很高时，谣言可能依然具有较高生命力；另外，反常度高得离谱的时候，可能反而降低了谣言的可信度，其生命力反而降低。2020 年新冠肺炎疫情暴发，贵州六盘水市六枝特区某乡镇的一位农妇朱某，因看到一则短片说“吃鸡蛋可以增强抵抗力”，便于 2020 年 2 月 5 日编了一个充满“反常性”的谣言，谣言称一只母猪生下九只小猪后开口讲话，说疫情期间防染病要在半夜吃九个鸡蛋，该信息发至两个微信群，导致信息广泛传播。[②] 疫情期间恐慌情绪蔓延，人人自危，甚至有人依照谣言提示方式吃鸡蛋，但大多数人认为该谣言一看就是离谱的虚假信息，不值得信任。因此反常度是否适合纳入公式中的乘数，值得商榷。

### 三 社会环境：滋生/灭绝谣言的土壤

清代《房县志》记载，有人在北方丛林中发现了一群全身长毛的“毛人”，经过沟通，得知这些人的祖辈是逃避筑长城的劳役犯，他们说的第一句话就是：“长城筑完乎？秦皇还在乎？”有人逗他们，说秦皇还在，“毛人”就吓得逃入丛林。[③] 这种可怕的传说被人们世代相传，到了 20 世纪 50 年代，与同样世代相传的“水鬼”“水怪”结合，演化成了“毛人水怪”谣言。李若建分析，在中国 20 世纪上半叶的战争中，由于缺乏现代化的后勤保障机制，大部分军事行动的后勤是依靠广大民众，基本上都是农民以“拉夫”“支前”等形式完成的，广大农民为战争付出了沉重的代价。而“毛人水怪”之所以在大丰县出现，与当年民众的恐慌与不满情绪有很大的关系，造谣者只是点燃导火线而已。李若建认为，谣言的爆发并非凭空产生，当社会发生巨大的变革时，或者社会中蕴含着强大的不安定因素时，民间聚集的骚动能量没有得到疏通，就可能引发各种恐慌。谣

① 胡钰：《大众传播效果：问题与对策》，新华出版社 2000 年版，第 113—116 页。

② 先点新媒：《贵州一女子造谣老母猪开口说话，称吃 9 个鸡蛋能防疫，被拘留 10 日》，https://baijiahao.baidu.com/s?id=1657726575579579798&wfr=spider&for=pc，2020 年 2 月 6 日。

③ 何木风：《空穴来风：中国历史中的造谣往事》，凤凰出版社 2009 年版，第 31 页。

言的实质是一个被重新建构的历史传说。[①] 而诸如“毛人水怪”这样的谣言，多半是源于民众长期以来对政府的极度害怕与对政府高压的恐惧。

巢乃鹏、黄婀考虑到环境因素对谣言传播的影响，但并未给出具体公式，只在论述两种极端的环境（即“极端专制化”和“极度开放化”）的基础上，指出“实际的环境越宽松谣言就会越少，反之就会越多”[②]，但该结论还有待实证的验证。王灿发在克罗斯谣言公式的基础上总结了突发性公共事件中的谣言公式，即 $R = i \times a \times j \times e$（$e = s \times 1/o \times c$，$s > 1$，$0 < o < 1$，$c > 1$）。除了事件的重要性（i）、模糊性（a）和公众批判能力（j）之外，增加了环境促进指数（e），环境促进指数主要包括政治环境和传播环境指数（c），其中，政治环境指数又由政治刺激指数（s）和政治透明（o）组成。[③] 对于突发性公共事件来说，考虑政治环境与传播环境是很必要的，但是对于其他类型的谣言来说，不是必需的。而政治环境与传播环境也直接与信息的透明度相关，实际上也可归并于模糊性这一因素当中。

施爱东通过对大量谣言信息的收集、整理和分析，分别总结出了灾害事件中预报谣言、灾情谣言、灵异谣言及问责谣言四种类型的谣言传播公式。其侧重于从谣言传播的过程入手，总结出谣言传播的普遍规律，并指出，具体的谣言形态可以是完全形态的（即包含整个过程），也可以是非完全形态的（即有些环节缺失）。[④] 这四种类型的灾害谣言中，涉及了信息的“放大”“歪曲”和“出乎常态的行为”等关键词，实际上，这几个关键词也让灾难谣言在灾难环境中显得更加神秘，从而增大了灾难谣言的吸引力及其传播范围。匡文波和郭育丰在经典谣言公式基础上加入信息不对称因素，提出“$R = i \times a \times ia$”（谣言 = 事件的重要性 × 事件的模糊性 × 信息的不对称性），强调谣言的传播与事件重要性、模糊性

---

① 李若建：《虚实之间：20 世纪 50 年代中国大陆谣言研究》，社会科学文献出版社 2011 年版，第 7、66 页。

② 巢乃鹏、黄娴：《网络传播中的“谣言”现象研究》，《理论与探索》2004 年第 6 期。

③ 王灿发：《突发公共事件的谣言传播模式建构及消解》，《现代传播》2010 年第 6 期。

④ 施爱东：《灾难谣言的形态学分析——以 5·12 汶川地震的灾后谣言为例》，《文化研究》2008 年第 4 期。

和信息的不对称性呈正比关系，三者缺一不可。[①] 信息的不对称性实际上也是取决于传播环境和政治环境，而从形成的后果来说，也可归属为事件的模糊性。

吴建和马超提出谣言流通量公式为：谣言流通量＝（不确定性＋事件的重要性＋相关性＋刺激性＋新闻价值）×媒介／（批判意识＋透明度＋管控力度）。[②] 该公式充分考虑到了个体层面和社会情境因素以及政府管控力度，同时也纳入了媒介和新闻价值因素，既有微观层面，也有中观层面和宏观层面，相对比较全面。但该公式中媒介作为一个乘数，有待商榷。相对来说，媒介越发达，媒介平台提供的信息越丰富和开放，谣言的澄清也可能越容易，而相对闭塞的媒介环境中，可能谣言的生命力更强。另外，公式中的不确定性与透明度在某种程度上有一定的对冲关系，值得进一步思考。

### 四　社会关系与群体互动：同伴影响

卡普费雷指出，谣言是社会协调一致的有效媒介：所有发生的讨论均表达了我们参与其中的群体舆论。参与谣言也是参与群体行动。人总是要等到知道了其他人的看法之后，才会形成自己的观点。[③] 卡普费雷通过电话调查收集了当时在法国社会广泛传播的各种谣言，试图研究在正常社会情境下，各种谣言产生与传播的根源及其传播途径，同时分析了人们对待谣言的态度和行为，揭示出人们在谣言相关的表达和群体互动过程中的自我满足、自我赋权和自我呈现。古斯塔夫·勒庞认为，在某些特定的条件下，并且只有在这些条件下，一群人会表现出一些新的特点，它非常不同于组成这一群体的个人所具有的特点。聚集成群的人，他们的感情和思想全都转到同一个方向，他们自觉的个性消失了，形成了一种集体心理。他认为，群体是冲动、急躁、缺乏理性、没有判断力和批判精

---

① 匡文波、郭育丰：《微博时代下谣言的传播与消解——以“7·23”甬温线高铁事故为例》，《国际新闻界》2012 年第 2 期。

② 吴建、马超：《谣言传播公式：溯源、修正与发展》，《新闻界》2015 年第 13 期。

③ ［法］让—诺埃尔·卡普费雷：《谣言：世界最古老的传媒》，郑若麟译，上海人民出版社 2008 年版，第 57 页。

神、夸大感情的。[①] 在勒庞看来，个体是比较能够控制自己的情绪和欲望的，但是一旦融入群体中，个体的情绪和欲望在一定程度上得到释放，不再压抑，而形成群体的个体越多，群体越大，则越受“法不责众”的影响，群体便不必承担过多的责任，于是，个人的理性和辨别力在群体中被淡化。因此，群体中的个人是不受任何理性约束的，是面对所处群体共同的心理特征没有任何反抗的、顺从的、盲目的，甚至进入了迷幻状态的，是没有任何主观能动性和个人特性完全被埋没了的，并且又极容易被“群体”思维所同化。桑斯坦指出，当不给人们看别人的判断而让他们做出自己的判断时，人们犯错的概率低于1%。但是当面临支持错误答案的群体压力时，人们的出错概率为36.8%。人们会在大众信念面前伪化自己的既有知识，或压制他们自己的怀疑。[②] 这更进一步验证了群体中的个体缺乏理性与判断力，甚至也缺乏挑战群体的勇气，于是，个体选择更加顺从于群体。这种群体思维模式很好地解释了谣言产生后被迅速传播、扩散至各个社交圈子与论坛，又会随即产生分化，产生新的谣言，或者终止谣言，或者其关注点又迅速转移到新的信息或新的谣言，这是新媒体时代信息传播的一种现实样态。

巴克纳提出两种谣言传播模式，即线性传播（链式传播）和网式传播。在链式传播中，谣言经人与人相传，每个人在其中都是一个节点；在网式传播中，很多人接收到的谣言来自不止一个来源，多种来源相互作用形成传播网络。[③] 两种传播模式都强调了个人节点对谣言传播的助推作用。同样是考察群体或同伴影响，Weinberg 等对一所大学的谣言传播研究发现，当听到2次到3次谣言之后，个人会更容易相信并传播谣言。[④] 因此，互动过程中被重复传播和接收的谣言，有更多机会得到传播。盖瑞特指

---

① ［法］古斯塔夫·勒庞：《乌合之众：大众心理研究》，冯克利译，中央编译出版社2005年版，第16—21页。

② ［美］卡斯·R. 桑斯坦：《谣言》，张楠迪扬译，李连江校译，中信出版社2010年版，第48页。

③ Buckner, T. H., *A Theory of Rumor Transmission*, Oxford University Press on Behalf of the American Association for Public Opinion Research, 1965, Spring (1), pp. 54－70.

④ Weinberg, S. B., Regan, E. A., Weiman, L., et al., Anatomy of A Rumor: A Field Study of Rumor Dissemination in A University Setting, *Journal of Applied Communication Research*, 1980 (8), pp. 156－160.

出，网络的使用增加了谣言的传播，但反驳谣言的信息也在增加，两方面的影响可以相互抵消，但是电子邮件表现出强烈的政治偏见，是因为人们更容易相信亲朋通过邮件传播的谣言，而且越是相信，想要分享的意愿就越强烈。[①] 刘亚州等考虑到真实社交网络中节点间亲密程度对谣言传播的影响，提出一种新的 SI2R 传播模型。研究表明，节点间亲密度的存在使无标度网络中存在传播阈值，传播阈值随着节点间平均亲密度增大而减小。[②] 张洪忠等基于新冠肺炎疫情相关谣言传播研究结果显示，传播渠道与疫情谣言信任度有显著性关系，而人际传播、社交媒体使用与新冠肺炎疫情谣言的信任度正相关。[③] 社交媒体普及化及应用率越来越高的移动新媒体时代，加之疫情原因，大量活动由线下变为线上，无论是疫情导致的心理恐慌及对线上制作和接收、传播信息的需求的增加，还是疫情期间流量经济的刺激和引导，线上的人际交流和社交互动更加频繁，在注意到社会关系和群体互动与谣言传播及其接收频率有正向关联的同时，群体互动中也包含着澄清谣言的可能性，有一定的钝化效果，[④] 也值得进一步探究。

Javier 等基于传播动力学原理进行数值模拟，提出谣言传播动态模型，并指出，特权传播者在谣言传播中发挥着独特作用，挑选出特权传播者可能是准确锁定传播节点的一种方式。[⑤] 顾秋阳等以经典演化博弈模型为基础，加入社交网络用户偏好选择，构建了社交网络谣言传播和控制的演化博弈模型。实验结果显示，在不稳定的社会环境中，只有领导型用户的反谣言行为有效。[⑥] Jinyu Huang 等利用 SIR 模型对网络上的谣言传播模式进行描绘，并使用了随机免疫和定向免疫两种策略进行网上实验。实验发

---

① Garrett, R. K., Troubling Consequences of Online Political Rumoring, *Human Communication Research*, 2011, 37 (2), pp. 255 – 274.

② 刘亚州、王静、潘晓中、付伟：《考虑节点亲密度的社交网络谣言传播研究》，《计算机工程与应用》2018 年第 14 期。

③ 张洪忠、沈菲、李昊、贾全鑫：《疫情接近性对谣言信任度的影响：新冠疫情中传播渠道的中介效应分析》，《新闻界》2020 年第 4 期。

④ 王继先：《浅析互联网谣言传播的钝化现象》，《传媒观察》2009 年第 9 期。

⑤ Javier Borge-Holthoefer, Yamir Moreno, Absence of Influential Spreaders in Rumor Dynamics, *Physics. soc-ph*, 2011, 12 (13), p. 1.

⑥ 顾秋阳、琚春华、鲍福光：《融入用户偏好选择的社交网络谣言传播和控制的演化博弈模型研究》，《情报科学》2019 年第 12 期。

现，两种策略在平均度低（即节点不密集）的网络上都能起到阻止谣言传播的作用，而在平均度高（即节点密集）的网络上，两种策略都失效。之后，作者提出了一个新的有效策略，即降低谣言的可信度，并且同时采用两种策略。[①] 这是偏向于从技术手段控制谣言传播的尝试，并且考虑到网络上的节点密集程度，有一定的借鉴意义，但是降低谣言的可信度，在谣言广泛传播的过程中并不是可以人为控制的。应该关注到，并非只有关键传播者重要，非关键传播者在谣言传播中也发挥着重要的传播或阻断作用。但类似的谣言传播动态模型、谣言“免疫”过程模型等的建构对传播节点及关键传播者的跟踪与预测，对理解谣言传播以及对谣言治理具有重大的参照意义。

## 五　传播技术和信息推送力度

伴随移动终端信息制作与分享技术的不断发展，用户自制信息与分享信息门槛越来越低，也越来越便捷，新技术提供的“在场化”内容的呈现为受众甄别信息的真伪带来巨大挑战。申艳妮通过对网络上广泛流传的50条谣言所做的内容分析得出的结论是，一旦谣言信息经由网络这样的新技术平台传播出去，接收者一般直接进行传播与扩散，而不进行对信息的求证，也不追寻信息的源头。[②] 张国良提出的谣言公式为：流言速率 = 事件重要性 × 状况模糊性 × 技术先进性 ÷ 权威公信力 ÷ 公民判断力。[③] 该公式关注到了技术对谣言传播的促进作用和权威公信力对谣言传播的阻断作用，非常值得肯定。但我们无法不注意到的另一个现实是，在某些情形下，权威公信力越高，如果其发布的信息本身就是谣言信息的话，那么该谣言的生命力和传播力则更强（而不是更弱）；同时，技术越先进，其可能起到促使谣言传播的作用更强，但其阻断谣言传播以及澄清谣言信息的作用也可能更强。

王继先指出，在互联网络中传播的谣言，并不能完全依赖互联网进行

① Jinyu Huang, Xiaogang Jin, Preventing Rumor Spreading on Small-world Networks, *J Syst Sci Complex*, 2011 (24), pp. 449 - 456.

② 申艳妮：《网络谣言传播研究》，《东南传播》2008 年第 12 期。

③ 魏武挥：《谣言的传播与辟谣》，《新闻记者》2012 年第 5 期。

传播，而互联网的某些固有特性（如信息海量、信息受关注的时间短、网络媒体公信力低等）甚至阻碍了谣言的传播，即“钝化”效果。[①]信息海量是新媒体时代的一个重要特征，信息海量容易淹没信息也是不争的事实。但同时，信息更容易被关注和放大，从而快速引起热议，这也是新媒体时代信息传播的特征之一。所以，“钝化”效果是相对的。另外，网络媒体是否比传统媒体的公信力更低，还有待考证。因此，在新媒体时代，多源头信息的自清（自净）功能值得关注。但是“自清”的前提，一是有广泛而真实的信息来源可供搜索从而有所参照；二是有勇于挑战现有信息并积极和理性思考的信息接收者与传播者。如果没有可靠的信息源头，得到的搜索结果就会误导搜索者接收到不恰当或不真实的信息；如果没有理性思考的信息接收者与传播者，无论多荒谬的谣言信息都会有人传播和相信。

值得注意的是，谣言之所以充满不确定性，是因为在谣言广泛传播之时，还缺少权威机构或个人给出确定性信息。如果一个社会面对谣言，每个阶层持有符合自身利益诉求的不同立场，甚至恐慌，以至于谣言的真假被放在次要位置，而将对自身可能造成的威胁或影响放在首要位置去考量，那么其关注点是在谣言潜在的“危害”上，而不在谣言本身的真伪和本质的属性上。因此，未来的研究中，对于谣言本质特性，以及谣言制造者、传播者和接收者三者均在主体意义上的研究值得关注和拓展。

## 第四节　移动终端谣言公式：新媒体时代谣言公式的拓展

对谣言概念的不同界定和不同传播公式的总结便于我们更加了解谣言传播的规律，同时也为我们多角度地深入研究谣言传播现象提供了参照。

基于经典的谣言公式，很多研究者认为，只要信息透明，也即当事件的模糊性为零，谣言就会终结。实际上，信息的透明主要在于真实性信息的透明，否则，不真实的信息越透明，反而越误导大众的认知。与此同时，与信息的真实性同样重要的是，要保证真实性信息的准确到达和有效

---

① 王继先：《浅析互联网谣言传播的钝化现象》，《传媒观察》2009年第9期。

到达。如果仅仅保证发布了确定性的信息，但是确定性的信息未到达目标人群，谣言依然具有很强的生命力。

实际上，在信息更加透明的新媒体时代，谣言并没有减少，而是更多。一方面的原因在于，新媒体平台上的谣言能够收藏、保存、转发，因此容易多次和在长时间内重复传播，而大多在移动终端上高频传播的谣言本来就是为了故意吸引眼球，赚得粉丝关注，因此谣言内容具有很高的相关性和吸引力，容易得到关注和传播；另一方面的原因在于，新媒体时代的用户与传统媒体时代的受众不同，他们不仅仅是在接收信息，更可能是在主动选择信息的基础上，自主制造信息和传播信息。并且，这种制造和传播是与其他用户互联的，因而是众筹式的、共享式的、拼接式的，甚至是技术性的。因此，辟谣可以通过技术上的消解、理性上的推理以及感性上的还原故事，拼接信息碎片来进行。但需要注意的是，与还原信息的确定性同样重要，甚至更加重要的是，要保证确定性的信息的到达率。

随着新媒体传播平台多样化、互动化与便捷化发展，谣言产生与传播的动因逐渐凸显了一些值得商榷和补充的地方。营销与娱乐广泛渗透到各种媒介平台上，以达到广告或者娱乐（游戏）的目的，广告、游戏借助谣言传播的现象值得关注，而这一点在目前的谣言公式中还鲜有涉及。在新媒体时代，信息推送力度对谣言传播的助推作用不容忽视。信息推送力度这一要素至少包含三个层面：第一是专门的推送机构与人员（包括网络水军）对于谣言信息的包装、生产与传播；第二是来自专家的意见，也即社会上公认的权威、专家等“意见领袖”的态度可以直接影响人们对于谣言信息的信任与否；第三是各种新媒体平台上用户的关注度和转发量。其中，来自专家的推动和来自机构目的性强（但可能比较隐蔽）的推送值得重视。

在新媒体时代，除了事件的重要性，事件的相关性和事件的娱乐性也值得重视，相应地，事件的推送力度也不容忽视，而公众批判能力正是公众理性的表现。因此，笔者尝试提出更加符合新媒体时代传播特征的谣言公式：

$$\text{谣言的生命力}=\frac{(\text{事件重要性}+\text{事件相关性}+\text{事件娱乐性})\times\text{事件模糊性}\times\text{事件推送力度}}{(\text{公众批判能力}+\text{辟谣效度})}$$

在新媒体时代，尤其是在移动终端新媒体平台，谣言的生命力及其传播活力除了事件的重要性，事件对于传播者自身的相关性和娱乐性也成为不可或缺的两个因素。对于事件的模糊性这一要素在谣言传播中的作用的认识，可以通过大量的谣言控制与治理策略来观照。与传统媒体时代的谣言公式相比，该公式中新添入的具有新的时代特征的因素是事件的相关性、事件的娱乐性和事件的推送力度。

依据新的谣言公式，可以更深刻地认识谣言在新媒体时代的传播特征与规律，并且能够更加细化地分列出不同类型与性质的谣言，为谣言的控制与治理提供新的参照。但新媒体移动终端技术提供的各种信息传播平台正在不断发展变化中，谣言的传播也将随之产生新的变化与规律，因此，谣言公式的拓展并非一劳永逸，相关领域的研究还亟待进一步跟随时代发展，并进行深化。

## 第五节　“信息拼图”在移动终端谣言传播中的作用及其带来的启示

通过对移动终端谣言传播特征的观察，可以得出利用“信息拼图”促进或阻断谣言传播的规律，笔者曾专门论述过“信息拼图”在新媒体谣言传播中的作用，[①] 此处不再赘述。在移动终端信息的传播与扩散过程中，首先发出的信息如果与其他信息契合，从而嫁接形成“拼图”，就容易被民众认同和相信，并被大范围传播和扩散。一般情形下，只要信息拼接上了，就被认为是“真实的”了；而不是只有真实的信息才能拼接上，营销水军为何能造势就是利用了这一点。大量的营销性谣言传播案例也已经证明，并非只有“真实”的信息才能迅速拼接并传播、蔓延开来，有时候即便是“虚假”的信息，只要能够与其他“虚假”的信息良好拼接，也照样能迅速传播、蔓延开来。与之相反，如果要阻断谣言信息经由“信息拼图”形成大范围的传播，从信息传播角度而言，可以进行与之对应的“信息稀释”，即当有迹象表明谣言信息一旦被“拼图”而传播之时，大量的其他与该谣言信息不相关的信息，以及与该谣言信息相关的其他更加确定

① 雷霞：《“信息拼图”在谣言传播中的作用研究》，《新闻与传播研究》2014 年第 7 期。

性的信息的入场，可形成有效的对于该谣言信息传播的阻断，从而遏制该谣言的传播和扩散。“信息拼图”解释了谣言的扩散过程，也为有效治理谣言提供了“信息稀释”的参照。

## 一　利用“信息拼图”有效辟谣

一方面，“信息拼图”使得信息在多人拼接环境中逐渐强大，并成为主流语境，使得非主流的信息由于无法拼接而被摒弃；另一方面，“信息拼图”在拼接信息的同时，实际上也是在拼接来自不同地方、不同层面、不同行业、不同年龄、不同性别、不同个性、不同领域、不同经历与经验的每个个体的思想、观念、情绪（既包括理性的与非理性的，也包括设置的与非设置的），这是一个多维度的、群体性的、智慧和开放型的拼接。

新媒体是工具，是加速器，借助其优势，群体参与的方式更多，途径更广，事实更容易全景呈现。在认识到“信息拼图”的作用之后，可以利用“信息拼图”理论来做好针对谣言的协同治理。也就是说，在谣言广泛流传之前，只要及时发布真实的信息，造成真实信息主导的舆论氛围，那么非真实信息自然被淘汰，这样的治理成本最低，但一定要准确和及时把握舆论氛围，并及时发布主导信息。因为在一定情形下，其他的信息都可能是围绕主导信息进行的“拼图”，一旦“拼图”贴合，便会广泛传播。如果主导信息没有被及时发布，非真实的信息占据主导舆论中心位置，那么，已经形成的“拼图”反而会排斥滞后发布的真实信息，使得真实的信息得不到广泛传播和扩散，这时候的解释和治理成本是高昂的。

## 二　不确定性让“信息拼图”更加开放

在新媒体时代，有时候打造和发布一条信息，不用标明该信息的可靠性或者来源，或者故意用不确定的来源，或者指明该消息来源为信息发布者的熟人、事件的当事人或目击者等让人更加容易相信的形式，以口耳相传、手机微信、新闻客户端评论或者社交网络等渠道和平台发布和传播，甚至能被大众媒体当作新闻由头来报道，更加扩大了其传播范围和关注热度。因此，“信息拼图”变得更加开放。而开放，就意味着有更多的可能性拼接，同时容易混杂更加不确定性的信息。这就给有意利用“信息拼图”来故意传播不良、虚假、危害性谣言信息的人以可乘之机，他们见缝插针地散播各种信息来填补信息空白和缝隙，以实现自己想要的“信息拼图”，达到自己的目的。

### 三 警惕实名认证，增加“信息拼图”可信度

还有一种情形是利用大众比较容易相信有确定身份的人说的话的心理，因此，社交网络平台上的“实名认证”功能被利用来发布信息。更有甚者，尤其是以专家、传统媒体工作人员（如编辑、记者）、政府公职人员等身份进行实名认证个人账户来发布信息，但缺乏应有的身份信息的跟踪（如实名认证者已经离开原有工作单位，不再有该认证身份等），往往造成某些身份已经变更，但其发布的信息仍然因原有身份而被大众认可和接受，从而发布的信息也更加“可信”。

当实名认证者的个人身份与信息内容的相关度高时，谣言信息（无论是肯定一个信息或事件，还是否定一个信息或事件）就变得更加可信，因为其以“见证人”“专家”“专业人士”“熟人”等身份使得谣言信息发生的时间、地点、涉及的人物、事件本身都具有了更多的“确定性”。

实名认证，如果再加上网络营销推手，有专门的团队来进行信息和舆论的操控，那么，实名认证者发布的信息就具有了更大的能量，能够以更大的范围和更快的速度传向更多的人群。实际上，有些实名认证的账号是长期或短期交由营销公司打理的，这就更加值得警惕。对于不知内情的大众而言，他们认可的是实名认证者本人的身份与言论，即便是由被营销公司控制和打理的“私人”账号发布的信息，大众一样认为是由他们本人发布的信息，一样以自己的态度来信任或者反对该账号发布的信息。

### 四 “信息稀释”：可能的谣言传播阻断方式

注意到“信息拼图”对谣言传播的作用，也就可以利用“信息稀释”来阻断谣言的传播。稀释后的信息填充包含两个方面的内容：一个是谣言所涉及事件相关的更加真实的信息，另一个是与该谣言所涉及信息有关联的或者无关联的新的热点话题的聚合。无论是哪一类的信息，一旦增加大量真实信息的传播和扩散，既有效稀释了不实信息，又有效阻断了不实信

息的拼接；既可以推送更多的热点，也可以设置更多的社会议事和议程，还可以传播更多知识类、科普类、娱乐类的有用信息。

采用“信息稀释”途径来阻断谣言传播，是一种可能的冲淡谣言信息的对接与传播的方式。要强调的是，“信息稀释”的目的并不是回避失实谣言信息所指涉的问题，而是用更加真实可靠的信息来阻断谣言信息中失实的部分。“信息稀释”也不是阻断大众对于不确定性信息的讨论、推测与质疑，反而是要激发和鼓励大众对信息的理性交流和讨论。一方面，讨论者越多，越容易提出合理、合法的解决问题的方式；另一方面，各种各样的大量的确定性信息能有效稀释当前的失实或不确定性的谣言信息。

# 第三章

# 移动终端谣言传播与社会认同影响

人们的社会认同影响着人们对待谣言的态度和行为，社会认同对人们是否相信谣言指涉内容，以及是否对谣言信息进行进一步的处置都有一定的影响作用，因此，在认识谣言传播与辟谣过程中，既有研究成果中对谣言易感人群的分类值得商榷。同时，社会认同并非一成不变的，而是处于逐渐变化着的动态的建构过程中，正因如此，社会认同为辟谣提供了空间。

拉尔夫·林顿首次从社会学的角度界定身份的概念，他认为身份就是个体在特定社会结构模式中所占据的一个位置。社会身份是有关个人在情感和价值意义上视自己为某个社会群体成员以及有关隶属于某个群体的认知，分享共同的身份，是一种相同的社会类别，群体属性是其基本特征。社会学非常关注社会身份、地位等的认同建构过程及其对社会思维和社会行动造成的影响。[①] 社会心理学家泰弗尔（1978）将社会认同（social identity）定义为："个体认识到他属于特定的社会群体，同时也认识到作为群体成员带给他的情感和价值意义。"[②] 爱德华·赛义德（Edward W. Said，1979）认为，"身份决非静止的东西，它在很大程度上是一种人为建构的历史、社会、学术和政治过程"。[③] 赵汀阳指出 Identity 最早是个哲学和逻辑问题，最普遍的身份现象是作为一种社会制度意义上的

① 赵志裕、温静、谭俭邦：《社会认同的基本心理历程——香港回归中国的研究范例》，《社会学研究》2005 年第 5 期。

② Tajfel, H., Differentiation Between Social Groups: Studies in the Social Psychology of Intergroup Relations, Chapter 1 – 3, London: Academic Press, 1978.

③ ［美］爱德华·赛义德：《东方学》，王宇根译，生活·读书·新知三联书店 1999 年版。

身份。身份意味着社会等级、权利、权力、利益和责任。[1] 继 Tajfel（1978）、Smith 等（1994）对社会认同的研究，Hirose 等（2005）研究发现次级地位群体的集体行为与内群体偏好呈正相关。因此，一个人从其赞赏和确认归属的群体中更容易获得社会认同感，这为新媒体时代网络环境中社会认同建构的重要性提供了理论依据。

目前，国内对社会认同的研究刚刚起步，如林瑞芳、赵志裕等（1998，2003，2004）关于香港青少年社会身份认同、地区国家认同的研究，另如王春光（2001）对新生代农村流动人口的社会认同与城乡融合的关系的研究，方文（2005）对北京基督新教的分析研究，郑杭生（2009）对文化多元化与社会认同、组织结构与社会认同、中国社会转型期的阶级和分层认同的研究，李叔君、汤佳瑛（2014）基于社会认同理论的外来人口社会融入问题的研究等，成为国内社会认同研究的开端，而对移动终端谣言传播与社会认同的关系的研究，还非常少见。

社会认同是社会成员共同拥有的信仰、价值和行动取向的集中体现。根据社会认同原理，个人进行是非判断的标准之一就是看与自己属于同一个“圈子”里的别人的想法和行为，并且趋向于与别人保持一致，以维持和保护“圈子”内的认同。新媒体平台上的信息传播，尤其是社会化媒体上的信息传播更加具有这种意义。但是，追崇个性化、定制化、分众化的新媒体时代，往往区分了不同的价值取向，形成了更多元的分化、不同的圈子，以及个体在不同圈子之间的游移等，成为新的社会认同方式。

我国是一个人口众多、地域广泛的多民族国家，目前又是处于社会转型期，不同阶层、不同背景的民众有着不同的需求和不同的价值观。“社会心态蓝皮书”课题组通过对北京、上海、郑州、武汉、广州等 7 个城市的 1900 多名居民进行详细访问后得出的结论显示，社会总体信任程度得分仅为 59.7 分，人与人之间的信任度下降，超过七成人不敢相信陌生人。同时，人们不仅对商业、企业的信任度较低，不同阶层、群体间的不信任也在加深和固化，官民、警民、医患、民商等社会关系的不信任程度也日

---

① 赵汀阳：《认同与文化自身认同》，《哲学研究》2003 年第 7 期。

益恶化。[①] 在社会信任度下降、价值观多元和各种思潮较量的新的复杂形势下，如何有效利用新媒体平台进行社会认同的建构与传播具有非常重要而深远的意义。

## 第一节　社会认同与谣言传播的相互作用

卡普费雷认为，是谁制造了谣言并不重要，重要的是谣言为什么传播。卡普费雷认为谣言是一种“反权力”：“谣言是对权威的一种返还。它揭露秘密，提出假设，迫使当局开口说话。同时，谣言还对当局作为唯一权威性消息来源的地位提出异议。[②] 在移动终端信息传播时代，借助网络和多种信息传播平台，信息如同滚雪球般瞬间放大，群体的情绪也同时被激化。

### 一　既有观念与“偏颇吸收”

一般来说，公众的批判能力越强，越容易还原事件的真相，也即越能赋予事件以确定性，那么谣言的生命力也就相应越弱。反之，如果公众的批判能力越低，越不容易还原事件的真实性，也即越不能赋予事件以确定性，那么不确定性就充盈于事件相关信息，而与之相关的谣言也就具有了顽强的生命力。因此，人们一旦相信了某个谣言，就很难再改变自己认定的观点，即便听到辟谣信息，也很难再改变想法。因此，一些谣言的制造者则会利用人们的这一心理，并有意地利用人们的希望或者恐惧来制造和传播谣言。公众一旦偏向于相信谣言传播的内容，那么该谣言生命力会变强，并且不太容易改变已有观念。一方面，公众本来容易选择与自己价值观一致的信息来吸收；另一方面，在认可某一观念之后，态度很难改变。不同于“偏颇吸收”或“信息茧房”所说的人们坚持自己已经认定的说法并选择与自己意见大致一样的观点，继而强化原有观念的另一种情形，

① 王俊秀、杨宜音：《社会心态蓝皮书：中国社会心态研究报告 2012—2013》，社会科学文献出版社 2013 年版。

② ［法］让—诺埃尔·卡普费雷：《谣言：世界最古老的传媒》，郑若麟译，上海人民出版社 2008 年版，第 16 页。

是人们会基于自己的潜意识、认同度或情绪，去编造故事与情节，而接收者又根据自己的“偏颇吸收”去判断和诠释信息。

## 二　塔西佗效应

塔西佗效应是指当失去公信力时，不论说真话还是假话，无论做好事还是坏事，结果都是一样的，都会被认为说假话，做坏事。[①] 引发塔西佗效应的原因，简单来说有以下几个方面：重大突发事件的确定性信息不公开、对不确定信息的发布过于武断、民众所期待的确定性信息缺席等。如何避免塔西佗效应，如何建立民众对政府的信任，对政务相关谣言传播的阻断与辟谣都有事半功倍的效用。同时，要开通民众与政府之间的沟通渠道和平台，并保证及时、准确地回应。如果这些信息平台与桥梁不能正常发挥作用，极容易引发各种极端事件。

## 三　以往经验与记忆联想

不同的经验导致不同的记忆，以及记忆联想。不同的经验场同时导致人们对信息的不同理解。对不同的人来说，从这些经验场中又会解读出不同的意义。同时，以往的经验对于人们看待和处理类似的事件有着深刻的潜在影响，只要新发生的事件中的某些要素能与旧事件有所关联，以往的经验便极容易对新发生的事件的态度产生影响。谣言与类似事件的记忆联想，极容易产生不断重复的强化作用。京师中国传媒智库研究报告中提到，2015 年美国西北大学发布的一项研究发现，当人们接收到那些低估他们自身认知的信息时，会激发愤怒和惊慌的感受，使得他们很难去接受新的事实。逆火效应与接收者的自我认知有关，新信息威胁到接收者的自我认知，激发了负面情绪，负面情绪会阻碍认知和理解能力。当事实与自身信念相抵触时，除非它们足以完全摧毁原信念，否则会忽略或反驳它们，原信念反而更加被强化。因为从记忆生成的角度来看，大脑中有无数的神经元相联结，而神经元在一次次接受刺激后就会逐渐被强化，所以当我们坚

① 潘知常：《“塔西佗陷阱”并不是塔西佗本人提出的——关于“塔西佗陷阱”的正本溯源》，《徐州工程学院学报》（社会科学版）2020 年第 3 期。

信一个观点时，同时也就反复强化了神经元的联结，从而形成了根深蒂固的思维。同时，当自身的观念被攻击时，就跟自己被攻击一样，所以人们要捍卫自己的观点。[①] 有些故事断断续续，停止，又复燃，成为“潜水谣言”，不断激发隐藏在人们心灵深处的集体记忆，正如对于社会治安的焦虑与抗议引发的各种类型的恐怖型都市传说。

## 四　群体思维的同化

卡普费雷指出，谣言是社会协调一致的有效媒介：所有发生的讨论均表达了我们参与其中的群体舆论。参与谣言也是参与群体行动。人总是要等到知道了其他人的看法之后，才会形成自己的观点。[②] 古斯塔夫·勒庞认为，在某些特定的条件下，并且只有在这些条件下，一群人会表现出一些新的特点，它非常不同于组成这一群体的个人所具有的特点。聚集成群的人，他们的感情和思想全都转到同一个方向，他们自觉的个性消失了，形成了一种集体心理。他认为，群体是冲动、急躁、缺乏理性、没有判断力和批判精神、夸大感情的。[③] 群体中的个体缺乏理性与判断力，甚至也缺乏挑战群体的勇气，于是，个体选择更加顺从于群体。在当前的新媒体时代，个人比以往任何时候都更加容易受到别人意见的影响，因而也就更加受制于群体心理的影响。

## 五　回音壁效应

新媒体时代最主要的特征之一就是信息的快速传播与分享。各种新媒体平台成为信息发送与接收的主要渠道，尤其是伴随新媒体成长起来的新一代用户习惯于用新媒体终端阅读、接收和分享信息。大多传统媒体发布的信息，往往也经由新媒体渠道到达新媒体用户。那么，新媒体平台上传播的信息与建构的社会认同显得日益重要。新媒介缩小了信息接收者之间

---

① 京师中国传媒智库：《移动社交网络时代的传谣与辟谣：技术逻辑视野下的新态势与新对策》，2017 年 10 月 31 日发布。

② ［法］让—诺埃尔·卡普费雷：《谣言：世界最古老的传媒》，郑若麟译，上海人民出版社 2008 年版，第 57 页。

③ ［法］古斯塔夫·勒庞：《乌合之众：大众心理研究》，冯克利译，中央编译出版社 2004 年版，第 16—21 页。

的差距，也就是说，身处不同地理位置或者拥有不同社会身份的用户都可以接触到同样的网上信息，但对信息接收的差距是否有所减少，并不是很乐观。这取决于对网上信息有选择性的接收和有选择性的认同。含有不同价值观和理念的内容在新媒介上的铺天盖地传播反而增加了刻板印象，一方面增加了同类人群的认同，另一方面拉大了不同群体之间的鸿沟，因此，各种“回音壁”效应的凸显，不但没有缩小，反而拉大了不同群体在社会认同上的鸿沟。因此，刻板印象一旦形成，由于新媒体的圈子化以及个人信息选择的便捷性都使得个人改变某种观念更加困难。这也就是在新媒体时代建构与传播正能量的社会认同的重要意义所在。

### 六　社会分化与环境认知

李立峯在2013年的调查中发现，社交媒体的政治传播行为跟对占中的态度极端性没有显著关系。但在2014年雨伞运动期间进行的调查中，社交媒体的政治传播跟对雨伞运动的态度极端性显著相关。而且，在雨伞运动期间，不只社交媒体的政治传播行为，人际间的政治讨论和使用传统新闻媒体的频率，也跟态度极端性显著相关。李立峯从这些结果得出的结论是，社交媒体的确有可能促进民意两极化，但主要是在社会本身已经趋向撕裂的时候。而且，在撕裂的环境中，任何政治传播行为都可能促进民意两极化，因为问题不是人们听不到异议，而是人们听到异议后如何反应。[①] 这一研究结果给我们的启示是，当人们在社会现实中处于分裂、不认同以及对各自生存环境的认知不一致时，移动终端上传播的谣言信息会强化这种分裂与认知，当然，这种分裂与认知也会反过来助推谣言的传播。

## 第二节　社会认同对应对谣言的启示

人们之所以认为自己看到的谣言真实可信，或者将信将疑，或者完全不信，取决于接触该谣言信息之前，人们已经固有的对于该信息建构的认

---

① Gary Tang, Francis, L. F. Lee., Facebook Use and Political Participation: The Impact of Exposure to Shared Political Information, Connections With Public Political Actors, and Network Structural Heterogeneity, *Social Science Computer Review*, 2013, 31 (6), pp. 763 - 773.

知与信念，也即社会认同。如果认同，则趋于相信；如果不认同，则趋于质疑；如果谣言所指涉信息及其意蕴完全由相反的信念结构组成，并已牢固建立起与谣言信息相反的社会认同，则趋于不信。

## 一 社会认同度越高，信谣、传谣的成本越低

除了部分构成诽谤等严重后果的谣言制造与传播之外，大部分谣言的信谣、传谣成本较低，这也是为什么谣言大范围快速扩散的因素之一。以食品、药品类谣言为例，为什么食品、药品类谣言更容易传播并且有着非常深广的影响？首先，食品、药品类谣言在各类谣言中，是与人们的健康和生命、生活质量紧密相关的话题，因此，容易得到广泛关注和传播。其次，即便是有较高辨别力的“智者”，在“宁可信其有”的惯性思维下，选择相信的成本很低，而选择不信的成本相对更高，比如来自周围传播谣言的人的压力，担心谣言信息中的部分貌似有道理的信息“万一是真的呢”，那么不相信的成本就会非常高，因此，选择相信。同时，食品、药品是有着很高的可替代性的东西，对于个人来说，谣言中指涉的食品、药品，可以选择其他的食品或药品替代，这样一来，谣言是否需要被确定这个问题就被简单回避掉了。而被回避确认是否真假的谣言，作为人际间互动的信息，也即作为人与人之间社会交换的介质，类似“肉松是棉花做的”“紫菜是塑料做的”，以及各种食物相克谣言等被转来、转去，表达对对方的关爱和友好，这也在一定程度上增加了食品、药品、谣言的传播数量。最后，新媒体技术使得谣言的编造更加“本真化”，即“感觉更像是真的”“在场的”，将以往“口耳相传”的“绘声绘色”变为“在场化”的播报，让人觉得“有图有真相”，极大地增加了谣言的蛊惑性。同时，新媒体平台上的谣言能够收藏、保存、转发，因此容易多次和在长时间内重复传播。而一些在社交媒体上传播的谣言本来就是为了故意吸引眼球，赚得粉丝关注，因此谣言内容对民众来说具有很高的相关性和吸引力，容易得到关注和传播。所以，食品、药品类谣言容易传播并且有着非常深广的影响。

## 二 谣言易感人群分类值得商榷

京师中国传媒智库于 2017 年 10 月 31 日联合发布的《移动社交网络

时代的传谣与辟谣：技术逻辑视野下的新态势与新对策》研究报告显示，信谣方面，从年龄来看，大多的信谣者为老年人和未成年人。该报告显示，超过 30% 的 60 岁及以上的老人和未成年人是谣言易感人群。反之，防骗高手群体中，老年人和未成年人所占比例最少。从地区来看，北上广一线城市防骗高手占 54.4%，易感人群占 22.6%；省会城市防骗高手占 52.9%，易感人群占 22.1%；非省会地级城市防骗高手占 56.6%，易感人群占 19%；而农村地区防骗高手占 43.7%，易感人群占 28.7%。相对来说，农村地区防骗高手占比较低，易感人群占比较高。从学历来看，低学历人群更容易信谣。报告数据显示，硕士及以上学历的人大概 10% 是谣言的易感人群，而初中及以下学历的人占比超过 30%。[①] 腾讯较真平台发布的报告也显示，易感人群在群体特征上具有以下特征：生活在农村或三四线小城市的低学历、中老年妇女群体。[②]

谣言易感人群分类有一定的参照意义，但同时也有一定的局限。第一层面，是否相信谣言指涉内容，基于对谣言所涉及主题或人物的社会认同，影响是否相信谣言信息；第二层面，社会认同影响用户是否对谣言信息进一步处置的态度和行为，比如传播，比如评论，比如主动核实，主动进行信息拼接，比如制作或传播辟谣信息。因此，在认识谣言传播与辟谣过程中，既有研究成果中针对谣言易感人群的分类值得商榷。因此，易感人群不能简单区分，很可能是根据话题来区分。对某一话题易感人群可能对另一话题不是。也就是说，哪类人群轻信谣言，并不是一成不变的。

改变对待谣言的态度并非易事，也并非一成不变的。因为谣言所涉及的信息五花八门，人们不能简单被区分为谣言轻信者或者谣言易感人群，而是应进一步区分为对哪些类别的谣言容易轻信或者易感，对哪些类别的谣言不易感或者不轻信。也就是说，对某一类谣言很容易轻信的人，对另一类谣言可能很不容易轻信。

① 京师中国传媒智库：《移动社交网络时代的传谣与辟谣：技术逻辑视野下的新态势与新对策》，2017 年 10 月 31 日。

② 腾讯较真平台：《谣言易感人群分析报告》，https：//wj. qq. com/article/single - 141. html，2017 年 4 月 19 日。

## 三　重视信谣与传谣者的挫败心理疏导

2017 北京市公安局官方微博及微信发布辟谣消息，“针对网上流传‘4 月 24 日、25 日在北京鸟巢有慈善活动、参加者可领 5 万元’的信息，经警方调查，此系不实传言。请广大群众不要轻信、盲目参加，以免上当受骗。对于网上制造传播谣言的违法行为，公安机关将依法查处”。此消息一发出，深圳、天津、河北等多地公安部门纷纷跟进转发，进行辟谣。沈先生将内容转给母亲，得到的却是一番斥责，“我妈妈埋怨我泄露了秘密”。[①] 那么，针对老年人，如何辟谣效果更好？老年人在家族群、朋友群发谣言信息，是以较低的成本来换取较高的社会资本，同时也是传达对家人和朋友的关心，或者表达自身的存在感，也可能是一种隐含的控制欲。但年轻人简单粗暴的辟谣方式一般不会取得理想的结果。因此，重视辟谣过程中的心理疏导成为关键。首先，要重视新技术带来的技术鸿沟和信息鸿沟现象，予以理解和包容；其次，要从技术层面入手，提高其对技术性谣言的辨识力；最后，要从媒介素养的培养入手，提高其新媒介素养。

但对于已经传谣，并且认识到自己传播的是不实谣言信息的人，需要重视其挫败心理疏导，并争取其成为确定性信息传播的主力军。谣言信息往往涉及的内容五花八门，单个人不可能做到“全知全能”，因此，即便是“智者”，也不可避免地偶尔因为“社交货币”等因素传谣，当该谣言信息被辟谣为虚假信息，那么出于对该谣言信息传播行为带给其负的“社交货币”的担忧，因而产生沮丧和挫败感。心理疏导的前提，是教会其正确认识和理解谣言，明白谣言只是包含了不确定性的信息。进而再影响其了解和接触更多的确定性信息，并能够主动发布确定性的信息，让其发布的确定性信息来对冲谣言信息，以达到纠偏作用，缓释其心理负担。同时，让其成功完成对谣言信息的“信息稀释”，为确定性信息的传播贡献力量。“信息拼图”与信息稀释都是打破同质化，也是保障多元化的路径，

---

① 网易新闻：《警方辟谣“鸟巢大会每人领 5 万”仍有老人坚持进京》，http：//news.163.com/17/0424/19/CIQENF6O00018AOR.html，2017 年 4 月 24 日。

但关键点在于确定性，无论是拼图所需的碎片，还是稀释所需的碎片。同时，碎片的最终走向应该是还原全貌，探求深度与多维度。

## 第三节　谣言传播与社会认同影响：以雷锋形象被恶搞与颠覆谣言为例①

在社会整体信任度有所下降、价值观多元和各种思潮较量的新的复杂形势下，如何有效利用新旧媒体平台进行雷锋形象的社会认同建构与传播，从而避免雷锋形象被恶搞与颠覆，具有非常重要而深远的意义。

党的十八大报告要求全党“推动学雷锋活动、学习宣传道德模范常态化”。以雷锋作为好人好事的符号和助人为乐的象征，进而整合出的雷锋形象、提炼出的雷锋精神，以雷锋为聚焦点，经过50多年的宣传与学习，已经尽人皆知、深入人心。雷锋个人生活的年代已经远去，相应地，他的所思所想所为显然不能照搬进现时代。但是，雷锋形象作为有理想、有信念，以及好人好事和助人为乐的代言符号，在任何时代都不过时，在任何时代都值得宣扬与提倡。

在“倒地不敢扶起来”“助人被误以为骗子”“发生不义行为众人不敢动手保护和帮助”等新闻和信息充斥于各种新媒体平台，整个社会面临信任危机和个人信仰缺失的时代，凝聚社会的聚合力，提升社会信任，都离不开正能量的宣扬与引导。在新媒体时代，正能量的宣扬与引导更需要正能量的形象与符号，而雷锋形象恰好具有很大的传播意义。第一，雷锋形象已经深入人心：雷锋等同于好人好事，因此更加易于传播，也更加易于迅速形成共通的语义空间，意义“可达”；第二，雷锋是土生土长的中国人，并且是现时代人物，形象“可望”；第三，雷锋是个普通的人，并不是神，这就更具参照性，也更易于普通人达到，精神“可及”。

### 一　新媒体平台上雷锋形象被恶搞与颠覆性谣言传播的根源

伴随互联网的应用与普及，雷锋形象被重新塑造与颠覆。新媒体对于

① 本节部分内容发表于雷霞《新时代雷锋形象的社会认同建构与传播》，《中国社会科学报》2020年4月23日第2版。

雷锋形象的塑造与颠覆将雷锋拉下“圣坛”，还原为普通人，同时剥离了雷锋形象的政治色彩。创作于1995年的歌曲《东北人都是活雷锋》，配上动漫，并通过互联网传播后，2001年广为流传。而歌曲中雷锋形象被日常化，剥离了以往雷锋形象的政治色彩。2002年，题为《1962：雷锋VS玛丽莲·梦露——螺丝钉的花样年华》的网文广为流传，雷锋、螺丝钉、玛丽莲·梦露、海德格尔、艳遇、电影《花样年华》等被组合在一起，作者意图为纪念螺丝钉论诞生40周年。[①] 2005年，网络歌曲《我学雷锋好榜样》用RAP的形式进行说唱：“雷锋精神在发展，为比尔为自己为了大家行方便，现在人做人做事讲究信誉目标远，吃亏是福绝对是金玉良言，今天你为他任劳任怨多做一点点，明天关键时候大家一起来数钱。”“一起来数钱”成为好人好事的目的和激励，这是对雷锋形象严重的背离与异化。虽然这样的形象塑造拉近了雷锋与大众的距离，但同时，网民对雷锋形象的多种解构与质疑非常不利于雷锋精神的学习与传承，大众开始反省和怀疑。

网络传播热度较高的9条雷锋谣言分别是“为什么每次雷锋做好事的时候，都恰好遇到了摄影师”“为什么雷锋做好事从来不留名，但总是记在日记里”“小学毕业的雷锋为何能写出那么精彩的文字”“雷锋为何能频繁调动，常能请假外出”“雷锋哪来那么多钱捐款”“雷锋有没有皮夹克、手表？还是艰苦朴素的偶像吗”“雷锋白天打手电看书真的假的”“雷锋是捡粪便高手”“西点军校里有雷锋现象吗”。笔者对以上9条谣言信息进行了分析，并做了相关问卷设计，在前期测评中发现，有相当一部分受访者在看到辟谣信息之后，往往选择与辟谣信息相一致的答案，隐藏了自己之前的质疑。这个问题同时反映出针对雷锋谣言的辟谣信息有较高的效度，雷锋谣言的传播与社会认同有很大的关联，这一点在后期进行的访谈中也得到了验证。

笔者认为，新媒体平台上雷锋形象被恶搞与颠覆及其谣言传播的根源如下。

### （一）源于新媒体时代特征

新媒体时代的大众跟以往传统媒体时代相比，往往多了对于信息的生

① 陶东风、吕鹤颖：《雷锋：社会主义伦理符号的塑造及其变迁》，《学术月刊》2010年第12期。

产、加工和分享，以及与其他人的即时互动。在信息源头更多、信息量更大、信息传播更便捷的时代，往往对于某一个特定的事件、人物，包括文化现象等的解读也更加多元化。在多元的解读中，不可避免地会出现误读，我们熟知的雷锋精神也不例外。

（二）在以往学习中对雷锋个人形象的神化

在现实的学习雷锋活动中，强调学习雷锋，但未能将雷锋作为一个“个人”与在其基础上提炼出的“雷锋形象”进行区分，而个人的言行被无限拔高之后，容易引起大众的质疑与指摘。

（三）全国性的学习雷锋活动大都只停留于雷锋日活动

极具仪式性的学雷锋活动并未在日常活动中“常态化”，因为很多时候学雷锋活动是单位或者学校等组织机构摊派，这就容易形成学习雷锋活动的强制化、表面化、形式化，虽然雷锋形象作为符号意义已经“深入人心”，但学雷锋活动每年一次集中开展，缺乏日常性的、民众自觉和自发的大型活动。

（四）社会信任度不高，好人好事反被“黑”

媒体对于各类好人好事反被“黑”的案例报道随处可见，网络论坛与社交媒体上的各类好心人被骗、被“碰瓷”现象也随处可见，大众在这样的信息裹挟下对于做好事，尤其是对陌生人做好事心存畏惧与担忧。究其根本原因，除了少部分事件中确实存在“碰瓷”与“钓鱼”诱骗“好心人”上当外，确实也有部分原因是媒体的过度渲染。媒体对于正常的好人好事报道量偏少，对于被“黑”的好人好事报道量偏多，很容易造成“做好人好事没有好下场”的反射。

## 二　新媒体时代雷锋形象社会认同的建构与传播建议

赵丽涛认为，破解社会信任困境需立足于深度转型实践，提高失信成本，完善市场运行机制，夯实信任的道德基础与制度基础，从而建构中国特色的信任模式。[①] 社会信任的道德基础的维护与建构和传播正能量的社

① 赵丽涛：《我国深度转型中的社会信任困境及其出路》，《东北大学学报》（社会科学版）2015 年第 1 期。

会认同是分不开的。而雷锋形象作为一种已深入人心的正能量的符号，需要跟得上时代的话语进行阐释。

（一）人性化建构雷锋形象，培养民众对雷锋形象认同的自发性

新媒体时代信息源多元，信息接收者与传播者不再像以往传统媒体时代那样容易相信主流媒体宣传导向的观点，尤其是带有说教性的一边倒的观点，也不再相信普通人能像神一样。网络上对于雷锋的种种“揭露”和质疑，从一个侧面就是反映了人们对于以往将雷锋形象神化的不满。现如今，人们都相信，雷锋是人，不是神。作为一个普通人，人无完人，雷锋也一样。所以，需要脱开以往传媒渠道单一、信息源单一时代在宣传方式上一边倒的做法，不要把普通人塑造成神，反而拉大了雷锋与普通民众的距离，并且让人感到不容易达到。在人性化的故事中，让民众自发地感受雷锋精神的伟大和光芒，使民众自己得出结论，培养民众认同和学习雷锋的主动性和日常化。民众作为新媒体时代信息的接收者与传播者、互动者，也将在雷锋形象的建构与传播中起到积极、主动的推动作用。

新华社记者针对雷锋皮夹克谣言①，采访了当年曾与雷锋同在望城县委交通班担任通讯员的张建文，根据张建文讲述的故事，还原了一个更加真实的雷锋，同时也澄清了谣言。原来当年雷锋是用比较低的价格在一家寄卖商店购置的皮夹克和手表等物品，并且雷锋当时的工资足以购买这样的物品。② 这个谣言实际上在新媒体还未普及的 20 世纪 90 年代就已经出现，但当时少有应对。

根据雷锋穿皮夹克、戴手表和穿皮鞋的照片推断雷锋生活奢华的谣言，将其看作一个塑造更加饱满的雷锋形象的机会，在澄清雷锋购置的皮夹克和手表诸物是二手商店的便宜货（抵押品）的同时，引导大众将雷锋看成一个追求时髦的、热爱生活的年轻人，还原一个更加真实但更加全面的、立体的、饱满的雷锋形象。同时，借此机会增加雷锋形象的时代感和年轻人对雷锋形象的认同感，从而使被“神化”的雷锋还原为被“人化”

① 根据雷锋穿皮夹克、戴手表和穿皮鞋的照片，有人推断雷锋生活奢华，同时，推算当时雷锋的收入不足以购买这些物品，进而有了雷锋是“官二代”的谣言。

② 荆南翔、刘朝：《张建文回忆：雷锋的手表是买的便宜旧货》，http：//news. xinhuanet. com/mil/2012 -11/19/c_ 123968187. htm，2012 年 11 月 19 日，引用日期：2016 年 12 月 29 日。

的更加真实的雷锋，继而从更加真实的雷锋身上提炼出区别于具体的人的、“精神化”的雷锋形象。

（二）用符合新媒体时代特征的阐释话语来建构和传播雷锋形象

互联网技术的发展为社会认同建构与传播提供了更好的条件与保障，也培养了用户的互联网使用与思维习惯。传统媒体时代的宣传方式在新媒体环境下应该有所调整和变化，这样才符合新媒体时代的特征。雷锋形象的阐释话语要与新媒体时代特征相贴合，要更加贴近新媒体时代大众的日常用语。新媒体时代的大众是更加主动的，因而与媒介的关系更加趋向于平等，因此，用平易的语言，讲述普通人的故事，用对等的态度，更加容易被信任，更加容易被认同，也就更加容易被模仿。时过境迁，不用再强调雷锋的家庭出身和穷苦背景。但是要强调作为一名普通战士的爱国家、爱人民、有理想、有抱负、吃苦耐劳、勇于奉献的所作所为。雷锋 22 岁便因公牺牲，作为一名普通的年轻人被定格，被当作榜样，被学习。而伴随着网络成长起来的，恰好是年轻人。作为有理想、有追求的年轻人形象，如果能够建构得好，实际上更加容易被认同。因此，在新媒体平台上以雷锋形象为符号，建构正能量，宣扬真善美和为他人服务、帮助他人的氛围，也将有利于维护坚实的网上舆论阵地。

（三）传统媒体与新媒体相辅相成，宣扬雷锋精神正能量

首先，新闻报道中要减少对好人好事相关事件的负面报道，增加正面报道。雷锋生活的年代虽然已过时，但媒体需要宣扬的雷锋精神不过时，学雷锋不过时。无论是传统媒体还是新媒体，都不能大肆宣传或报道有人因为做了好人好事反而被诬陷，或者被骗子利用善意达到恶意目的等新闻事件。媒体不能过分放大和凸显做好事反被误解、被“黑”或被“碰瓷”，这样的“第二现实”一旦被普遍接受和认同为真实的现实，民众做好人好事的积极性将大打折扣。因此，要将雷锋精神的内涵融进现时代的大众传媒和社交媒体的传播内容中。

其次，要增加宣传渠道与方式，树立正面形象。在拜金主义的喧嚣中，引领年轻人对于理想和信仰的追求，而不是一味地崇尚拜金主义。吸引大量儿童眼球的《熊出没》系列电视剧和电影，其反复强调的理念包含负能量，伴随这样的作品成长起来的儿童，从小建构的价值观显然

是有问题的。应该努力创作更加优良的影视作品，并采用多种渠道、媒介和方式进行传播。话剧、电影、音乐、纪录片、各种线上线下活动、手机报、手机电视、微博、微信等社交化媒体平台等，都可以成为新时代雷锋形象的建构与传播渠道。同时，可以宣传更多的雷锋接班人的先进事迹，使雷锋形象更具延续性，也更具时代感，凸显雷锋精神的一脉相承。

最后，及时、主动回应网上质疑。雷锋在白天打着手电看《毛泽东选集》等照片受到网友普遍质疑，对于雷锋形象有严重的负面影响。网络上稍微懂得一点摄影技术的人都不难发现雷锋照片所反映的问题，包括明显的“摆拍”，因此非常容易造成大众对雷锋形象真实性的怀疑。这就需要说明，这些照片本来就不是在雷锋做这些事情的时候抓拍的，而是为了回应毛泽东“向雷锋同志学习”的号召而摆拍，但是需要重点明确的是，这些摆拍的照片并不是没有根据的，而是根据雷锋日记和报告当中记录的事情来还原摆拍的。① 但是，这样的回应应该是及时的、主动的，而不应该是在遭到网友质疑后滞后的、被动的澄清和解释。如果要取得宣传上的权威性和公信力，就需要针对可能出现的质疑进行及时的、主动的解释，从而得到大众的理解与认同。

正如习近平总书记强调的，“雷锋精神是永恒的，是社会主义核心价值观的生动体现”。愿我们每一个人都具有信念的能量、大爱的胸怀、忘我的精神和进取的锐气，共同为国家富强、人民幸福贡献自己的力量。

## 第四节　民族地区谣言应对与舆论引导建议

### ——以内蒙古自治区融媒体舆论引导为例

我国是一个多民族的统一国家，汉族以外的民族人口占总人口数的8.4%。在传承民族文化传统、弘扬民族文化精神以及促进各民族人民之间的互相了解方面，各族人民都做出了重大贡献，尤其多民族聚居地区的贡献尤为突出。笔者实地考察和调研的内蒙古自治区，就先后生活过匈

① 佚名：《雷锋做好事的照片是补拍的》，《华西都市报》2003年2月27日第14版。

奴、东胡、鲜卑、突厥、契丹、女真和蒙古等民族的人民，是典型的多民族聚居区，当地各族人民共同创造了草原文明，并积累了丰富的历史和文化财富。今日的内蒙古自治区依然是一个多民族聚居区，生活着蒙古族、回族、满族、达斡尔族、鄂温克族、鄂伦春族等族的人民。内蒙古自治区边境线全长 4200 公里，与蒙古国、俄罗斯接壤。因此，作为一个多民族聚居并靠近边境的地区，其稳定对国内国际的影响都不容小觑。这其中，媒体正确的舆论引导对当地的稳定有着至关重要的影响。近年来，内蒙古自治区对中央政策有深入的理解和贯彻，舆论比较稳定，地区没有发生大的骚乱事件，对维护国家和地区的稳定团结做出了很大的贡献。因此，笔者于 2014 年赴内蒙古自治区对当地的舆论引导工作做了调研和研讨，了解到当地媒体舆论引导的现状，总结了一些实操性强的经验，同时，发现了一些亟待解决的问题，在此基础上，提出一些可供探讨的建议以供参考。

## 一　加强内蒙古自治区媒体的外宣功能

由于语言相通、文化同源、民族同宗，中蒙两国在政治、经济和文化等方面的交流比较密切。在与蒙古国接壤的同时，内蒙古自治区还与俄罗斯毗邻，加之蒙古族有自己的文字和语言，因此，内蒙古自治区媒体传播还承担着重要的对外传播功能。

### （一）加大外宣投入

内蒙古广播电台在舆论引导和宣传方面也做出了不少贡献，比如《蔚蓝色故乡》在 2009 年开播 5 周年之际，策划了一系列活动，其中《八千里路走边关》是该栏目为国庆献礼的重点项目，摄制组沿内蒙古 8000 里边境线穿行，以中国正北方内蒙古自治区新闻传播发展报告边境地区的变迁这一独特视角为切入点，用镜头记录了这些地方 60 年来的发展。该栏目与部队合作，曾经选出并报道过边海防十大模范人物，他们中有的既是牧民又是守护边疆的人。以人的故事为主，分两路走，倾全台之力，蒙汉语频道同步直播，截至笔者调研时已走过三次，每次历时一个月，达到了很好的宣传效果。

诸如《八千里路走边关》这样的栏目能够非常好地发挥媒体的主动宣传作用，并且最大化地做到以人为本、以人的故事为中心线贯穿思想，非常值得提倡。但是这样的活动历时久、成本高，如果没有足够的投入，是不可能做到的。因此，加大投入，是内蒙古自治区媒体能够更好地发挥外宣功能的前提之一。

（二）丰富节目内容和样式

据一项在呼和浩特和包头所做的抽样调查，内蒙古少数民族节目的受欢迎程度两极分化严重，民族纪录片和电影受到青睐，综艺类的民族节目受形式陈旧、缺乏深度、传播方式单一等因素的影响，传播效果不佳。笔者在调研中也发现，蒙古语广播和电视的节目样式比较单一，完全自采自编的节目所占比重偏低。据内蒙古广播电视台蒙古语广播副总监哈斯少布介绍，目前内蒙古广播电视台蒙古语广播有两个频率，一个对内，一个对外。对外广播的新闻，侧重内蒙的文化艺术，蒙古国受众也喜欢文化艺术类节目，不过，一半的新闻是翻译自汉语的，来源于网络。

但是，如果要做到外宣与内宣共赢，长久地吸引国外和国内的受众，就必须丰富节目的内容和样式，尤其在面临新媒体的冲击，网络提供更加丰富和多样化的资讯的背景下，如果传统媒体不拓展自己的节目样式，不丰富自己的节目内容，是很容易使自己的受众流失的。

（三）通盘考虑，早做铺垫

笔者在调研中了解到，目前蒙古语电视频道覆盖的受众，中国不到480万，蒙古国280多万。内蒙古电视台的蒙古语卫视频道覆盖我国全境及俄罗斯、日本、澳大利亚等53个亚太国家和地区，并在蒙古国首都乌兰巴托全程落地，全部受众加起来，大约1000万。但是，俄罗斯境内有一些地方以前收看，但后来掐断了。现在，蒙古语广播和电视在蒙古国的受众比较稳定，并且有很大的黏合性。笔者在调研中还了解到，在1997年蒙古国议会开会时，恰逢蒙古语卫视播放《水浒》，于是参会者停止会议，看完了《水浒》再接着开会。这样高的受众黏合度来之不易。但是，如果不通盘考虑，早做铺垫和打算的话，未来或许也步俄罗斯后尘，被掐断，就会比较可惜。这么多年的努力也就白费了。所以，建议在受众黏合度还比较高的时候，早做打算，为在蒙古国境内落地的持续做好铺垫和保障。

（四）少数民族政策一视同仁

维护地方的团结和稳定，是一个长久的过程，在此过程中，要避免

“会哭的孩子”才“有奶吃”的现象，这就需要在安定的地区防患于未然，不能因为暂时的安定便忽视了投入和维护。

一方面，在政策层面，国家广电总局减免了同样是多民族聚居区的新疆和西藏在国内其他地方的落地费，但对于内蒙古自治区电视节目的落地费，不但没有减免，该费用还在逐年增高，因此，当地的媒体人感到不公平。长此以往，对当地媒体人的心态和工作态度会有一定影响。

另一方面，一旦形成越“闹”的地区得到的资助越多，就容易导致本来稳定的地区也开始“闹事”以得到国家更多的资助。长此以往，非常不利于地区的稳定和舆论的稳定，也必将影响到当地媒体的外宣功能。

（五）蒙古语媒体独立经营，并增加经济投入

1976 年 10 月 2 日开始试办蒙古语电视节目，每周一次。1983 年年初，内蒙古电视台开始转播中央电视台的节目。1983 年年底，蒙古语和汉语每天各自开频道播放电视节目。1987 年，内蒙古各盟市开通微波，形成电视传送网络。1991 年开始，内蒙古地区电视覆盖率达到全区人口总数的 76%，并覆盖到俄罗斯及蒙古国的部分地区。由于思维模式不同、文字不同，蒙古语媒体和汉语新媒体不应该合在一起，管理机构在一起也会导致很多新问题的产生。所以，建议蒙古语媒体独立经营。

在对一些敏感事件的处理中，蒙古语媒体能够发挥更加积极有效的作用。例如，据蒙古语卫视频道副总监朝格吉勒图介绍，在内蒙古自治区 2011 年发生的“5 · 11”和“5 · 15”事件中，当地蒙古语广播和电视都做出了特别大的贡献，首播率达到 38%，并及时跟牧民沟通，有效地进行舆论引导，避免了恶性事件的发生。

近年来，蒙古语广播和电视也成为当地民众学习蒙古语的重要渠道之一。同时，蒙古语广播和电视已经成为解读民族政策、促进政府与民众沟通的重要平台之一。因此，加大对蒙古语媒体的经济投入，有着重要的现实意义。

（六）加大对蒙古语媒体的技术投入

文字是民族文化传承的重要介质。目前已经有“蒙文数字化加工平台”“蒙文新笔软件”“蒙汉文编辑排版输出一体化软件”等十多种软件，也有跨平台跨媒体信息处理技术，技术上的保障是实现内蒙古民族文化数

字化、网络化的前提。但是，在新媒体发展日新月异的今天，这些技术上的投入是远远不够的。目前，还不能使用蒙古语进行蒙古语报纸的检索，当地民众（包括大学生）使用电脑的时候，大多数情形下也不用蒙文，网上下载的蒙古语软件，也大都是网民义务制作的，并非官方自带。蒙古语使用上的不方便随着新媒体的出现表现得更加突出，因此需要国家更大力度的技术支持。

## 二 凸显民族文化特色，增强当地民众对媒体的认同感

增强民族地区民众对媒体的认同感和黏合度是提高媒体公信力和影响力的前提，帮助民族地区民众解决现实问题是提高受众黏合度、增强媒体公信力的一个有效途径。当地民众，尤其是牧民，对电台有很大的信任，有了问题，就会打热线。第一，他们有了问题不知道去找谁，找哪个部门解决；第二，找到了合适的部门和人员也不一定受到接见；第三，接见了问题也不一定能得到解决。而电台接到热线后，能够直接解答的就接进直播间，不能直接解答的，会记录下来，由专门的人员去找相关各部门协调，帮助解决问题。所以长久以来积累了非常大的信任和依赖，这对舆论引导大有裨益。

### （一）节目内容丰富性与贴近性并重

无可置疑，好的节目质量对提升媒体的公信力和受众的黏合度都至关重要。目前，内蒙古电视台新闻节目在全区转播，但其主要内容，领导活动和会议内容等占大多数，老百姓关注的内容太少。一个原因是，信息来源太少。另一个原因是，15 个记者站发来的稿件质量都不高，能够选用播出的内容不多。因此，如何制作出更好的节目内容，使新闻故事化、情节化、细节化、精细化，急需进一步探索。以电台节目为例，其新闻类节目内容，只有新华网等的消息才可以发，其他网络消息电台不能采用，因此，电台内容的需求得不到满足。随着网络媒体的迅猛发展，在响应国家全面了解少数民族地区的发展情况的前提下，国内多家主流媒体也在内蒙古少数民族地区驻足，比如新华网、人民网等，然而，就内容来说，也是非常单一。

目前，蒙古语广播覆盖 118 万平方公里，节目参与度很高，主要是通

过热线电话和手机短信的方式。当地牧民有什么事就找广播电台，节目有很强的贴近性。比如《行风热线》节目，老百姓有需求，节目组就帮助其跟职能部门对话；再比如，《广播实录》把听众反映的问题录下来，然后在节目中播放，进而使问题得到解决。

汉语广播节目中，新闻中心（广播）《纵横 118》形成了自己的品牌，据其制作人孙雪梅介绍，依托记者调查、评论员点评和编辑整合，《纵横 118》是新闻联播的延伸和拓展，涵盖社会热点、难点、自治区政策及其在内蒙古自治区实施情况的跟踪，节目能够反映百姓的心声，关注本土的、农村牧区的、自治区的实事。同时，栏目还组成了由各行业几十位老师形成的评论员队伍。《纵横 118》是最早的一档新闻批评类节目，2001 年成为全国名专栏。

（二）尊重和传播民族文化

民族地区的舆论引导方面，行之有效且必不可少的传播内容就是当地民族文化特色的传播。但在调研中笔者发现，当地媒体传播内容中，涉及民族文化方面的内容比重不高。内容分析结果显示，内蒙古本土创建的众多网站中，从报道内容上来看，非民族地区的有关信息仍然是其主要组成部分。以“内蒙古新闻网”为例，网站的首页有一个窗口是“内蒙古新闻”，其中，“百姓生活”专栏的定位是贴近百姓生活，但截取 2013 年 11 月 1 日到 30 日时间段来观察，该专栏共 67 篇新闻稿，其中，关于牧区居民、少数民族村、民族文化的报道仅有 10 篇，仅占所有新闻稿的 14.9%。在传统媒体内容同质化严重的今天，凸显当地特色，传播当地文化的内容显然是一个制胜的法宝，同时，也是传承民族文化的历史责任感的体现。了解本地区、本民族的文化有利于民族文化认同感的培养，也有利于民族文化的传承和发扬，更是增加民族自豪感的前提，同时，对于不同民族之间的文化沟通也有着至关重要的作用。

（三）提高当地媒体对于当地新闻报道的时效性并及时、有效回应谣言

内蒙古自治区“5·11”和“5·15”事件发生后，由于事发地点是在少数民族地区，普通的刑事案件极容易上升为民族问题，因此受到社会各界的高度关注。5 月 26 日，当地广泛传播的一条谣言称：“一辆小汽车突然冲入抗议的学生中间，有个女孩被武警车压过去，双腿全部断了，还

有十几个人受伤，在医院紧急救助。”该谣言信息极大地激发了民众的愤怒，直接成为之后更大范围的群体性事件发生的导火索。5 月 27 日，当地牧民和学生先后在锡林浩特、东乌旗、镶黄旗和正蓝旗等地上街游行、围攻当地政府。该谣言消息于 2011 年 6 月 3 日被新华网辟谣，紧接着，新浪网、华商网、腾讯网和中国网等转载了新华网关于该消息不实的报道。在新华网辟谣的第二天，内蒙古当地的正北方网转载了新华网的报道，在时间上不仅没有体现当地媒体的快捷性，反而滞后于别的媒体，从而丧失了媒体的主动权，也错失了及时报道以避免谣言信息传播的良机。

在民族聚居地区，突发事件舆论引导不当极容易引发民族矛盾，造成民族冲突。因此，时效性是把握舆论引导主导权的关键。一旦百姓不知道事实，反而会揣测，因此，及时和透明地报道新闻事实也是避免各种不利于稳定的谣言信息传播的前提。当地媒体可以有效利用地域接近性，及时报道新闻事件，反映当地生活现实，解决当地民众在生活中遇到的实际问题，以维持其长时间积累起来良好的信誉。那么，在重大新闻事件的舆论引导过程中，需要继续维护媒体的信誉，也即公信力。一方面，要及时地发布信息，及时地回应民众担忧、质疑的问题；另一方面，要适当地引导，还原事件的真相，进而引导民众得出合理的解释，博取民众的“同情”心。

（四）新闻报道以事实为主线，避免激发民族矛盾

对于多民族聚居区的任何事件的新闻报道，如果处理不恰当，非常容易引发民族矛盾，增加民族误解，从而形成不良的舆论氛围，放大问题，甚至引发群体性事件。因此，在新闻稿件的处理方面，尤其是涉及突发事件的报道，一定要避免所有问题都上升到民族问题，也不要将涉及民族问题的新闻事件当作民族问题来处理。

通过笔者的观察，蒙古族民众普遍具有民族自豪感。正如内蒙古电视台经济生活频道总监助理闫晓红在访谈中提到的：“感觉生活在内蒙古很幸福，各民族和睦，传统优良，民族性格开阔、包容、优秀、开放，再加上国家民族政策好，内蒙古自治区落实的好，感觉内蒙古人随着受教育程度的提高，很聪明，有创意，让人敬佩。”在这样一个比较好的舆论氛围和背景下，新闻报道更应该主动维护得之不易的成果，避免处理不当激发

民族矛盾。

（五）现代化风貌的传播与民族文化传播并重

在媒体传播内容的整体安排方面，要处理好现代化冲击和保护民族传统文化之间的矛盾。媒体传播内容既要注重民族特色文化的保护，也要传播当地现代化进程和发展，改变目前外界提到内蒙古自治区就联想到草原而别无其他的现状。也就是说，在兼顾地域化的同时，也要传播现代化风貌，增加与别的地区之间的亲近性，不然，民族地区总是被排斥在外。这是增加内蒙古自治区当地民众与别的更发达地区之间的亲近感和认同感从而增加相互了解的重要途径之一。

另外，调研中笔者了解到，年青一代的受众基本上是通过各种多媒体平台和社交网络来了解资讯，获取新闻。因此，怎样有效地在新媒体平台上传播民族文化，也值得考虑。

（六）推动科研成果科普化

在内蒙古当地院校和科研机构的学者中，有相当一部分是通晓蒙古语和汉语的双语专家，对当地的民族文化有着专业的敏感和研究，先后形成了一些北方民族和蒙古学研究的科研成果。在媒体传播过程中，可以有效利用这些专家资源，对于民族政策的解读、传统习俗的传承、各民族之间的互相了解，以及对宗教信仰的尊重等各个方面，通过专家的解读以及对专家科研成果的科普化传播，可以起到非常好的舆论引导作用。专家对舆论热点事件的评议、对民族自豪感的认同、对民族文化的宣传和维护等，都对舆论引导有很大帮助。

总之，尊重和传播民族文化，民族地区和不同民族的人民才可能互相尊重、和谐相处，进而才有可能实现民族融合和民族文化的融合。但在民族文化的融合过程中，首要的还是要尊重每个民族自己的文化。

## 三　转变观念，传统媒体与新媒体深度融合

目前，内蒙古自治区新媒体发展整体水平不高，主要有三方面的原因。第一，新媒体员工基本上都是以当地的传统媒体员工为主，身份转变容易完成，但观念的转变比较困难；第二，当地民众对传统媒体的依赖较大，未能形成迅速与新媒体融合的动力；第三，当地新媒体的投入和技术

都没有跟上新时代的需求。其中，转变观念是做好传统媒体和新媒体融合的重要前提。

以内蒙古新闻网为例，该网于2003年11月26日正式开通，是内蒙古自治区成立最早、规模最大、技术力量最雄厚的省级新闻网。2010年5月，内蒙古新闻网由自治区党委宣传部整建制划归内蒙古日报传媒集团。2011年年底，按照内蒙古日报社党委的指示，内蒙古新闻网完成了“一网两制”改革，确定内蒙古新闻网分为新闻中心和社会中心。新闻中心做新闻，做内容，主要以社会效益为主，设有内蒙古新闻、民族文化、道德法制、文体娱乐、国际国内5个部门，完成好自治区党委、政府的宣传任务，坚持正确的舆论导向，严把新闻关，牢牢占领舆论宣传阵地，为自治区的经济社会发展做出强有力的舆论支持。社会中心面向市场，全面负责网站的所有经营工作，先期开设汽车、楼市、教育、健康医药、美食、金融、旅游、质监8个频道。内蒙古新闻网内容覆盖时政、经济、文化、社会、民生等各个方面，拥有新闻发布、互动社区、多媒体等多个应用平台，现有20个行业频道、36个盟市旗县区频道；网站日更新信息1500余条，日均IP访问量14万，PV访问量达到140余万，已发展成为内蒙古地区覆盖面最广、信息量最大、浏览人数最多的综合性门户网站。但在调研中笔者发现，网站与受众之间的互动严重不够，成了“自娱自乐”，对百姓关心的问题不够重视，因此用户黏合性较低。究其原因，主要在于新媒体仅仅是传统媒体的部门，并不是单独的机构。而管理人员又都来自传统媒体，观念跟不上。因此，无论是从机制上还是从观念上，都束缚了新媒体的发展。

### （一）传统媒体和新媒体分开，独立运营

传统媒体与新媒体的深度融合，并不是传统媒体向新媒体转向，也不是仅仅将传统媒体的内容搬到新媒体平台上，而是应该以平等的身份和相对独立的运营为前提的深度融合。传统媒体的观念和新媒体的观念是完全不同的，如果仅仅是在传统媒体内部划出一块地盘称作新媒体中心，而该新媒体中心的所有运营思路和人员都来自传统媒体，是不可能做到深度融合的。

调研中笔者发现，传统媒体给网络媒体提供内容，但奖励机制和约束

机制有问题。内部所形成的“流程再造”，实际上不好执行。比如，稿源和新闻资源的共享，首先要求纸媒提供给网站。但是有时候因缺乏奖励机制和约束机制，网站拿不到稿源。虽然要求记者同时给报纸和网站提供稿件，但实际上无论是记者还是领导，都认为先做好报纸，顺带做好网站，在身份地位上本身是不平等的。后来，从报纸各个部门派人去网站当主编，人的编制在报纸，一两个月暂时派到网站，但效果不理想。

因此，只有专业的新媒体人员从传统媒体中独立出来单独运营，新媒体才有望有更好的发展，也才能寻求更好地与传统媒体的深度融合。当时，深度融合还处于摸索阶段，有待实践检验和总结其具体的操作和运营模式。

### （二）培养终端思维理念

在习近平总书记发表了关于媒体融合的讲话之后，内蒙古自治区的媒体普遍开始重视媒体融合了，但是，行动上的改变容易实现，理念和思维层面的改变很难，需要迅速转换观念。无论是传统媒体，还是新媒体，都需要培养终端思维理念。新的媒介技术层出不穷，日新月异，如果仅仅停留在传统媒体思维模式，势必会失去新媒体时代带来的机会。因此，要培养新媒体时代的“链接”文化，形成用户至上的观念，培养服务意识和开放、创新、分享的互联网思维。未来，终端的多样化和丰富化是大的趋势，而80%的终端将通过移动互联网实现，多种可穿戴设备技术上的发展就是佐证。

### （三）新媒体多平台集中到一个中心，统一运营

随着传统媒体与新媒体融合受到足够的重视并被列入议事日程，目前内蒙古自治区媒体的状态是各个分支机构、各个栏目分别在做自己栏目和新媒体的融合，各自尝试着融合的路径和方式。但在实际操作过程中，媒体工作者深有“两张皮”的感觉，传统媒体只是借助新媒体平台发布一下，或者收集一些信息，并没有做到真正意义上的媒体融合。

将各个部门的人力、财力和平台都统一到一个新媒体中心，组织专门的团队统一筹划、统一管理、统一运营，举全体之力来打造新媒体中心，做到优质资源的集中和共享，同时利用和协调好多种媒体平台，并研制出切实可行的同一内容在不同的媒体平台上不同的展示形式，既能避免受众

在不同新媒体平台上的分散，又能倾力打造，提高内容质量。

值得考虑的是，蒙古语新媒体中心和汉语新媒体中心分别独立于传统媒体，并分别独立运营，可能更有助于节目的特色化和精细化。

（四）培养民族地区民众的新媒介使用习惯

无论是通过传统媒体还是通过新兴媒体，阅读兴趣的培养都是促使大部分民众接近传播介质的前提。目前，因其便携性和移动性，加之对于使用者文化水平要求不高等因素，广播在内蒙古自治区，尤其是在牧民聚居区有着稳固的受众群，广播在未来发展空间依然很大。牧民基本上每个人有个收音机，形成了更加个人化的媒介消费。同时，广播的受众参与度也很高。

但面临的危机是，一方面，广播听众会不会因为新媒体的冲击而减少？另一方面，“90”后的广播听众并不多。所以，新媒体技术的提高和新的多媒体终端的发展和使用，值得重视。

蒙古族等少数民族群体对于网络媒介的接触和使用相对落后，一方面，使用蒙古语等民族语言进行传播的网站平台屈指可数，比如中国蒙古语新闻网、人民网蒙文版、草原雄鹰网站、东北蒙古语网、“好乐宝”蒙文博客网等，因此，蒙古族等少数民族群体欲通过民族语言了解“地球村”的信息，可接触的相关传播信息非常有限。另一方面，内蒙古少数民族群体居住区域范围内可接收到的网络平台的信息也受到一定限制，在网络信号覆盖范围相对狭窄的空间内欲了解各方面信息，也是会受到相应的影响，其中少数民族群体居住区域内网络民意表达的积极性不高。通过网络媒体进行民意表达的渠道不够畅通，在热点事件评论栏、网站论坛、聊天室以及微博微信平台，网民表现出的兴趣热情不高，发表的帖子数以及跟进的程度都比较低。

融媒体时代，有效的传播必然是双向的、沟通的、共享的。在帮助民族地区民众解决现实问题的同时，还要帮助民族地区民众有效使用各种媒介，培养其媒介使用习惯，尤其是引导其逐渐接受和使用新媒介工具，并提升其发声与表达的意愿，是未来需要考虑和实施的重要方面。

（五）充分发挥好广播在偏远地区的舆论引导作用

由于广播的技术门槛和成本低，便捷性高，处在偏远地区和经济欠发达地区的蒙古族民众对于蒙古语广播的信任度和依赖度都很高。“广播上说了，就是真的了”就是真实的写照。从内蒙古社会科学院民族所研究人员娜仁其木格牧区调研经验来看，蒙古族民众对于新媒体的接受有一个过程。很多牧区和农村地区是没有通网络的，虽然有网络共享设备，但没有使用，有些村根本连包装都没打开，有些村只是当作电脑用。

因此，少数民族地区有相当一部分是没有条件上网的民众，他们接受资讯和新闻信息的来源只能是报纸、广播、电视和手机报，其中，报纸和手机报对阅读者又有着较高的要求，而对于那些不识字的民众来说，广播和电视就是接受信息的最好媒介和平台。因此，在少数民族地区，由于受客观和主观原因所限，传统媒体还将在一定时间内发挥着主要的舆论引导作用。

### （六）充分发挥手机报在民族地区的舆论引导作用

内蒙古自治区地处中国的西北部，其整体的经济发展水平从根本上制约着内蒙古手机媒介网络的发展。研究数据显示，内蒙古地区互联网普及率为38.9%，低于全国42.1%的平均值。内蒙古地区手机媒介网络信息的传播影响力整体比较薄弱。但是，随着新一代，尤其是“90”后这一代的成长，他们中大多数能够识字，并有机会接触互联网和手机，他们在有机会选择新媒体了解资讯的情况下，不再首选传统媒体为介质。与此同时，内蒙古自治区手机网络民意表达不强，很多农牧区的手机用户仅仅停留于手机媒体的通信和短信息功能，因此，在不通互联网的地区，手机报是一个非常好的传播媒介。

在“一省一报一端”理念的倡导下，内蒙古自治区开始了手机报业务，以蒙古语和汉语双语每天分早、中、晚三次发送，并以行政命令的方式让党政机关所有的工作人员都订阅手机报业务，费用由政府承担。

手机报作为一种带有高到达率和强制性阅读的快捷媒介，具有非常强大的舆论引导力，但是，如果其内容上过于单一，缺乏适合于新媒体时代的语言和形式，很容易流于形式，也很难打动受众并得到认同。因此，增大手机报的推送范围，并丰富其内容和形式是需要深入探讨的。

### （七）充分发挥微信在民族地区的舆论引导作用

由于微信具有语音功能，这就使得一些地区，尤其是语言输入不便的蒙古族少数民族地区的民众有了兴趣和欲望使用微信。同时，微信的朋友圈功能，也很容易将家人、亲戚、朋友、邻居等不同关系圈的人聚合起来，因而成为牧区新媒体使用最为便捷的入门工具。较亲密的关系往往也容易使微信成为强黏合度的媒介，还容易形成共通的意义空间及更加容易信任的信息传播圈。民族地区虽然对于新媒体带来的冲击不太显著，但新媒体是总的趋势，不能以传统媒体的优势自居，无视时代的发展。年轻人都是伴随新媒体成长起来的，无视他们的媒介使用习惯和需求，也就是失去了这一部分受众。因此，在通互联网络信号的地区，微信的舆论引导功能应该得到重视和发挥。

（八）积极探索融媒体时代传统媒体的出路

访谈中，有学生谈到内蒙古自治区是创办过我国最早的报纸的地方，但是目前当地报纸并不景气，学生感到惋惜。的确，创刊于 1905 年的《婴报》是内蒙古地区历史上的第一份蒙文报纸，也是我国最早的蒙文报纸。创刊于 1948 年 1 月 1 日的《内蒙古日报》是中国共产党在少数民族地区创办最早的省级党报。《内蒙古日报》蒙文版是我国最早用少数民族文字出版的省级党报，也是蒙古族历史上用本民族文字出版的第一张日报。笔者在访谈中了解到，呼和浩特民族学院的学生即便会汉语，但还是更愿意看蒙古语的资讯，除非娱乐类的看看汉语的。因此，即便是“90 后”的新一代，对于传统媒体，尤其是蒙古语传统媒体还是有一定的依赖。

但是，这种依赖是有限的，新一代更多地还是使用各种新媒体终端。因此，传统媒体如果不与新媒体深度融合，便会走向死胡同。就连号称是呼和浩特地区最早尝试与网络媒体进行合作的都市类报纸《内蒙古晨报》，都还停留在利用网络寻找新闻线索、利用网络传播扩大影响力、设立论坛和撷取网络精华内容到报纸的阶段。实际上，使用平台传播内容和对传统媒体的节目做预报或者广告，这是对于新媒体使用的重要的但同时是初级的形式；由专业团队打造专业新闻，同样的素材，不同的平台使用，这是融媒体时代媒介融合的中级形式；各媒介平台互通，挖掘和开拓适应不同平台的报道技巧和形式，拓展传统媒体在内容和形式上的革新，并拓展不同的新媒体平台，这是有效的出口。

（九）整合资源，协同合作

第一，整合传媒集团内部所有资源，通过有效的机构重组，使得传媒集团所有的产业链相互高度关联，协同处理所有资源，并能在重大事件的新闻报道和舆论引导方面统一协调，实现社会价值的最大化。

第二，议程设置方面，实现从重大新闻的选题、策划到制作、传播以及营销等整个过程的有机融合，并在广播、电视、报纸、新媒体终端等各个平台传播专属各个平台的内容，做到专业化的渠道传播。尤其是在突发事件中，媒体如果抢在民众在各种社交平台上发布信息并大范围传播之前就已经发布了专业的、可靠的信息，足可以避免很多的误传，或者大量的不确定性信息（谣言）的产生。同时，发挥好新闻评论和舆论领袖的作用。

第三，时间上与深度上形成梯队传播，新媒体充分利用广大民众的自拍力量，第一时间互通有无，广播、电视媒体跟进，记录更加专业化的音频，拍摄更加专业化的图像，从而传播给受众更加全面、更加客观的现场画面。报纸则深度挖掘事件背后的起因，以及未来如何避免（或者发扬）类似事件的发生，无论是从时间上还是从深度上，都形成梯队传播，以满足不同需求的受众。

## 四　融媒体人才的引进和培养

目前，媒体融合的趋势和重要性已经凸显，行动上也有了回应，但是，新媒体思维的欠缺和新媒体人才的匮乏阻碍了媒介融合的发展。融媒体时代是更加开放和共享的时代，因此，用开放的态度和氛围吸引人才、培养人才、激励人才才能跟得上时代的需求。

（一）重视和加强民族地区新闻专业人才的培养

据内蒙古师范大学传媒学院院长陶格图的介绍，目前内蒙古自治区高校中大约45%的老师是少数民族，学生超过30%是少数民族（学生总数为2.8万）。内蒙古蒙古语新闻传播教育不仅给内蒙古自治区新闻传播媒体输送人才，还给新疆、甘肃、青海、黑龙江、吉林、辽宁、北京等地培养新闻传播专业人才。但是，内蒙古创办新闻教育的高校普遍专业设置分散，不利于整合资源和做大做强。比如，内蒙古师范大学新闻传播学专业分散在蒙古学学院、文学院、传媒学院三个学院，内蒙古高校内不同院系重复办起新闻传播学专业的现象普遍。同时，在专业课程设置方面，没有体现出地方特色和民族特色。比如，内蒙古大学蒙古学学院新闻学专业49门限选课中，仅有6门地方特色和民族特色的课程，有的学校新闻学专业十几门限选课中，地方特色和民族特色课程一门也没有。

可以考虑将分布在同一个高校不同院系的新闻专业进行合并，集中优秀的教师资源等软件和硬件，合力培养适合新媒体时代的新闻专业人才。在课程设置方面，可以凸显民族地区特色，增加民族文化课程和通识教育，为将来在媒体工作中发挥更多的民族文化传播和交流工作打好基础。

（二）媒体内部建立有效的人才激励机制

边疆少数民族地区的特殊性制约着新闻媒体的自由发展空间，内蒙古新闻媒体发展得很保守，还是主要依靠国家拨款生存，报刊行业不活跃，没有很好的激励机制，广告收入不理想，业务不拓展，新兴媒体发展滞后，新闻传播人才东南飞。这不仅制约了内蒙古新闻传播事业的快速发展，也出现了该专业的毕业生找工作难的现象。传统媒体管理理念要与新媒体时代的发展相结合，在人员的考核方面要考虑如何与新媒体衔接，打破倚重传统媒体而忽视新媒体的局面，尽快提出新的激励方式。不然，有激情和创造力并在新媒体领域做出贡献的员工得不到及时的激励，甚至造成人才的流失，会对新媒体的发展和媒介的融合极为不利。

（三）建立人才交流、交换机制

目前，内蒙古自治区多数媒体工作人员都是当地的员工，他们中大多没有在外地媒体的工作经历，有一些是在外地读完大学，毕业后回到当地参加了工作。而且，民族地区与内地经济发达地区相比，新媒体的发展比较滞后。因此，与外地新媒体发展比较好的地区建立相互合作，是一种快速促进观念的转变和提升工作能力的便捷途径。一方面，给当地的新闻工作人员提供机会走出去，到别的地区学习经验和新技术；另一方面，请别的地方的新闻工作者来到当地，给予指导。

# 第四章

# 移动终端辟谣模式：众筹式“信息拼图”的立体表达*

移动终端快速发展的信息制造与分享技术以及用户制作和传播信息的低门槛为信息接收者和信息管理者带来巨大的挑战，如何在海量信息中甄别信息，如何在类似于“在场”的情境中提升用户的辨识能力，如何建构适用于新媒体时代特征及有效帮助用户还原信息确定性的辟谣信息模式，成为负责任的移动终端信息平台及其用户共同面临的新课题。本节在对微信谣言过滤器谣言信息及其辟谣信息特征进行分析的基础上，指出移动终端辟谣策略的经验与不足，结合爱德华·霍尔文化的三个层次理论，尝试提出移动终端辟谣模式，以期对新媒体时代移动终端辟谣策略提供参照意义。

## 第一节　辟谣难度分析：公认的难题

无论古今中外，谣言都是一个重要而又难以界定的概念，因此，大众对于谣言的认知也是模糊的，而模糊的认知本身对辟谣有一定的影响。同时，面对谣言的大量传播，很多学者提出了信息公开、透明的应对方法，认为只要信息足够公开并且透明，谣言就会消亡。但是，新媒体时代的谣言生成与传播更加复杂，简单地及时公布真相并不能完全阻断数目巨大的谣言的传播。

---

* 本节部分内容发表于雷霞《移动终端辟谣模式：众筹式信息拼图的立体表达》，《现代传播》2019 年第 9 期。

面对日益增多的谣言在新媒体平台上的传播，2013年，国家集中力量进行了一次对于网络上谣言传播的强力度集中治理活动，采取了全国公安机关打击网络有组织制造传播谣言等违法犯罪的专项行动，对于谣言的传播起到了非常大的警示和遏制作用。但同时我们也应该思考，这样强力度的治理背后，对于个人言论表达自由过度限制是否可能带来对正常的信息流通的不利影响？面对谣言传播带来的负面社会影响及其危害，必须要有强硬的法律制裁。但面对低危害性或非危害性的那些谣言信息，比如对于灾难、事故、食品安全、个人人身安全等的担忧所进行的自我缓释性的合理猜测性表达（往往在现实层面构成了谣言），是否这样的硬性治理也同样适用呢？这个问题值得深入思考。

从古至今，辟谣被公认为是一个世界性难题。“辟言不信”，从古老时代开始，辟谣的情形已经呈现出“辟谣还在穿鞋，谣言早就满天飞了”的情形。而到了新时代又是怎样呢？桑斯坦曾就辟谣不容易使受众接受与认可分析指出三种情形：第一，辟谣行为激怒受众，使受众更加坚信自己的原有看法并且为自己原有看法而进行辩护；第二，辟谣行为容易让缺乏理智的受众认为辟谣就是为了否认存在的事实，因此更加强化了他们对谣言内容的确信；第三，辟谣本身将受众的关注点聚焦于谣言所指涉的问题上，关注与聚焦本身也会使受众的既有看法和立场得到巩固与强化。[①] 家族微信群中老年人传播谣言，其子女辟谣不仅得不到认同，反而被踢出家族群的实例[②]则是对辟谣行为导致适得其反的三种情形的注解。

伴随移动终端信息制作与分享技术的不断发展，用户自制信息与分享信息门槛越来越低，也越来越便捷化，这为受众甄别信息的真伪带来巨大挑战。新媒体时代的用户与传统媒体时代的受众不同，他们不仅仅是在接收信息，更可能是在主动选择信息的基础上，自主制造信息和传播信息，并且，这种制造和传播往往是联网的，也就是说，是与其他用户互联的，因而是众筹式的、共享式的、拼接式的，甚至是技术性的。因此，单一

① ［美］卡斯·R. 桑斯坦：《谣言》，张楠迪扬译，李连江校译，中信出版社2010年版，第89—90页。

② 齐媛媛：《男子辟谣老妈“碱性食物抗癌”帖竟被踢出家庭群聊》，《半岛晨报》2018年11月10日，http：//epaper. hilizi. com/shtml/bdcb/20181110/20181110A021. shtml。

的、灌输式的辟谣更加不足以满足逐渐“智能化”的用户。

在由美国政府机构、咨询机构、智囊团、科研机构等发表的32份科技趋势相关研究调查报告的基础上提炼形成的《美国2016—2045年新兴科技趋势报告》显示，在2030年，全球75%的人口将会拥有移动网络连接，60%的人口将会拥有高速有线网络连接。移动终端的发展以及移动网络的扩散，也会进一步推进云端计算的进展。云端计算可以在零投入的情况下给用户带来大量的计算能力。在未来的30年里，基于云的移动计算端将会改变从医疗到教育的各行各业。[①] 移动终端稳固上升的用户数量和快速发展的信息制造与分享技术为信息的接收者带来巨大的挑战，如何在新技术促成的“在场”的想象中提高自己对谣言的辨识能力，如何在海量信息中辨别信息并还原其确定性，成为新的课题。但问题的另一面，则是新媒体技术带来的便利与机遇。因为确定性的辟谣信息也将借助新媒体移动终端各信息传播平台快速、广泛、便捷地传播。那么，回到本章的研究问题：移动终端谣言信息传播有哪些特征？什么样的辟谣是容易被用户接受因而是更加有效的？

## 第二节　辟谣现状分析:任重道远

移动终端成为新媒体时代信息传播的重要渠道，自然也成为谣言信息的传播渠道。这为信息的接收者带来巨大的挑战，如何辨别真伪，如何不混淆视听，如何在类似于在场的模拟实境中提高自己的辨识能力，都成为新的难题。但问题的另一面，则是新媒体技术带来的便利与机遇。因为同样地，澄清的、确定性的辟谣信息也一样可以更加便利而广泛地传播。新媒体时代“智能化”的用户对于辟谣信息提出了新的要求和挑战，同时也可以为辟谣信息拼块贡献自己“遍在”的力量。

从辟谣效果来看，熊炎从辟谣来源、谣言介绍、谣言反驳、真相陈述、情愫唤起五大辟谣信息要素出发，对北京发布的《每月“科学”流

---

① 凤凰新闻:《美国2016—2045年新兴科技趋势报告》，http://wemedia.ifeng.com/25462848/wemedia.shtml，2017年8月9日。

言榜》中的98条辟谣信息及以往辟谣实证研究成果进行分析后指出，只有29%的辟谣信息介绍了来源，其中约有89%的来源被认定为可信的，但所有辟谣信息都包含了可能导致受众将谣言错记为“真相”的谣言介绍；大约65%的辟谣信息包含了直接反驳谣言的内容，但其中11%的反驳可能导致受众更加相信谣言；大约82%的辟谣信息包含了真相陈述的内容，但只有4%的真相陈述包含了受众信谣原因分析，而这种分析可以显著降低谣言的影响；23%的辟谣信息包含了反向情愫唤起的内容，但77%的辟谣信息可能无法彻底消除谣言对受众行为的影响。① 因此，如何有效辟谣确实是一个难题。

从辟谣现状来看，在笔者梳理的2003年至2013年具有代表性的33条抗议性谣言中，持续时间达数年的有3条，约占9%；持续数月的有9条，约占27%；持续数日的有21条，约占64%。而造（传）谣者涉及被刑事拘留、行政拘留、治安拘留、警方抓获、警方查处、批准逮捕等“硬”处理的涉及16条，约占48%；以辟谣或道歉等方式“软”处理的有11条，约占33%；但有6条是既没有“硬”处理也没有“软”处理的，这个比例占18%。② 一旦被处理，尤其是涉及刑事拘留、行政拘留、治安拘留、警方查处和警方抓获的，多数情况下谣言就被终结了；而一旦有明确的辟谣和澄清，其滋生的土壤遭到破坏，谣言的生命力也将减弱；但如果没有得到处理的谣言可能会持续数年。

从辟谣本身的难度来看，人们之所以认为自己看到的谣言真实可信，或者将信将疑，或者完全不信，取决于接触该谣言信息之前，人们已经固有的对于该信息建构的认知与信念，也即社会认同。如果认同，则趋于相信；如果不认同，则趋于质疑；如果谣言所指涉信息及其意蕴完全由与己相反的信念结构组成，并已牢固建立起与谣言信息相反的社会认同，则趋于不信。桑斯坦通过对大量实验结果的分析指出，对错误观点的纠正反而会强化人们对错误观点的坚持。桑斯坦称这种现象为“偏颇

① 熊炎：《网络辟谣信息的构成要素及其理论效果——以〈每月“科学”流言榜〉为例》，《天津行政学院学报》2016年第1期。

② 雷霞：《新媒体时代抗议性谣言传播及其善治策略研究》，中国社会科学出版社2016年版。

吸收”，即人们都会按照自己的偏好选择性地吸收信息。[①] 桑斯坦认为，人们总是按照自己的既有观念、知识和喜好来接触和接收信息、观念和说法。如果这些信息、观念和说法与自己的既有观念和价值取向一致，则易于吸收和认同；如果不一致，他们也会坚持自己的想法，甚至更加极端，很难做出让步。2013 年美国俄亥俄州立大学的研究也佐证了该观点，该研究发现，如果一个错误信息在出现后立即被纠正，乍看起来，这种纠正起了作用，一些人改变了自己的看法。但是当他们仔细考察该现象时发现，这种改变只发生在起初就对错误信息倾向于不信任的人身上。如果一个人本来就很相信错误信息，那么纠正信息不但不会起作用，反而还会加深此人对纠正信息的信源的不信任。[②] 因此，人们一旦相信了某个谣言，就很难再改变自己认定的观点，即便听到辟谣信息，也很难再改变想法。

## 第三节 信息确定性的立体拼接:移动终端辟谣模式

从理想角度而言，谣言传播与社会认同有着很深的关联，如果对于谣言所涉及的议题有大体一致的社会认同和分析框架，并且这种社会认同和分析框架都是基于确定性的信息，以真实可靠和多角度的信息拼接还原事件的本来面貌，那么自然可以做到对相关谣言信息的传播“无为而治”。但是，社会认同如何达成，则需要对相关议题的聚焦，及令人信服的分析和影响。

张敏在对社会认同概念的梳理和分析中指出，社会认同过程是一个不断自我构建和自我重构的过程，这个连续不断变化的过程会受到各种社会文化因素的影响。[③] 爱德华·霍尔指出，人类学家认为的文化代表一个民族的生活方式，是其习得的行为模式、态度和物质材料的总和。而霍尔本

---

① ［美］卡斯·R. 桑斯坦：《谣言》，张楠迪扬译，李连江校译，中信出版社 2010 年版，第 70—72 页。

② 京师中国传媒智库：《移动社交网络时代的传谣与辟谣：技术逻辑视野下的新态势与新对策》，2017 年 10 月 31 日发布。

③ 张敏：《社会认同的概念本质及研究维度解析》，《理论月刊》2013 年第 10 期。

人将文化视作一种交流的形式，并按知觉程度将文化分为显性、隐性和技术性三个层次。[①] 正式层面涉及习俗及管理制度——人们认为理所当然的东西，如在西方世界一个星期有七天；技术层面，例如法律、哲学、数学和物理，要达到的效果是尽可能精确；非正式层面则是正式和技术性层面之间的过渡。[②] 霍尔结合这三个层面，从人的学习、意识、情感、对待变革的态度等方面进行了分析。受此启发，笔者认为，如果人对文化的建构和认知可以从这三个层面来进行，那么人对谣言和辟谣信息的认同也可以从这三个层面来进入。文化的三个层次为我们提示，除了外在的显性文化外，同时还应该注意到隐性的文化与社会认同，以及技术性因素的介入。在此基础上，笔者结合谣言过滤器 2018 年 1 月至 6 月发布的朋友圈每月十大谣言的 60 条辟谣信息的辟谣策略及特点，总结出移动终端辟谣模式（见图 4－1）。

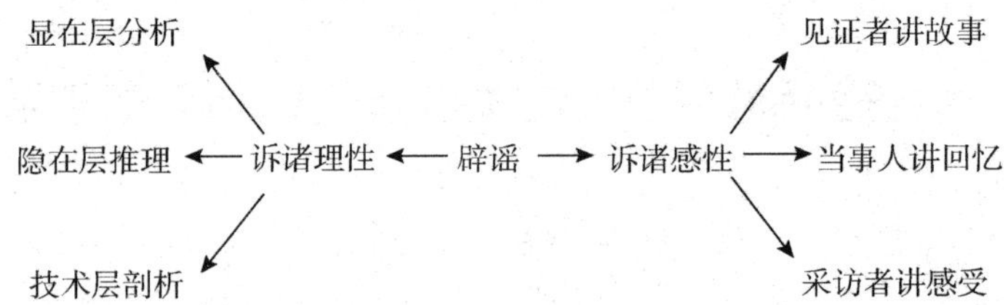


**图 4－1　移动终端辟谣模式**

该辟谣模式中，理性与感性构成了辟谣信息拼块的两端，其中理性端分为三个层面，即显在层分析、隐在层推理和技术层剖析。显在层分析强调的是，辟谣过程中通过分析，指出谣言信息中明显的漏洞（或通过明显的证据证实）以还原其确定性。隐在层推理强调的是，通过更深一步的逻辑推理，来发掘表层底下暗含的逻辑漏洞（或通过深挖的证据证实）以还原其确定性。技术层剖析则包含两层含义：其一，对传播的介质和载体以及与其形式相关联的技术手段方面的漏洞的揭示；

① ［美］爱德华·霍尔：《无声的语言》，何道宽译，北京大学出版社 2010 年版，2015 年第 3 次印刷，第 20、26、51—53 页。

② Edward, T., Hall, *An Anthropology of Everyday Life*, New York: Anchor Books Editions, 1992, p. 224.

其二，对谣言所涉及的内容，以专业性角度，通过技术性的分析来证伪或证实。

该辟谣模式中的感性端，也分为三个层面，即见证者讲故事、当事人讲回忆和采访者讲感受。2013 年 12 月 2 日北京朝阳区老外撞人事件生出的“大妈讹老外”谣言的辟谣，就是通过当事人讲回忆、见证者讲故事和采访者讲感受三个层面，最终还原了事件原貌[①]。网络社会及新媒体技术提供的便捷，使得网民得以从各自视角出发，发表对于同一个事件及其相关联事件的看法和意见，及其对应的基于不同视角的情况表述，包括文字的、声音的、画面的和动态影像的记录，通过三个层面的拼接，得以还原一个全方位、全视角的立体事件，并形成逐渐接近真实的集体性记忆。

可以看出，该辟谣模式是开放的、无限的、拼接式的，除了专门的信息管理机构、辟谣平台和团体、公益辟谣组织进行有效的辟谣信息拼接外，还可以有效利用网民的力量，使其加入辟谣信息的拼接过程中。散在各地的网友以各自掌握和认可的信息生成辟谣信息拼块，与其他辟谣信息拼块拼成“信息拼图”，而小的拼图再进一步拼接，成为更大的拼图。辟谣信息拼块相互作用、相互拼接，形成移动终端立体的、多通道的、综合性的拼图，而其形式是多载体、多样态的。这样的辟谣信息立体拼图，向确定性信息无限开放，因此也是无限接近确定性的。

提升网民网络素养，发挥其积极作用，需要辟谣模式中平衡的理性与感性两端都紧密围绕用户的需求，以用户喜欢的语言拉近与用户的距离，实现众筹式的“信息拼图”模式，辟谣信息才可能更有效地发挥作用。与此同时，还要保证辟谣信息的有效到达。如果仅仅做到及时辟谣，但是辟谣信息没有到达谣言易感人群，那么辟谣效果将大打折扣。

值得注意的是，任何模式都是有问题的，但希望该模式在辟谣方面有所助益，尤其能对相关管理机构和政务部门、移动终端信息传播平台、涉谣企业、经济机构等有所警醒。而经济利益机构、权力机构也可

---

① 网易新媒体：《新闻杂谈：以讹传讹》，http：//www. 52rkl. cn/xinwenzatan/1204123262013. html，2013 年 12 月 4 日。

能利用辟谣模式来“灌水”，甚至进行病毒式传播，影响舆论，值得警惕。但因其具有无限的开放性，为接近确定性的信息拼块留出了很大的空间，随着网民素养的提升以及网络空间的“风清气正”，相信确定性信息会越来越具有生命力。

# 第五章

# 建立社会协同机制，打造风清气正的网络空间

目前我国正处于社会转型期，发展中出现的各类新问题、新矛盾极容易导致谣言的产生与传播。而新媒体的广泛性、互动性、便捷性等特性使得大众有了快速发布信息并相互交流的平台，并且这种平台有很大的信息聚合效应，从而使得新媒体成为社会舆论的重要阵地，也成为滋生和传播各种谣言的主要平台。新媒体平台上的信息传播虽然有一定的“自清”功能，但绝大部分谣言都不能得到及时的澄清。因为传播谣言的速度和数量远远大于澄清谣言的速度和数量。

因此，对于网络谣言，绝不能依赖网络的“自清”功能，而要采取多种措施积极治理。然而，“一刀切”的严惩并不是最有效的应对方式，反而可能造成“寒蝉效应”。我们必须认识到，不管是在什么样的社会背景下，用简单粗暴的方式对待言论都是不可取的，也是不得民心的。必须注意到，新媒体平台上既有个人感性的情绪表达，更有民众理性的思辨言论的表达。到了更加需要开放性思维的新媒体时代，对等的、协商的、合作的、对话的方式才更有效，也更有利于社会的发展。

那么，在信息来源更加多样、信息平台更加丰富、受众求知欲望更加主动与强烈，以及受众生产和传播、分享信息更加随时随地的、移动化的新媒体时代，我们需要用怎样的态度来看待谣言，具体又需要采用什么样的方式和途径来应对谣言，共同为繁荣社会文化与推动社会进步服务呢？

# 第一节　新媒体时代舆论引导工作的关键点①

党的十八大以来，以习近平同志为核心的党中央高度重视党的新闻舆论工作，多次研究相关问题并做出重要部署。习近平总书记在2016年4月19日召开的网络安全与信息工作座谈会上的讲话中指出："网民来自老百姓，老百姓上了网，民意也就上了网。群众在哪儿，我们的领导干部就要到哪儿去。各级党政机关和领导干部要学会通过网络走群众路线，经常上网看看，了解群众所思所愿。"这就要求，新时期各级党政机关和领导干部要积极主动了解网络和使用网络，使新媒体网络成为了解民意、沟通思想和解决问题的有效平台。

## 一　准确认识和把握新时期舆论形成的特点

伴随着新技术的变革及其便捷化的信息共享体验，互联网迅速普及并形成越来越大的用户群体，受众不再是被"设置"和安排的被动的信息接收者，而更多是信息的主动搜索者、加工者、生产者和分享者。在此背景之下，各种新的媒介和社交化网络平台上的信息传递形成超链接网状结构，基于不同信任基础的个体之间能够迅速达成共识，依此形成不同的舆论。

一是"点""点"串联，"形成"意见。新媒体平台上热点事件及其舆论影响的形成，首先离不开多个可以被串联到事件的"点"，并且往往由不同的用户发布，再串联起来，拼接成为完整的事件，最终形成舆论。

二是推手助推，"制造"舆论。利用不同的新媒体平台，推手们不费吹灰之力就能够将编辑好的信息瞬间推送给多个用户，以由下而上的自发形式，助推形成"舆论"，而这样的"舆论"很多时候是不受掌控的，甚至相关政务机构和媒体也是被不知不觉卷入其中的。但要注意到，有些时候，群体并不代表"所有的智慧"的叠加与拼接，反而有可能是对于某些

① 本节部分内容发表于雷霞《新时期舆论引导工作的关键点》，《中国社会科学报》2019年7月18日第3版。

错误信息或判断的叠加与扩散。与此同时，群体会迅速就某些代表性意见达成一致并采取大体一致的行动。

三是大众配合，推向高潮。一方面，当被各社交化媒体平台或网站热帖炒作起来的事件渐炒渐热，形成舆论，引发一定程度的关注，大众往往只是凭靠自认为已经“掌握”了的信息或者情况来“填空”和进行“拼图”，自认为还原了信息的真相。而人们一旦相信了某个信息，就很难再改变自己认定的观点。另一方面，新媒体网络会将新闻事件或个人发布的信息推向公众的视野并逐渐形成某些有代表性的意见，个人（尤其是那些容易受别人意见影响的个人）接触网络的便捷性随着各种智能终端和分享平台的发展而极大提高，而他们听取或接触到他人对于信息或新闻事件的判断的概率也大大提高，这就使得个人可能隐藏自己的真实判断与想法，转而接受意见领袖的观点。

## 二　借助媒体，创新舆论引导方式

新媒体时代，随着大众介入社会事务与政治决策的不断深入，更加理性化的思维和素养变得越来越重要，这不仅需要培养大众的理性思维与媒介素养，而且需要提升政府部门和领导干部作为舆论引导者的媒介素养。

其一，提高媒介素养，加强应对和运用媒体的能力。习近平总书记明确要求“对网上那些出于善意的批评，对互联网监督，不论是对党和政府工作提的还是对领导干部个人提的，不论是和风细雨的还是忠言逆耳的，我们不仅要欢迎，而且要认真研究和吸取”。无论大众发表的意见和观点是否合法或合理，其所包含的质疑实际上也是一种对话，暗含着与政府对话和沟通的意愿。政府部门和领导干部要重视网络民意，要及时收集并处理其指涉的问题。尤其对负面信息的检测，要进行第一时间处理。政府机构与领导干部要增强自身的媒介素养，要提高应对和运用媒体的能力，尤其是要了解新媒体的特点和规律。

其二，采用网络直播等新方式，吸引和影响年轻用户。新时期吸引和影响年轻用户，要注意采用新方式，例如，以网络直播形式推出新闻政论等网络直播节目，精准锁定族群，尤其是在突发事件和重大事件的重要节点时，这种不间断的直播会冲击和影响年轻用户的态度和观点。采用新方式吸引和影响年轻用户，还要注意以下五个方面。第一，沟通的话语和符号要新，使用的语言要新，要使用更加跟得上时代的、更加容易让年轻受众接受的语言；第二，沟通的方式要新，使用多媒体，多角度，用不同的话语来讲述同一个故事，用不同的角度来激发受众的情感，用不同的方式来吸引受众的注意；第三，时间上要新，抢占先机，要保证民众接收到的内容是新的；第四，使用的媒介、平台、渠道要新，新媒体时代的用户接收信息的来源是多样化的，接收信息的平台也多样化；第五，互动方式要新，利用新媒体平台，用新的互动方式即时快捷反馈。

## 三　分类应对，提高信息服务质量

具体来讲，新时期舆论引导需要采取针对性措施实现分类引导与应对处理。一是重大事件的应对要实现信息公开、及时答疑。要建立健全政务舆情收集、研判、处置和回应机制，信息公开，及时答疑，提升政府部门对重大事件的应对能力。特别要注意的是，答疑仅仅做到及时是不够的，还要以确定性信息来答疑。因为如果答疑不彻底或者有漏洞，尤其是针对那些民众已经关注和热议的事件，极容易引发新的谣言或者加固旧有谣言。二是敏感性问题的应对要实现目标可达，有效沟通。对于一些涉及民众利益的敏感事件或问题的处理，要做到快速、及时的回应，并尽量快速解决，让民众满意。对于民众反映的问题，要深入探寻根源，重视民众的诉求，及时回应民众的质疑，迅速解决民众提出的问题。同时要注意的是，信息光透明是不够的，还需要重视传播方法，将透明的信息传播开来，保证信息的到达率。三是谣言的应对要实现不信谣，不传谣，勤辟谣。一旦充斥着不确定性的谣言信息出现，大众最愿意看到的就是确定性的信息以证实或者证伪谣言。在谣言面前，人心惶惶，大众对于确定性信息的需求更加迫切。而澄清谣言信息既能消除民众的疑惑，又能提升政府的公信力。但很多时候，由于辟谣心切，在没有完全弄清事实的情形下简单证伪，却又缺乏证据，继而该谣言又被证实。这样的情形则会取得适得其反的效果，不但提升不了公信力，反而降低了公信力。

辟谣是舆论引导的一个重要方面，也是新闻的重要由头。谣言出现的时候，政府部门应取传统媒体与新媒体各自所长，“把握好时机”及时辟谣。“信息拼图”中，“把握好时机”所强调的是，要在负面或虚假信息还没有占据主导地位的时候就进行有效的引导，使得正面的或者真实的信息占据主导位置，这样，以这些主导位置为核心拼起来的信息才可能是正面的或者真实的。政府部门在传统媒体上发布的辟谣信息要准确、全面、深入，不能仅仅简单回应网络上的碎片化信息；在新媒体平台发布辟谣信息时，要在第一时间依托媒体机构庞大的专业人员和信息系统来核实信息，找到谣言的源头以还原真相，以最权威、真实、及时的信息来引导大众，有效辟谣。

综上所述，新时期如何进行有效的舆论引导，首先，各级党政机关领导干部要熟练使用和了解各种新媒体移动终端信息传播平台，掌握新时期舆论形成与扩散的规律。同时，借助媒体机构和舆情监测机构的大数据、人工智能、舆情监控与预测工具，做好对舆情的掌握和检测。其次，现实工作中，政府部门和领导干部要在虚心接受监督的同时，利用民众反映的问题和关注的焦点，积极主动发挥好上传下达的桥梁作用，包括从老百姓角度来理解政府的政策，同时将老百姓的问题提交给政府职能部门，成为主流思想的传道者、社会问题的关注者、大众舆情的发掘者、社会理念的引导者。最后，政府部门和领导干部要通过各种传统媒体与新媒体巧妙结合的议程设置，有效地引导大众关注和热议的社会问题，集思广益，在信息多元化的时代抓住时代的主旋律，站在更加高远的角度来引导大众对于社会焦点问题更加深刻、冷静、理性与全面的认识与思考。

## 第二节　增强政府公信力

很多研究者认为，信息透明、公开，再加上民主和法制，谣言自然可以消亡。显然，这是一种理想状态。以民主与法治为标签的美国等西方国家，谣言也并未避免，谣言流传的原因也并不仅仅是因为信息不透明。即便信息透明了，民众相信吗？这才是问题的症结所在。比如在2010年年底的钱云会案件中，大多质疑的声音并没有因为公安机关公开、透明地发布信息而遏止，反而招来更多的质疑，原因是民众长期以来所积累的对于当地政府强权政治的不满和怨气。实际上，要让民众信任，一个前提是有公信力，一个前提是有效“发声”。

Rosnow（1988）提出了应对谣言的五条准则：第一，既然防止谣言带来危害性后果的最好途径是阻止谣言，那么，事先预测并面对焦虑与不确定感以减少谣言的产生。第二，保持沟通渠道畅通，并告知人们实情。当然，前提是人们足够信任官方渠道及其传播的内容。同时，鉴于重复会让人们更加偏向于相信，所以尽量不要重复谣言。第三，信息公开且保持权威性。不能为了短期利益而扭曲真相，因为一旦人们在内心有了偏见，将来是很难改变的。第四，告知人们不实谣言信息的破坏性，并且将预测变为预先防备。第五，当需要采取严厉措施时，要以合法的方式来执行。[①]在论述中，上述五条准则的实例大多列举的是公司的实际情形，在文章末尾，Rosnow指出这些准则同样适用于社会。从社会层面来说，上述五条准则实际上都指向了政府的公信力。原因是，人们能够有效预测焦虑与不确定感，并且能够有效面对，前提是基于对自身安全有所保障的信心和对政府能够有效处理社会问题的信任；而信息的公开、透明、确保信息的真实可靠性，以及通过合法手段来控制不实谣言信息等，全都是基于政府公信力的建设与维护。

政府应如何使用新媒体平台来塑造和维护其公信力与权威性以加强民众对政府的信任？首要的是要有愿意沟通的、更加主动的（而不是害怕的，甚至是对立的）态度，要真正地代表民众的利益，对于民众的引导要更加理性，也更加人性化、情感化，多用客观的信息来让民众自己得出自己的判断和意见表达，少用一些简单的观念的灌输。

除了保障公众与政府之间的有效沟通和交流，还可以借助媒体帮助政府建立民众对政府的信任。首先，政府机构与官员要增强其媒介素养，要提高应对和运用媒体的能力，尤其是要了解新媒体的特点和规律，不能和媒体对立，也不能只是对各种媒体简单地下达指令，因为强硬的命令非常容易将媒体推到对立面。其次，要加强非危机和非突发事件期间的官民互动，“功夫在诗外”，加深信任，这样，一旦有危机和突发事件发生，民众

① Ralph, L., Rosnow, Rumor as Communication: A Contextualist Approach, *Journal of Communication*, 38 (1), 1988, pp. 12 – 28.

自然更加愿意相信政府，而对谣言多一些质疑和理性思考。

## 一　导入善治理念，协同合作治理谣言

党的十八大报告提倡的“社会主义协商民主”就是要“在城乡社区治理、基层公共事务和公益事业中实行群众自我管理、自我服务、自我教育、自我监督。以扩大有序参与、推进信息公开、加强议事协商、强化权力监督为重点”。而新媒体的特征使其成为民众有序参与、协商民主的平台，并且，这个平台极大地降低了治理成本。原因是，新媒体平台更加容易形成民主协商式的治理理念与行动，同时又能够迅速而有效地凝聚社会各界的力量，激发各种社会组织与个人的作用。因此，我们需要打破传统的家长式的信息通告与社会管理方式，尊重大众，并且相信大众自己的判断力。在这一背景下，导入“善治”理念来应对谣言的传播是比较合时宜的。

善治是在公共管理和公共治理基础上提出来的新概念，其根本特征就是认可民众自身的作用，并且呼吁形成合作的、平等的、协商的氛围，使得社会各机构和个人协同治理社会事件。善治需要在一定的法律、法规范畴内实行民主的、协商的合作治理机制。要允许个人一定程度上的自由表达就要允许非伤害性或低伤害性谣言的存在。政府传播是政府的行为及其行为的解释，而传媒是解释政府行为的主要机制，从而也是政府与大众之间的主要沟通者和协调者。从某种程度上说，对于一些谣言的有效应对和处理，其实是可以成为用来增加政府与民众的互相信任的契机的，关键就是要看怎么应对、怎么处理，以及以什么态度应对、以什么方式处理。

桑斯坦指出，或许一个更具有协商性的国家在和平时期和战时都能避免严重的错误。如果我们的目标是获得多重的“理性原子”，协商将是最佳途径。[①] 那么，如何更好地进行协商呢？技术上，可以实现友好的信息交流界面和协商的模式。当大众进入新媒体平台，发布了评论等信息内容后，能够确保有便捷的方式得到及时的回复，能够让大众感受到平等和协商的态度，从技术上实现对于协商的支持内容上，同一话题给出官方的说

① ［美］凯斯·R. 桑斯坦：《信息乌托邦：众人如何生产知识》，毕竞悦译，法律出版社 2008 年版，第 10 页。

法、意见领袖的说法和网友的说法，不必要忌讳和害怕这些说法和意见不一律，因为，只要是指向事实，只要是指向理性的和善意的分析，只要是朝着更容易和更友好的关注问题、探讨问题和解决问题的态度努力，就要对不同意见表示宽容，甚至鼓励，这既表现出了官方的自信，又有利于官民关系的和谐，而且更有利于问题的解决。

2013 年 3 月中旬，黄浦江死猪事件引发大众的不安和猜测，各种新媒体平台上随即出现多种相关的谣言，大致分为三类：一是质疑猪死亡原因是猪饲料有毒；二是质疑市场上流通的猪肉质量，原因是每年都有大量死猪肉流向市场；三是质疑大量死猪已经严重污染了上海地区的水源。就在大众处于对该事件的惶恐和质疑中时，猪是被冻死的解读和水质未受污染的官方判断引起更加广泛的质疑。仅以腾讯微博为例，腾讯微博上关于黄浦江死猪漂浮事件的关注度在 2013 年 3 月 8 日至 5 月 6 日共有 533600 条，在其“热度”排名前 100 的观点中，有 33% 质疑辟谣信息。死猪辟谣比较失败，不仅没有让人觉得对水质放心，反而加重了民众对以往水质的质疑（既然死猪前后的水质没有明显区别）。因此，这样的辟谣没有足够的说服力，不但没有起到辟谣的作用，反而还进一步加大了信息的不确定性，并引发了大众对于该事件进一步的猜测和质疑，即谣言又产生了变异，即“死猪被加工成了香肠”，“黄浦江出现了长得像猪一样的变异鱼”。担心民众恐慌所以辟谣，但辟谣的结果是造成了更大的恐慌，这就是由于大众对官方信息的不信任造成的。

毋庸置疑，任何时代的谣言都很容易挑战权威，也有学者提到谣言的反权力，本书也认为，谣言具有很大的反权力功能，那么，这样的谣言传播本身就是瓦解权威，更不用说谣言内容所包含的反权力指涉了。那么，权威的消解与大众话语权的巩固，如何在二元对立中取得平衡？在保障大众话语权的同时，新媒体平台信息错综复杂难辨真伪的情形下，正好可以利用谣言所设置的议程来重新树立权威，以促进政府、机构、个人的公信力建设。

## 二　把握恰当的“信息拼图”时间，及时发布主导信息

中国青年报社会调查中心的一项调查发现，四成网民从未访问过政府

网站，42.0%的人“偶尔访问”，两项合计为82%。而民众对本地政府网站的印象如何呢？调查结果是：47.9%的人表示“没什么印象”。[①] 这说明，现在很多情形是，信息是变得“透明”和“公开”了，但是，大众并没有接触到。大众没有接触到的信息，实际上跟信息没有公开区别不大，因为大众都是因为没有接触到信息而成为不知情者。因此，需要借助各种新媒体平台提供的便利来优化传播方式。一方面要提升信息的透明度和公开性，另一方面要提升传播水平和这些信息的到达率，使大众能够通过更加便捷的渠道和更加愿意接触的媒介平台来了解信息。

新媒体是工具，借助其优势，群体参与的方式更多，途径更广，事实更容易全景呈现。在谣言广泛流传之前，只要及时发布真实的信息，造成真实信息主导的舆论氛围，那么非真实信息自然被淘汰，这样的治理成本最低，但一定要准确和及时把握舆论氛围，并及时发布主导信息。因为在一定情形下，其他的信息都可能是围绕主导信息进行的“拼图”，一旦“拼图”贴合，便会广泛传播。如果主导信息没有被及时发布，非真实的信息占据主导舆论中心位置，那么，“拼图”中反而排斥了滞后发布的真实信息，使得真实的信息得不到广泛传播和扩散，这时候的解释和治理成本是高昂的。

在一些大众高度关注的事件中，尤其是危机事件中，政府部门可以利用移动终端媒体平台第一时间向民众说明情况，以免谣传，或被人利用。一旦民众关心的事件发生，政府部门要在第一时间告知民众，保障民众的知情权，这在一定程度上能够避免大众对该事件相关信息的猜测和杜撰，也就在一定程度上避免了谣言的传播和扩散。而手机因其特有的随身携带性及较高的普及率，及其所具有的时效性强，对时间、空间及环境的要求低等特点，其群发信息瞬间到达，再加上转发便捷，因此可以滚雪球似的无限扩散。同时，很多手机安装了即时通信软件，可以非常便捷地跟网络微博、个人空间等同步更新信息，这也更加促进了手机传播信息的高到达率。因此，当民众关心的事件发生，尤其是重大危机事件发生后，当受事

① 王俊秀：《七成上访者向政府网站投诉过　近九成对答复不满意》，《中国青年报》2012年1月11日第3版。

件影响的大众心中都还留有畏惧和阴影的时候，对一些即便在往常看似很平常的事故，受事件影响变得格外敏感的情形下，在“不法分子”极有可能利用这些事故来制造负面谣言“蛊惑人心”的前提下，由政府部门出面在第一时间澄清事实，通过手机等到达率高的新媒介和平台告知市民发生了什么、发生的原因是什么等信息，是尤为重要的。这可以从根本上铲除谣言信息产生和传播的根基。

除了第一时间澄清以外，及时答疑同样重要。因为很多民众疑惑的细节，如果不能及时得到答疑，很可能会产生新的谣言。用新媒体手段传播有关谣言信息的澄清内容，并利用互动平台及时回答民众的疑问，利用网络论坛、QQ 群、微博、微信等回答和引导民众的疑问，用公开、开放的态度来直接面对问题，取得民众（包括当事人）的理解和信任，这对澄清谣言信息及其可能造成的负面影响是非常必要的。

但是，答疑仅仅做到及时是不够的。因为如果答疑不彻底或者有漏洞，尤其是针对那些民众已经关注和热议的事件，极容易引发新的谣言或者加固旧有谣言。例如，2013 年 7 月 5 日，一段《上饶数十男子持刀砍村民》的视频在网上广为流传，画面血腥，网传该事件与拆迁有关。7 月 6 日，江西省上饶市政府新闻办通报称，“双方因建围墙发生纠纷，与拆迁无关，当地领导高度重视，要求警方依法进行严处”。据上饶市政府新闻办的解释，“6 月 23 日上午，上饶佳利商城与石狮乡王家坝村村民杨某某、王某某因建围墙发生纠纷，双方持械斗殴”。上饶市政府新闻办指出，“此次事件是由企业与当地居民间的矛盾引起的，与拆迁无关”。[①] 而据新浪图片新闻报道，“江西上饶石狮乡王家坝村发生一起恶性伤人事件，王女士家冲进二三十名持刀男子，见人就砍，致三人受重伤。整个过程被附近一村民用手机拍下，警方到达时，现场还留有 5 把砍刀”。[②] 该新闻页面下方，是转发的上述中新网的关于地方政府澄清的报道，但截至 2013 年 7 月 8 日，共有 3077 条评论，其中，仅从 2013 年 7 月 8 日凌晨至 14：42 就

① 中国新闻网：《网传江西数十男子持刀砍村民官方澄清与拆迁无关》，http：//www. chinanews. com/fz/2013/07 - 06/5010625. shtml，2013 年 7 月 6 日。

② 新浪网：《江西上饶数十男子持刀砍村民》，http：//slide. news. sina. com. cn/c/slide_ 1_ 2841_ 33350. html? img = 268077，2013 年 7 月 6 日。

有249条评论，而7月7日全天的有效评论有829条，并且所有的评论基本上呈负面，有的是对地方政府的质疑，有的是对开发商的不满，有的是对持刀砍人者的愤恨，有的是对该事件反映出来的社会现实进行调侃等。显然，这些评论是在7月6日当地政府澄清事件的通告稿件发表之后的（并且通告新闻稿就在该新闻上方），但遗憾的是，网友们的评论和对该事件的看法并没有因为这样的澄清而改变。在该案例中，明确指出“因案件涉案人员较多，案情较复杂，目前，侦办工作还在进行当中”。但同时又说明，“此次事件是由企业与当地居民间的矛盾引起的，与拆迁无关”。既然还在调查中，又为何确定说与拆迁无关呢？在网友们“有图有真相”并有视频的情形下，这样的辟谣显然是不足以澄清所谓的真相，反而加重了民众的猜疑和不满。

## 三　维权与地方政绩考核适当脱钩，有效保障民众权利

维权是在受法律保障的前提下对个人或群体利益的维护，在这个维护自身或他人权益的过程中，一旦出现问题，进而向上一级部门反映情况，寻求问题的解决。但在维权过程中，不能通过正常渠道反映和解决问题的情形时有发生。比如我国的上访制度本身就是为了维护公民的正当权益的。但是实际的情形是，很多时候地方政府为了维护政绩等原因，“截访”现象普遍存在。我们一方面要鼓励地方政府部门办实事、办好事；另一方面要正视地方发展中存在的各种问题及其引发的利益冲突和各种矛盾。发展中存在利益冲突和矛盾本身是不可避免的，但如果将维权、上访所反映的问题直接与当地政府的政绩和考核挂钩，势必会促使地方政府想方设法地“拦访”，甚至采取极端手段对付上访者，反而扩大事态、激化矛盾。这些未得到及时处理的问题与矛盾一旦蓄积久了，矛盾一旦触发，问题一旦升级，将产生巨大的爆发力，从而导致抗议性的、群体性的言论和事件的发生，这也为谣言的滋生提供了土壤。因此，将民众反映的问题与当地政府的政绩考核脱钩，或者在民众上访之前就能考虑到民众反映的问题可能造成的后果，并且给予有效解决，就能够减少上访的数量，从而也减少谣言滋生的条件。更何况，采用强制手段并不利于地方政府的公信力建设。

### 四 快速、及时回应并解决谣言所指涉的问题

对于一些涉及民众利益的事件或问题的处理，要做到快速、及时的回应，并尽量快速解决，让民众满意，这是避免谣言，尤其是抗议性谣言产生与传播的有效手段之一。如果民众所担心或质疑的问题能够快速、及时地得到回应和解决，民众自然会减少抗议性的言论或抗议性的行动。对于民众反映的问题，要深入探寻根源，重视民众的诉求，及时回应民众的质疑，迅速解决民众提出的问题。

无论借助抗议性谣言进行社会抗议的途径是否合法或者合理，其所包含的质疑实际上也是一种对话，暗含着与政府对话和沟通的意愿。政府部门要重视网络民意，要及时收集并正确判断新媒体平台上的谣言信息。网络民意虽然不能取代民意，但作为虚拟的民意，还是有一定的代表性的。而谣言，尤其是抗议性谣言信息，在一定程度上直接反映了大众对于某些事件的态度。周裕琼指出，传统谣言多为“缺乏事实依据的谎言”，而新谣言（即当代中国社会的谣言，与传统谣言相对）则多为“真实的谎言”，因为在谣言中恰恰体现了我们所处时空的社会真实，比如2009年出现的胡斌“替身”说最终被证明是“谎言”，但因为权贵操纵司法这一“假想”的社会现实，合乎网民根深蒂固的社会信念，所以在网民心中，它的解释力却比真相还强大。[①] 政府部门要重视网络民意。在新媒体发展到今天这样一个规模的前提下，我们应该高度重视新媒体舆情中谣言信息的收集、分析、上报和理性的判断。对于不实的谣言信息，可以及时澄清；对于聚众闹事的可能性，能及时掌控。对于反映社会问题的谣言信息，应该及时应对，促进解决。

### 五 加强舆论引导，使信息公开制度化、程式化

新媒体时代说到底是一个信息的时代，而大众接触各种媒介的便捷性更加凸显了建造良好的信息传播秩序与维护健康的舆论氛围的重要性。同

① 周裕琼：《2012年中国谣言传播特征解析与应对策略》，《新媒体蓝皮书·中国新媒体发展报告（2013）》，社会科学文献出版社2012年版，第94—95页。

时，有效的舆论引导也是政府公信力提升的重要保障。尤其是当危害性高的抗议性谣言在各种新媒体平台传播的时候，有效的舆论引导能够让大众及时了解真相，辨明是非，避免以讹传讹，也避免产生更大的负面社会影响。

中央政府对于信息公开、透明有具体的要求，但是落实起来，还需要一个过程，毕竟社会问题错综复杂。因此，向着公开化、透明化的方向努力的保障，是需要信息公开的制度化。将各级部门的新闻发布作为惯例，使得政府机构（官方）的信息公开，通过新闻发布会或者利用各种大众媒体或新媒体平台，快捷而及时地在第一时间公开信息，并制定信息公开的规范，完善政府发言人制度，提升新闻发言人的媒介素养和专业水平。

确保信息透明的同时，最重要的是要确保信息的权威、全面，并避免由于公开的信息中言辞不清而激发谣言，或在旧有谣言基础上形成新的谣言。

## 六　信息透明，并保证到达与接收

当大众了解了确定性信息，就不会再随便猜测、质疑和轻信所谓的谣言了。但是需要注意的一个现象是，往往有时候政府部门或权威部门能够及时发布信息，能够做到信息的“透明”，但大众依然不明所以，面对谣言依然无所适从。实际上，信息光透明是不够的，还需要将透明的信息传播开来，到达最广泛的人群。不然，光有信息的透明度，没有到达率和接收率的话，信息的透明度是没有多大意义的。

在充分享受新媒体平台提供的共享与互动交流的同时，一种更加能够跟得上时代的舆论引导方式正需要我们去探索与尝试。新媒体最显著的特征之一是分享与互动，分享与互动无可置疑地带来了信息的公开和透明，也更加增大了公共的舆论空间。在这样一个更加开放的时代，我们需要更加开放的理念。

新媒体网络的优势功能，即时互动、搜索、超链接、共享，尤其是信息的共创等，这些在传统媒体时代是不可想象的。正是有了新媒体，有了新媒体的特征，使得谣言的对抗能够转化成对话，并能够展开有史以来最丰富也最充分的对话。因此，不能认为新媒体平台是谣言滋生的摇篮而对新媒体充满偏见，甚至恐惧。新媒体提供了良好的协商平台，而这个平台是以前传统媒体时代欠缺的。需要做的是，充分利用好如此便捷而高效的沟通平台。

## 第三节 完善法律法规，警惕“寒蝉效应”

维护法律、法规的科学有效性，正是保障良好的信息传播环境的前提。对于确属恶意制造与传播扩散不实谣言信息的行为，容易或者已经产生严重的毁坏性后果的造谣和传谣行为，是需要一定程度的他律来进行约束的。一些危害性大的，同时其传播范围又广的，造成不良社会后果的一些谣言，理应诉诸法律。这也是一个法治社会必须有的保障，更是营造更加健康的新媒体平台言论环境的保障。但要指出的是，法律法规的完善并非等同于一律的“严打”思维与模式，因为在现实中，“严打”往往容易导致“寒蝉效应”，并不利于营造健康的舆论氛围与环境。

最高人民法院、最高人民检察院于2013年9月9日公布《最高人民法院、最高人民检察院关于办理利用信息网络实施诽谤等刑事案件适用法律若干问题的解释》。该解释针对刑法第246条第一款规定的“捏造事实诽谤他人”的情形做了具体化和类型化的列举，还针对诽谤罪“情节严重”制定了量化标准，即，“同一诽谤信息实际被点击、浏览次数达到五千次以上，或者被转发次数达到五百次以上的”或无论是否“实际被点击、浏览次数达到五千次以上，或者被转发次数达到五百次以上的”，只要“造成被害人或者其近亲属精神失常、自残、自杀等严重后果的”，都构成诽谤罪。

该司法解释顺应时代的要求，提出了符合时代特征的相关规定和限定，但是美中不足的是，有一些限定过于死板，也过于“一刀切”。因为信息的制造和传播本身就非常复杂多样，这是由于信息本身的复杂多样，也是由于各种新媒体技术层出不穷造成的信息制造、传播与分享方面的复杂多样所决定的。但是，“五千次以上”，或者“五百次以上”这样的量化的限定对于使用充满了网络水军的各种新媒体平台的用户来说，是有欠公允的。试想，如果一位信息发布者发布的信息本来没有引起广泛关注，或者信息本身也没有太大的威胁性，但是这位信息发布者遭到打击报复，被经过组织的网络水军进行了转发，如何将这样的情形与经由自然的转发的情形相区别呢？最高法解释说，这样的界定不是针对转发者，于是，转发信息者就得到了天然的豁免。那么，对于恶意转发，或者故意凑转发次数来祸害“诽谤”信息的首发者的情形又该如何处理呢？同时，有一些“诽谤”类信息一开始是被定性为“诽谤”的，但后来又被证实为真实信息，这样一律的界定显然不严谨。而且，这样的规定显然也不利于网络反腐和正常的网络爆料与监督。

目前现有惩治谣言的法律法规中，对于“谣言”的概念，并没有明确的界定，也没有对“谣言”进行分类、分级。在2013年的集中打击谣言的专项行动中，通过网络和手机短信等手段造谣、传谣被行政拘留的案例举不胜举。一时间，面对“严打”行动，出现了“人人自危”的情形。

谣言就像病毒，危害性不大的病毒对于身体的危害性实际上没有那么大，有些反而会增加人体的抵抗力，而严重的、危害性大的病毒当然会致命，所以，严重的、危害性大的谣言需要诉诸法律，严厉制裁，但对于那些危害性不大的，尤其是解释性的、担忧性的、焦虑性的谣言，应该以更加柔和的方式去应对，切忌“一刀切”的做法，不然，不加区分的一律的“严打”极容易带来“寒蝉效应”，从而对正常的舆论环境造成不良影响。

所谓“寒蝉效应”（Chilling Effect），是指对传谣者打击过重，导致社会监督的缺失。“寒蝉效应”是源自美国的一个法律用语，是指在某些法律条文或行动的影响下，人们害怕因自由言论遭到刑罚或罚款而自我禁言。“寒蝉效应”的后果，是导致言论表达不畅和公共领域的衰落。在大众对信息透明化的诉求越来越多以及新媒体平台以信息的传播与分享为主要特征的新媒体时代，“寒蝉效应”显得尤为可怕，也尤为格格不入。

## 一 完全杜绝不确定性，也就同时杜绝了确定性

大众被要求不盲目转发谣言信息，但是，一方面，普通大众在很多情形下是难以分辨信息的真伪的，另一方面，只有通过转发，才能更有效地、更多维度地探求被转发的不确定信息的真伪。如果完全杜绝了对作为不确定信息的谣言的传播与讨论，也就必然杜绝了对于确定性信息的探究和挖掘，这是不利于营造良好的信息传播环境的。

越是谣言盛行，也即不确定性信息盛传，越需要确定性消息，而不是只是简单报道谣传者被抓，或请专家澄清痛恨谣言的观点。实际上，这是对于健康的舆论环境的破坏。谣言信息被大面积转发和四处流传，对社会的和谐氛围来讲，好像是有“不安全感”的，但如果对任何事任何信息都不敢评论和发布多角度猜测的信息，对于一个健全的社会来说，往往更不安全。

为了打击和避免“信息拼图”中虚假的信息，结果同时也打击了其中真的信息，或探寻真的信息的努力，打击了全方位信息的拼凑，是不利于信息的还原的。“信息拼图”中，消灭了拼凑“恶”的信息，也就同时消灭了拼凑“善”的信息的可能性，还有，同等重要的是牺牲了官方的公信力。

## 二　实名制不能杜绝谣言

很多既有研究成果认为，新媒体平台只要实行实名制，就可以限制谣言的传播和扩散。这其实只是理想状态，现实并非如此。实名制在一定程度上增大了传播虚假的、有害的信息的社会责任风险，甚至是法律风险，但实名制往往使得谣言的生成和传播更加容易。谣言的捏造者因为认识和了解信息接收者，所以更加容易就与其相关的某方面生成谣言；谣言的受众因为认识或者了解谣言涉及的对象，所以更加相信或者更加震惊；谣言的接收者因为了解或认识谣言的发起者或传播者，所以更偏向于相信；而谣言指涉的对象，因为被认识自己的人或者了解自己的人制造和传播关于自己的谣言，因而更加容易受到伤害。

因此，实名制不可能杜绝谣言，反而某些实名认证或者实名制的用户会利用自己的实名认证或注册的身份来传播甚至制造谣言。

同时，实名制与“严打”的捆绑与联合往往非常容易造成地方政府或者机构对于传播“抗议性谣言”的个人的打击报复。目前，对于谣言的认识和定性过于简单，也过于官方化，因此，只要地方政府定性为“谣言”的信息，就被划为“谣言”，因而地方政府也有了管控谣言的合理性、正义性和合法性，但是，一旦那些被地方政府定性为“谣言”的信息被证实，地方政府就陷入了信任危机，容易失去民众的信任。从这个意义上来说，实名制不仅不利于消除谣言，而且不利于对地方政府和官员进行有效监督。

### 三 不分类别与性质的一律严打不可取

不同的谣言类型实际上会对社会造成不同的影响（或者伤害），但对待不同类别与性质的谣言不应简单采取一律的态度和做法。尤其是在新媒体时代，各种信息的传播与分享成为时代的特征，因此，对于谣言需要采取的不是一律的控制，而是要区分不同类型和性质的谣言，做不同层次的治理，保障谣言产生的信息活性空间，以保障良好的舆论环境和氛围。

除了应区分谣言的类型和性质以不同方式应对谣言外，还应区分谣言传播的主体。对于责任度高的政府机构、官员、大众媒体以及大众媒体工作者等主体，以更加严格的信息发布规范去要求；对于不在上述之列，但拥有广泛的社会影响力的名人（包括网络名人、意见领袖等），虽然没有统一的专业性的规范要求，但是需要参照其社会影响力来制定适宜的信息发布守则；而对于普通的大众，只要其发布的信息没有造成严重的危害性社会影响，可以适当放宽对其要求。

对于恶意的造谣传谣行为，确实需要法律的严格执行来约束，但法律惩罚仅仅是为了威慑，不是目的。更加需要重视的是，探究造谣和传谣背后的深刻的社会动因和心理动因，了解造谣和传谣者的社会诉求，解决问题，并培养其理性的、对社会负责任的思维习惯，这才是关键。而这样的习惯的培养，离不开社会各界组织和个人的共同努力。

“信息拼图”使得大众最大限度地实现了理性与理性的对接以及对事物真实性和真理的探寻能力的培养，有利于营造一个宽松的言论环境，在这样宽松的言论环境中，个人的言论和思想、观念的表达都不会带来风险，因此个人更加愿意表达，也更加愿意分享与交流，因而也就更加容易形成健康的舆论氛围和环境。

谣言所包含的信息可能为真也可能为假，也可能有真有假，往往反映一定的社会问题，或者暗含民众对相关问题的揣测与解释。未来研究的视角可关注谣言作为中介的社会调和作用，及其带来的虚构与真实之间的张力，继而助推我们进一步思考谣言、辟谣与新闻信息同时参与建构集体记忆的社会意涵，启发我们进一步思考事实和真相的区别，以及新闻到底是什么，新闻能做什么。当作为确定性信息的新闻足够光亮，应该是可以让谣言作为与亮光同时存在的青烟转化成青光，从而共同构筑风清气正的网络空间和集体记忆。

## 第四节 维护主流传统媒体的权威性

在信息来源更加多样、信息平台更加丰富、受众求知欲望更加主动与强烈，以及受众生产和传播、分享信息更加随时随地的、移动化的新媒体时代，我们需要用怎样的态度来看待谣言，尤其是对社会稳定与经济发展可能造成一定影响或伤害的谣言，具体应采用什么样的方式和途径来应对，是繁荣社会文化与推动社会进步过程中必须面对的重要现实问题。

中共中央总书记、国家主席、中央军委主席、中央网络安全和信息化领导小组组长习近平在2016年4月19日上午主持召开的网络安全和信息化工作座谈会上发表的重要讲话中指出，网信事业的发展要适应“创新、协调、绿色、开放、共享”的理念。习近平强调，“网络空间是亿万民众共同的精神家园。网络空间天朗气清、生态良好，符合人民利益。网络空间乌烟瘴气、生态恶化，不符合人民利益。”说到底，推动网信事业的稳固发展，打造风清气正的网络空间，其最终目的是让互联网更好地造福国家和人民。目前我国正处于社会转型期，发展中出现的各类新问题、新矛盾极容易导致谣言的产生与传播。要打造风清气正的网络空间，离不开对虚假谣言信息的治理。

谣言并不是新媒体移动传播平台的专利，一些传统大众媒体和专业记者、编辑也有可能成为谣言的制造者和传播者。可能的情况下，大众媒体对于谣言的制造与传播，往往源于对网络流传信息，甚至是自己采访到的信息的误读，或者是对一些小事件或者事件中的一些因素放大，经过渲染，以吸引眼球而形成谣言信息的传播与扩散，或者是通过一些机构的设置与策划，而形成谣言信息的传播与扩散。其中包括：第一，追求时效性，忽视确定性。新媒体时代，各媒体为了突出“新”，就得突出信息的“时效性”，因此，包括专业的新闻机构在内，有些时候为了抢占信息的

“时效性”，往往忽视其“确定性”而“抢鲜”发布信息，于是，作为“临时新闻”的谣言数量就随之增加。第二，媒体的误读。媒体的误读分两种情形，一种是无意的误读，即记者、编辑理解所限，无意中误解了信息，导致发布的信息失实；另一种是有意的误读，即记者、编辑有意曲解信息以造成轰动效应，吸引眼球。第三，媒体的放大。有些时候，媒体机构在接到新闻线索时，一味地追求新闻的轰动效应，而将一则信息中新奇的因素放大，以吸引眼球、赢得关注。第四，媒体被策划。新媒体时代，大量的营销团队与网络水军依托新媒体平台制造、渲染、传播某些经过刻意编排的信息，而作为发布新闻信息的传统媒体或大众媒体官方网站，有时候如果疏于确认与核实信息源，而简单地听信于新媒体平台上的信息，仅对其进行整合和编发，往往会成为虚假信息的传播扩散者。而且，由于传统媒体的影响力及其官方网站广泛的传播范围，这样的虚假信息一旦经由可信度较高的媒体传播，其影响力是非常大的。

新闻媒体机构和记者的责任在信息急剧增加的新媒体时代更加重大，因为在信息骤然集聚，大众在信息的海洋中无所适从的时候，信息的甄别和确定性都需要更加专业的机构和人员来完成。同时，一旦专业媒体机构或工作者提供和发布的信息不实，同样可能在瞬间被复制、转发、评论，短时间内被放大。因此，在新媒体时代，更加需要提升媒体的专业性和权威性。

## 一 治理虚假谣言信息，主流媒体任重道远

新媒体时代，伴随着信息来源的多元化、信息发布平台与渠道的多样化，以及信息样式与内容的丰富化，舆论的形成与引导和传统媒体时代相比，产生了很大的变化。新媒体的广泛性、互动性、便捷性等特性使得大众有了快速发布信息并广泛传播的平台，从而使得新媒体成为社会舆论的重要阵地，也成为滋生和传播各种虚假谣言信息的重要平台。新媒体技术使得谣言的编造更加“本真化”，即“感觉更像是真的”“在场的”，这就极大地增加了谣言的蛊惑性；信息发布者可以随意发布信息，也可以随意撤销、删除自己发布的信息，溯源的难度增大，根源难查；利用以往的新闻事件，甚至是以往的谣言信息，经由技术性的改造而重新打造与传播，

造成以往的谣言信息的“死灰复燃”；通过新媒体技术进行情境拼接，以“新闻”的方式发布以假乱真的信息，蛊惑大众；借助新媒体平台发布娱乐性、游戏性和广告性的谣言信息等，这些技术层面的根源都是在新媒体时代所特有的，需要重视的是，移动化的新媒体平台带来信息生产与传播的便利，也自然地带来了谣言信息的制造与传播的便利。造谣者往往利用涉及民众切身利益、与民众相关性强的信息进行加工和扩散，因此这类虚假谣言信息更容易大范围传播。

在信息来源更加多样、信息平台更加丰富、受众求知欲望更加主动与强烈，以及受众生产和传播、分享信息更加随时随地的、移动化的新媒体时代，用户创造内容成为信息传播与创新体系不可或缺的一环。一方面，我们需要对用户转发与评论的信息保持一定程度的宽容；另一方面，对于虚假谣言信息的传播与扩散的应对不能仅仅依赖于新媒体有限的“自清功能”，有些造成严重危害性后果的虚假谣言则应该得到法律层面的制裁，即“严打”。但是，如果不加区分，对一切虚假谣言都采取“一刀切”的“严打”，容易激化矛盾，引发新的社会不满情绪，并且容易导致“寒蝉效应”，其后果是导致言论表达不畅和公共领域的衰落，不利于社会的和谐和发展。

“一刀切”的“严打”不可取，那么，是否真的“谣言止于智者”，应对虚假谣言的传播与扩散，可以依赖大众的评判能力呢？新媒体平台上漫无边际的信息海洋中既有确定性的信息，也有不确定性的信息；有真实的信息，也有虚假的信息。对于大众来说，如何判断，如何筛选出确定性的、有价值的、真实的信息成为难题。大众面对谣言信息往往无所适从，很多时候，从权威性的媒体上得到确定性的信息成为大众甄别信息的主要渠道。这就给专业的媒体机构和工作者提出了挑战，同时也带来了机遇。

### 二　提升主流媒体的权威性

移动化和社交化的新媒体正好强化了人际间的传播，只不过这种人际传播规模更大、范围更广、速度更快、成本更低而已。而谣言从产生以来就严重依赖口耳相传。因此，虚假谣言借助新媒体技术提供的人际传播平台，生命力更加强大，微信平台上的圈子化和具有强关系的朋友之间的传播往往使一些彼此认同的虚假谣言得到刷屏式的传播。在某些情形下，权威性或公信力不够的媒体发布的辟谣信息，不但没有起到预期的辟谣作用，反而在结果上是以辟谣的方式传播了谣言，部分受众在本不知某一谣言的情形下，看到了辟谣信息才知晓谣言，但因辟谣主体缺乏权威性或公信力，大众宁愿相信谣言信息，而不相信辟谣信息。因此，提升主流媒体的权威性在现时代的意义更加重大。

随着新媒体的发展及其日益凸显的舆论阵地作用被广泛认知，尤其是新华网、人民网等各大新闻门户网站及其新闻客户端、官方微博、微信等都已经取得了很高的社会评价，并与传统的主流媒体形成了良好的互动与互补。无论是传统媒体还是新媒体，都可能成为主流媒体。因此，打造权威性高的主流媒体，首先要消除对于新媒体的偏见，认为新媒体是滋生谣言的"摇篮"，这是不公允的。第一，在没有新媒体的传统媒体时代，也有谣言，并且，在有了新媒体的时代，传统媒体依然有可能传播谣言；第二，在新媒体用户数越来越多的今天，如果仅仅专注于打造传统媒体的公信力而忽视新媒体，显然没有与时俱进；第三，对于大众而言，如果对于一件正在发生或者新近发生的事件，不能在传统媒体上找到相应的客观而全面的报道，那么，在新媒体时代，是会自然而然地转向新媒体平台去寻找所需要的信息的。因此，打造权威性强的主流媒体，既包含传统媒体，也包含新媒体。主流媒体对自身权威性的塑造是大众相信其发布的信息（包括对虚假谣言信息的澄清信息）的前提，也是关键时刻赢得大众信任的关键。

### （一）结合网友关注热点做好议程设置

主流媒体强调的是与主流思想和主流价值观的一致，但并不是指对于舆论的随波逐流式的跟踪，更多的时候，主流媒体要成为主流价值的引导者、主流思想的传播者、社会问题的关注者、大众舆情的发掘者。总的来说，主流媒体并不是舆论的跟踪者，而是社会理念的引导者，引导方式主要体现为巧妙的议程设置。通过传统媒体与新媒体巧妙结合的议程设置，能够有效地引导大众关注和热议的社会问题，集思广益，也能够在信息多元化的时代抓住时代的主旋律，站在更加高远的角度来引导大众对于社会焦点问题更加深刻、冷静、理性与全面的认识与思考，这也正是主流媒体社会责任的集中体现。

（二）发挥好上传下达的桥梁作用

在日常的舆论引导中，主流媒体应该与能够发挥的重要作用之一就是上传下达的桥梁作用，包括从老百姓角度来理解政府的政策，同时将老百姓的问题提交给政府职能部门。《辽沈晚报》在接受笔者访谈时认为，报道内容贴近百姓，都市报就能够生存好。而贴近百姓要做到两方面，一方面为百姓提供服务，另一方面为百姓提供观点。服务是定位的服务，不是泛泛的服务；观点，一般是反映百姓对于政策的看法和问题，重点是提交建议给政府部门。除了传统媒体，在新媒体平台上，比如社交媒体上的参政议政、建言献策方面的言论，都可以传达给行业受众与政府各相关部门。结合传统媒体与新媒体平台，充分地报道社会重大现实问题和广大网友关注的问题，并收集大众对于所报道的政策、事件、问题等的关注和意见，并有所选择地进行重点推荐，以引起广泛的讨论，能够收到民众对于一些重大事件或政策的建言献策，也能够为大众解读和梳理政府的政策、法规，同时，还可以通过各种新媒体平台进行广泛的传播，这就非常好地起到了上传下达的桥梁作用。

（三）进行有效的舆论监督，重视监督的结果

媒体的舆论监督功能是社会管理的有效补充，并且能够起到非常重要的、法制化手段无法实现的软化作用。比如当《辽沈晚报》得知一位居民家的自来水混浊，而水务集团的一位领导说这样的水没有问题的时候，该报对该领导的言论做了深度报道，领导迫于舆论压力，之后只好又来到居民家，承认自来水混浊是由于附近修路造成的，并当众为自己之前的言论道了歉。因此，舆论监督不仅仅要重视对客观事件的报道，而且要重视报道后续的结果。舆论监督一定要有结果，这样的监督才有力量。对地方政府及各部门、各行业的监督，正好凸显了地方媒体在当地的媒体竞争力和亲和力，如果好好打造，比较容易得到地方受众的信赖。长期积累起来的公信力将使地方媒体在舆论引导中发挥更大的作用。

（四）传递和发布更有价值的信息

传递和发布更有价值的信息，是新闻的专业要求之一，也是培养大众对媒体的依赖和信任的关键因素，尤其是在突发事件中，媒体在传递有用信息方面的作用是不可替代的。对信息的需求往往是与突发事件相关的民众最迫切的需求。透明、及时的信息服务能够消除突发事件中当事人和相关人员的恐慌情绪，并且传播给受众所需要了解的信息与知识。及时的信息服务是互通有无、传递信息的重要渠道，不同地方的民众如何知晓灾害地区民众的需求，灾害地区民众如何更好地开展自救，如何知晓自己的亲人朋友是否安全，如何更多、更及时地了解到最新的灾害信息及其自救常识与知识等，都需要媒体的信息服务。当大众能够在媒体上获得自己需要的信息，并且这些信息都是值得信赖的信息，那么大众对于该媒体的信任度一定会增加。

## 三　把握“信息拼图”时机，主动澄清谣言

习近平强调，“凝聚共识工作不容易做，大家要共同努力。为了实现我们的目标，网上网下要形成同心圆”。同时指出，“形成良好网上舆论氛围，不是说只能有一个声音、一个调子，而是说不能搬弄是非、颠倒黑白、造谣生事、违法犯罪，不能超越了宪法法律界限”。这就需要让新媒体成为传统媒体的信息共享与补充平台，专业记者们可以利用各种新的媒介终端和工具来更好地为新闻报道服务，做到新媒体与传统媒体的有效结合、互助，相信主流媒体在虚假谣言信息的治理中将会发挥不可替代的重要作用。

谣言出现的时候，传统媒体与新媒体应各取所长，及时辟谣。“信息拼图”中，“把握好时机”所强调的是，要在负面或虚假信息还没有占据主导地位的时候就进行有效的引导，使得正面的或者真实的信息占据主导位置，这样，以这些主导位置为核心拼起来的信息才可能是正面的或者真实的。传统媒体不能简单地以网络碎片化信息来提炼新闻报道。而新媒体在知晓某一谣言时，要在第一时间依托传统媒体机构庞大的专业人员和信息系统来核实信息，然后将事实信息发布到官微与网站，以最权威的信息来源来引导大众，有效辟谣。

在谣言广泛流传之前，只要及时发布真实的信息，造成真实信息主导的舆论氛围，那么非真实信息自然被淘汰，这样的治理成本最低。如果主导信息没有被及时发布，非真实的信息占据主导舆论中心位置，那么，“拼图”中反而排斥了滞后发布的真实信息，使得真实的信息得不到广泛传播和扩散，这时候的解释和治理成本是高昂的。

### （一）科学报道科学知识

科学是在发展的，科学知识也是在发展中的，甚至有些科学知识本身还存在争议。媒体在报道有争议的科学知识时，要尽可能地做到客观和公正。也就是说，需要报道争议的双方或是多方意见，而不是简单的“一边倒”，只报道或只强调某一方的观点。比如媒体采用辟谣手法报道转基因相关信息，不但没有消除大众对于转基因食品的抵触，反而更加深了大众对转基因食品的恐惧与防范。2012 年 9 月，《京华时报》曾经就针对纽崔莱使用转基因原料的说法辟谣，报道称，安利中国研发副总裁陈佳表示，安利的蛋白粉原料在全球采购标准上都有“不使用转基因原料”的要求。中国市场销售的蛋白粉，从种子到大豆到成品，公司都是经过瑞士 SGS 等全球顶尖的检测机构进行转基因项目的检测，安利纽崔莱蛋白粉原材料为非转基因大豆，且都获得了这些实验室的认证。[①] 该信息由《京华时报》报道，人民网转载，再经由多家媒体网站转载，受众面之广是可想而知的。类似这样的辟谣报道，无形中已经让“使用转基因原料的食品不安全”这样的理念深入人心了，这就为所谓的转基因食品无害的科普增加了难度。大众媒体对于科普的宣传，需要更加理性的知识性宣传，而不是支持转基因无害或者有害理念的“一边倒”的“科普”，简单的“一边倒”失去了大多数理性受众的信任。建立在客观、全面、完整的信息报道基础之上，并能够让受众通过自己的判断得出结论，这样更有助于建立和维护媒体的权威性。

### （二）用事实说话

在访谈辽沈晚报社社长彭宁时，他指出，“无限接近事件当事人，

① 《安利首次表态：纽崔莱用“转基因原料”系谣言》，《京华时报》2012 年 9 月 5 日第 B47 版。

才能做到无限接近事件真相”，他认为，好的引导，需要用事实，并且要选择适当的时机。当某一个事件、某一个谣言已经引起关注了，主流媒体要有社会责任感，最好的方法就是要用事实说话。辽沈晚报官方网站北国网避免发布不实信息的保障方法是，国家层面的新闻报道，采用国家权威媒体新闻来源；本地的新闻报道，采用辽沈晚报的。因此，北国网的报道从源头上避免了不实信息和谣言的传播。一般突发事件出现时，北国网会先和晚报记者核实，确定有该事件发生，然后就会通知突发事件编辑开始策划，策划好之后让技术人员进行处理，然后上网，需要半天时间，最多的时候需要四位编辑和四位技术人员处理，这样的程序与过程有效避免了不实信息的发布。因此北国网的报道成为腾讯新闻的主要来源之一。

### （三）有效利用移动终端信息传播平台，主动、及时澄清谣言

辟谣是舆论引导的一个重要方面，也是新闻的重要由头。谣言出现的时候，传统媒体与新媒体应各取所长，及时辟谣。“信息拼图”中，“把握好时机”所强调的是，要在负面或虚假信息还没有占据主导地位的时候就进行有效的引导，使得正面的或者真实的信息占据主导位置，这样，以这些主导位置为核心拼起来的信息才可能是正面的或者真实的。传统媒体不能简单地以网络上的碎片化信息来提炼新闻报道。而新媒体在知晓某一谣言时，要在第一时间依托传统媒体机构庞大的专业人员和信息系统来核实信息，然后将事实信息发布到官微与网站，以最权威的信息来源来引导大众，有效辟谣。

无论是传统媒体，还是新媒体，其公信力都是最关键的生命力所在。而公信力也是媒体影响力的基础，没有公信力，自然也谈不上影响的广泛与深入，原因很简单，因为追求信息的确定性是新闻的原则之一，而确定性的信息发布是构成媒体公信力的前提。

在新媒体时代，专业记者们可以利用各种新的媒介平台和工具来更好地为新闻报道服务，微博、微信、QQ、移动应用 App 等，都是很好的信息即时传播与交流平台，上面有大量的新闻由头和线索，更有很多可贵的一手素材和画面、声音、图像等信息。只要有好的专业眼光和职业精神，并能够正确认识新媒体的作用（而不是被当作传统媒体的威胁），做到新

媒体与传统媒体的有效结合、互助，相信主流媒体的塑造及其权威性的提升就会事半功倍。

## 第五节　主流媒体的责任与抗议性谣言的治理[①]

谣言并不完全等同于虚假信息，而是广泛传播的、含有极大的不确定性的信息，而媒体机构的主要功能之一就是将确定性的信息公布于众，在此意义上，谣言的防范与治理离不开媒体机构对谣言相关信息的澄清及其对真相的挖掘。谣言作为一种不确定性信息的传播，有其存在的合理性，而抗议性谣言在某些情形下也有一定的正面社会作用，但在某些情形下，抗议性谣言对社会的稳定和经济的发展有一定的危害，值得警惕。

新媒体并非谣言制造和传播的唯一渠道，媒体机构或媒体从业人员传播的不实或不确定信息也是谣言的来源之一，这就要求主流媒体进一步提高其专业素养和社会责任。新媒体时代，主流媒体不仅包含公信力和权威性高的传统媒体，也包含公信力和权威性高的新媒体，而传统媒体中公信力和权威性高的媒体的新媒体传播平台，更是成为新媒体平台上的主流媒体。

新媒体平台上的信息传播虽然有一定的“自清”功能，但绝大部分谣言都不能得到及时的澄清。因此，对于网络谣言，决不能依赖网络的“自清”功能，而要采取多种措施积极治理。然而，“一刀切”的严惩并不是最有效的应对方式，反而可能造成“寒蝉效应”。尤其对于抗议性谣言的治理，不能“头痛医头脚痛医脚”，而是要探寻其存在的社会、技术、传播等层面的根源，根据这些根源来对症下药、有的放矢。同时，除了法律、法规层面之外，还要重视主流媒体在抗议性谣言治理中的责任。发挥好主流媒体传播确定性信息的作用，抗议性谣言的治理则可望事半功倍。

在信息来源更加多样、信息平台更加丰富、受众求知欲望更加主动与强烈，以及受众生产和传播、分享信息更加随时随地的、移动化的新媒

① 本节部分内容发表于雷霞《抗议性谣言的大量出现及其治理》，《文化决策参考》2016年第8、9期（总第45期）。

体时代，我们需要用怎样的态度来看待谣言，尤其是对社会稳定与经济发展可能造成一定影响或伤害的抗议性谣言，具体应采用什么样的方式和途径来应对，是繁荣社会文化与推动社会进步过程中必须面对的重要现实问题。

## 一　什么是抗议性谣言

在梳理了各种对于谣言的概念界定与认识之后，笔者试图用更加客观、中立与科学的视角来认识和界定谣言：谣言是被广泛传播的、含有极大的不确定性的信息。被称为谣言的信息有真有假，并不能将谣言简单等同于虚假信息。新媒体时代，谣言在传播过程中可能被个人与群体共同加工、增减、修补而产生变异，也有可能在个人与群体追求真相与明辨的过程中被证实或证伪，从而消除其不确定性。

普遍认同的抗议性的概念是："针对某问题发表反对或者不同意见"，其英文对应词为"resist""against"。

结合上文中对"谣言"和"抗议性"的界定，笔者认为，抗议性谣言是指与公权机构、主流媒体发布的信息，或与社会上广泛流传的信息、现象、行为规范、社会期许、意见表达及采取的行动等相左的，旨在提出质疑、猜测、非议的不确定性信息。抗议性谣言排除了娱乐性、广告性、游戏性等非抗议性谣言。抗议性谣言有恶意的，也有非恶意的，有故意的，也有非故意的。抗议性谣言在维权、突发事件、群体事件、环境保护议题中更多出现。

## 二　新媒体时代，抗议性谣言何以更多

目前我国正处于社会转型期，发展中出现的各类新问题、新矛盾极容易导致抗议性谣言的产生与传播。而新媒体的广泛性、互动性、便捷性等特性使得大众有了快速发布信息并相互交流的平台，并且这种平台有很大的信息聚合效应，从而使得新媒体成为社会舆论的重要阵地，也成为滋生和传播各种抗议性谣言的主要平台。

### （一）社会层面的根源

其一，基于个人的社会压力、生存压力的增加与日益增大的个人对于

自身生存环境、公共安全、食品安全等的担忧与焦虑，相关的抗议性谣言此消彼长。

其二，中国政府信用问题在近些年来也一直是“公众最担忧的信用问题”中最受关注和担忧的（根据2013年6月底7月初《小康》杂志联合清华大学媒介调查实验室在全国范围内开展的调查结果）。但遗憾的是，损害政府公信力的案例时有发生。作为地方政府和官员，需要害怕的不是民众的质疑和所反映的问题，而是面对民众的质疑和反映的问题没有及时、客观和站得住脚的解释与答疑，或者缺乏及时的沟通和处理，从而进一步影响政府的公信力，造成一些与政府相关联的信息中抗议性谣言信息的产生与传播。

其三，很多抗议性谣言信息往往伴随着社会、经济、文化的大联动现象。当一些社会热点事件出现，引发新的社会问题，产生新的谣言信息，影响到某些方面的利益，这些都是联动的。在错综复杂的事态发展中，抗议性谣言也很有可能引发现实的群体性事件，或者造成不良的，甚至是危害性的社会后果，而这些不良的社会后果反过来又激发新的抗议性谣言的产生与传播。

### （二）技术层面的根源

在注意到新媒体技术对于信息真实性的还原能力的同时，还应警惕新媒体技术对谣言产生与传播的重要推动作用。

新媒体技术使得谣言的编造更加“本真化”，即“感觉更像是真的”“在场的”，这就极大地增加了谣言的蛊惑性；信息发布者可以随意发布信息，也可以随意撤销、删除自己发布的信息，溯源的难度增大，根源难查；利用以往的新闻事件，甚至是以往的谣言信息，经由技术性的改造而重新打造与传播，造成以往的谣言信息的“死灰复燃”；通过新媒体技术进行情境拼接，以“新闻”的方式发布以假乱真的信息，蛊惑大众；借助新媒体平台发布娱乐性、游戏性和广告性的谣言信息等，这些技术层面的根源都是在新媒体时代所特有的，需要重视的是，移动化的新媒体平台带来信息生产与传播的便利，也自然地带来了谣言信息的制造与传播的便利。而抗议性谣言大多涉及民众切身利益，相关性强，因此更容易大范围传播。

### （三）传播层面的根源

移动化和社交化的新媒体正好强化了人际间的传播，只不过这种人际传播规模更大、范围更广、速度更快、成本更低而已。而谣言从产生以来就严重依赖口耳相传。因此，抗议性谣言借助新媒体技术提供的人际传播平台，生命力更加强大，微信平台上的圈子化和具有强关系的朋友之间的传播往往使一些彼此认同的抗议性谣言得到刷屏式的传播。

同时，传统媒体时代，信息源相对单一，大众接收信息的渠道也相对单一，因此，事件的重要性一般比较统一（或者容易被统一界定），而在新媒体时代，信息源增多，大众接收信息的渠道也变得多元，信息量更是呈爆发式增长，如何判定这些信息的重要性，其标准实际上也已经变得多样化，在更多时候，谣言的生命力及其传播活力已经更多地取决于事件对于传播者自身的相关性了，相关性越高，越容易传播，这一点在有关环境污染、食品安全、灾难事故、人身安全等抗议性谣言中表现得尤为突出。

### （四）谣言传播渠道多样，媒体与媒体工作者也可能成为谣言传播者

谣言并不是新媒体的专利，一些传统大众媒体和专业记者、编辑也有可能成为谣言的制造者和传播者。笔者通过对近 11 年来典型的 33 条谣言传播情况的分析发现，首发渠道是网络（包括论坛、贴吧、政府网站和微博等）的约占 55%；其次是经由口耳相传（包括面对面和电话）开始的约占 18%；最后是由传统媒体（报纸）首发的约占 15%。因此，不能武断地判定各种新媒体网络平台是传播和扩散谣言（含抗议性谣言）的专属平台，口耳相传作为古老谣言的主要传播方式，在新媒体时代依然奏效，而传统媒体，也并非谣言传播的绝缘地带。

因此，需要在一定程度上打破对于新媒体就是谣言产生与传播的“摇篮”的偏见，不能简单地认为新媒体就是谣言传播的罪魁祸首。大多数情况下，大众媒体对于谣言的制造与传播都是通过媒体对于一些网络流传信息，甚至是自己采访到的信息的误读而形成谣言信息的传播与扩散，或者是对于一些小事件或者事件中的一些因素放大，经过渲染，以吸引眼球而形成谣言信息的传播与扩散，或者是被一些机构设置与策划，而形成谣言（含抗议性谣言）信息的传播与扩散。

### （五）辟谣的滞后与难度

辟谣的滞后，甚至不辟谣，再加上对于某些问题辟谣难度大，使得一些悬而未决的抗议性谣言长时间存在。这些抗议性谣言的传播者在没有获得权威的辟谣信息的情况下，对谣言信息不明所以，各种猜测、质疑和求辟谣充满新媒体传播平台。

同时，权威性或公信力不够的主体发布的辟谣信息，有时候不但没有起到预期的辟谣作用，反而在结果上是以辟谣的方式传播了谣言，有一些民众是在本不知某一谣言的情形下，看到了辟谣信息才知晓谣言，但因辟谣主体缺乏权威性或公信力，大众宁愿相信谣言信息，而不相信辟谣信息。

## 三　凸显主流媒体的作用

抗议性谣言因其本身包含的“抗议性”，其传播与扩散容易引发敌对情绪，所以不能坐视不管，也不能仅仅依赖于新媒体有限的“自清功能”，而是需要主动地应对。有些造成严重危害性后果的抗议性谣言应该得到法律层面的制裁，但不加区分，对一切抗议性谣言都采取“一刀切”的“严打”，容易激化矛盾，引发新的社会不满情绪，并且容易导致“寒蝉效应”，不利于社会的和谐和发展。“寒蝉效应”的后果，是导致言论表达不畅和公共领域的衰落。

新媒体平台上漫无边际的信息海洋中既有确定性的信息，也有不确定性的信息；有真实的信息，也有虚假的信息。对于大众来说，如何判断，如何筛选出确定性的、有价值的、真实的信息成为难题。尤其是当大众面对谣言信息而无所适从的时候，更加需要从权威性的媒体上得到确定性的信息。这就给专业的媒体机构和工作者提出了挑战，同时也提供了机遇。

### （一）新媒体语境下重新界定主流媒体

新媒体时代，伴随着信息来源的多元化、信息发布平台与渠道的多样化，以及信息样式与内容的丰富化，舆论的形成与引导和传统媒体时代相比，产生了很大的变化。而对于主流媒体的界定，在新媒体时代，其内涵与外延都应该有明显的扩展与延伸。随着新媒体的发展及其日益凸显的舆论阵地作用被广泛认知，尤其是新华网、人民网等各大新闻门户网站及其新闻客户端、官方微博、微信等都已经取得了很高的社会评价，并与传统的主流媒体形成了良好的互动与互补。

结合以往“主流媒体”的概念内涵和外延的演变与延伸，可以重新界定“主流媒体”为：与主流思想和价值观一致，面向主流人群，关注社会发展的主流问题，成为权威的资讯来源和思想来源的各种传统媒体和新媒体的统称。

（二）把握“信息拼图”时机，及时发布主导信息，主动澄清谣言

谣言出现的时候，传统媒体与新媒体应各取所长，及时辟谣。“信息拼图”中，“把握好时机”所强调的是，要在负面或虚假信息还没有占据主导地位的时候就进行有效的引导，使得正面的或者真实的信息占据主导位置，这样，以这些主导位置为核心拼起来的信息才可能是正面的或者真实的。传统媒体不能简单地以网络碎片化信息来提炼新闻报道。而新媒体在知晓某一谣言时，要在第一时间依托传统媒体机构庞大的专业人员和信息系统来核实信息，然后将事实信息发布到官微与网站，以最权威的信息来源来引导大众，有效辟谣。

在谣言广泛流传之前，只要及时发布真实的信息，造成真实信息主导的舆论氛围，那么非真实信息自然被淘汰，这样的治理成本最低。如果主导信息没有被及时发布，非真实的信息占据主导舆论中心位置，那么，“拼图”中反而排斥了滞后发布的真实信息，使得真实的信息得不到广泛传播和扩散，这时候的解释和治理成本是高昂的。

（三）快速、及时回应并解决谣言所指涉的社会问题

对于一些涉及民众利益的事件或问题的处理，要做到快速、及时的回应，并尽量快速解决，让民众满意，这是避免谣言，尤其是谣言产生与传播的有效手段之一。如果民众所担心或质疑的问题能够快速、及时地得到回应和解决，民众自然会减少抗议性的言论或抗议性的行动。对于民众反映的问题，要深入探寻根源，重视民众的诉求，及时回应民众的质疑，迅速解决民众提出的问题。

（四）提升新媒体的权威性与公信力

有人认为，在谣言传播开来的时候，首先要重视传统媒体的权威信息

发布，来澄清谣言。但在新媒体普遍得到使用，而且使用人数越来越多的今天，摒弃新媒体平台并不是明智的选择，相反，应该利用新媒体平台，并打造可信度高的新媒体。

无论是传统媒体，还是新媒体，都可能成为主流媒体，要消除对于新媒体的偏见，认为新媒体是滋生谣言的“摇篮”，这是不公允的。首先，在没有新媒体的传统媒体时代，也有谣言，并且，在有了新媒体的时代，传统媒体依然有可能传播谣言；其次，在新媒体用户数越来越多的今天，如果仅仅专注于打造传统媒体的公信力而忽视新媒体，显然没有与时俱进；最后，对于大众而言，如果对于一件正在发生或者新近发生的事件，不能在传统媒体上找到相应的客观而全面的报道，那么，在新媒体时代，是会自然而然地转向新媒体平台去寻找所需要的信息的。因此，打造公信力强的媒体，既包含传统媒体，也包含新媒体。

(五) 使新媒体成为传统媒体的信息共享与补充平台

无论是传统媒体，还是新媒体，其公信力都是最关键的生命力所在。而公信力也是媒体影响力的基础，没有公信力，自然也谈不上影响的广泛与深入。原因很简单，因为追求信息的确定性是新闻的原则之一，而确定性的信息发布是构成媒体公信力的前提。

在新媒体时代，专业记者们可以利用各种新的媒介平台和工具来更好地为新闻报道服务，微博、微信、QQ、移动应用 App 等，都是很好的信息即时传播与交流平台，上面有大量的新闻由头和线索，更有很多可贵的一手素材和画面、声音、图像等信息。只要有好的专业眼光和职业精神，并能够正确认识新媒体的作用（而不是被当作传统媒体的威胁），做到新媒体与传统媒体的有效结合、互助，相信主流媒体的塑造及其权威性的提升就会事半功倍。

## 第六节 举全社会之力，打造风清气正的网络空间

移动终端新媒体技术的发展使得掌控信息的特权逐渐被打破，信息的发布不再仅限于专门的机构和部门，个人也成了信息发布者，而媒介或部门的信息发布，有时候也经由其“个人化的”账户完成，也即，在网络社

会，一切的“点”成了人，一切的人成了“点”。伴随着各类媒体的发展，受众的特征也在发生着变化。具体来说，受众特征经过了三个阶段的转变，即受众由不加选择地听和看来自媒体的信息并愿意相信的阶段，到大众开始寻求快速知道对他们来说是重要的和有用的信息的阶段，再到大众开始自己寻求信息的意义和价值，并且自己制造并整合信息、自己判断信息的真假。简单来说，就是从被动接受的，到主动消费的，再到生产和消费的。而这个转变的过程中，最重要的因素和前提，便是媒介技术的发展和普及。

## 一　提升新媒体的责任与担当意识

在新媒体时代，由于新的媒介工具造就了无数的移动网络终端，也造就了无数的信息发布者，使传播者和接收者的定义变得模糊甚至高度重合，这就决定了我们再也不能像以前的传统媒体时代那样，通过简单的方法实现对信息扩散的有效掌控。我们要顺应时代的发展，在充分理解和认识新媒体的基础上，利用好新媒体，以整合各种媒体的传播功能，提高新媒体的权威性与公信力。

那么，如何正确发挥传统媒体和新媒体在国家建设和社会发展中的作用就成为重要研究课题。有学者指出，在谣言传播开来的时候，首先要重视传统媒体的权威信息发布，来澄清谣言。但在新媒体普遍得到使用，而且使用人数越来越多的今天，摒弃新媒体平台并不是明智的选择，相反，应该利用新媒体平台，并打造可信度高的新媒体平台。也就是说，可信度高的媒体，应该以权威性作为评价标准，而非传统媒体还是新媒体。

新媒体时代打造主流媒体的权威性，要突出“新”。新媒体平台上漫无边际的信息海洋中既有确定性的信息，也有不确定性的信息；有真实的信息，也有虚假的信息。对于大众来说，如何判断，如何筛选出确定性的、有价值的、真实的信息成为难题。尤其当大众面对谣言信息而无所适从的时候，更加需要从权威性的媒体上得到信息的确认，这就给专业的媒体机构和工作者提出了挑战，同时也提供了机遇。具体来说，在新媒体时代，提升媒体的权威性，要突出“新”。第一，新闻的话语和符号要“新”。主流媒体在新闻报道中，使用的语言要新，要使用更加跟得上时代的、更加容易让广大受众接受的语言，用不同的话语表达方式引导不同的受众，不要一面化的宣传，避免出现正面报道取得负面效应的现象。第二，报道新闻的方式要“新”。主流媒体报道新闻的方式和渠道都要新，使用多媒体，多角度，切忌千篇一律，要用不同的话语来讲述同一个故事，用不同的角度来激发受众的情感，用不同的方式来吸引受众的注意。第三，时间上要“新”，抢占先机。要保证受众接收到的内容是“新”的，不要等到受众已经对于网上盛传的某些信息耳熟能详的时候，打开或者翻开传统媒体，看到或听到的是一模一样的画面或话语。第四，使用的媒介、平台、渠道要“新”。要在新媒体领域抢占话语权，传统媒体要与微博、微信、App终端等新媒体发布平台同步发布新闻信息，因为新媒体时代的用户接收信息的来源已经多元化，接受信息的平台也多元化了。第五，互动方式和渠道要“新”。以前的“编读往来”要占用大量时间，反馈不可能做到即时。现在，有了新媒体，反馈可以更加即时快捷，消息来源也可以更加多元化。主流媒体要吸引能够在第一时间提供信息的受众，这样，重要的或有新闻价值的信息就会避免在各种社交化网络平台上已经广泛传播的情形下，主流媒体没有报道，也没有回应。

值得警惕的是，新媒体时代，各媒体为了突出“新”，就得突出信息的“时效性”，因此，包括专业的新闻机构在内，有些时候为了抢占信息的“时效性”，往往忽视其“确定性”而“抢鲜”发布信息，于是，作为“临时新闻”的谣言数量也就随之增加。更进一步来说，我们要主动打造有公信力的新媒体，使新媒体成为传统媒体的信息共享与补充平台。无论是传统媒体，还是新媒体，其公信力都是最关键的生命力所在。而公信力也是媒体影响力的基础，没有公信力，自然也谈不上影响的广泛与深入了。原因很简单，因为追求信息的确定性是新闻的原则之一，而确定性的信息发布是构成媒体公信力的前提。

### 二　培养大众和媒体工作者的媒介素养

各级社会组织的公益化传播、大众媒体的媒介化公共传播以及个人的理性化传播，是建构良好的信息传播氛围不可或缺的几大要素。媒介越来越全民化的新媒体时代，媒介素养的提升被摆到了比以往任何时候都更加重要的位置。在一点即发的新媒体技术背景下，“任何人”都有可能发布信息，“任何人”都有可能成为别人发布的信息。因此，提升媒介素养，是信息发布者和被发布者需要共同面对和解决的问题。不信谣、不传谣的前提，就是大力培养大众的媒介素养，尤其是新媒介素养——一方面是自己制造信息的素养，另一方面是自己理解、整合和传播信息的素养。在抗议性谣言的传播扩散过程中，传播者对于弱势群体近于“盲目”的同情和对于地方政府或“强势群体”的天然敌意发挥了很重要的心理作用，但实际上都是大众在信息传播中缺乏媒介素养的表现。对于不确定的信息，大众直接的转发会被认为是同意，并且一致同意的幻觉会使得只转发不评论者被认为就是同意才转发。此外，有导向性的评论，尤其是具有影响力的人的评论，具有很大的导向性和影响力。

新闻工作者新媒介素养的提升则更加重要。一般来说，新闻工作者被认为是发布确定性信息的人，或者被认为拥有更多的信息知晓权，因此，新闻工作者的个人账户所发布的信息比普通大众的个人账户发布的信息更容易让人信任。这也就给新闻工作者提出了更高的要求。美联社在 2013 年 5 月发布的社交媒体规范的最新修订版中强调，“我们支持美联社员工以各种形式分享美联社的报道内容。员工们还可以从其他媒体机构的报道中分享各种信息，只要这些报道中没有传播谣言或其他不适宜信息。美联社员工永远不应传播任何未经核实的网上谣言，不论其他的记者或新闻机构是否已发布该报道，由于其隶属于美联社，因此员工此举可能会为美联社发布不实报道提供依据”，“在新闻报道中引用社交媒体上的图片、视频或者其他多媒体内容时，必须明确谁拥有这些材料的版权，并获得拥有者或拥有机构的版权许可。我们还需要用美联社的标准来核实内容的真实性”。[①] 美联社对自己的员工使用社交媒体做出了详细的规定，尤其是当其员工通过社交媒体发布信息时，对于信息的真实性的保障以及信息来源

① 美联社网站：《美联社雇员社交媒体守则》（2013 年 5 月修订），http：//www. ap. org/Images/Social-Media-Guidelines_ tcm28 -9832. pdf。

的确认等做法都值得我们思考和借鉴。

## 三　强化涉谣企业和组织机构的责任意识和应对技巧

Prashant Bordia，Nicholas DiFonzo 和 Verity Travers（1998）通过实验发现，对于在一个组织中流传的谣言，并不是由组织中最高级别的人来辟谣更有效，而是应该由与谣言所涉及的内容紧密相关的部门出面辟谣更加有效。[①] 因此，与抗议性谣言信息所涉及内容相关的、对于抗议性谣言信息拥有公认的信息掌控权的组织、机构或单位的理性、宽容、协商式的澄清是有效辟谣的绝佳手段。

河北金沙河面业质量管理部经理魏永杰指出，2017 年，湖南、湖北、黑龙江等地出现了诽谤“金沙河挂面面筋是胶”的虚假谣言视频，造成众多消费者恐慌，出现大量退货、商场闹事、多地超市下架等恶劣后果。此事件对挂面行业甚至面粉行业都造成了重大影响，间接损失达数亿元。短时间内，包括国家市场监督管理总局、河北省人民政府、河北省食品药品监管局、邢台市食品药品监管局及多省市食药监管局、新闻媒体等 80 多家单位分别就“金沙河挂面面筋是胶”的虚假视频进行了辟谣，对挂面中面筋进行了正确解读，从很大程度上消除了消费者恐慌，为挂面行业的良好发展起到了至关重要的作用。此事件说明，打击食品谣言，传递科学信息，营造理性的消费环境，已经成为全社会的责任。在这个过程中，企业发挥着重要作用。第一，企业要秉持对消费者负责的态度，严格执行国家法律法规及相关食品安全标准，贯彻落实食品安全主体责任的各项要求，加强自身管理，保证产品质量。第二，积极主动接受社会监督，信息公开就能展示信心，信息公开就能减少谣言带来的损失。第三，企业是辟谣第一责任人。应联合行业协会、新闻媒体等进行科普宣传，让消费者了解食品安全知识，不轻易相信谣言。此外，还要主动捕捉可能对行业有影响的食品谣言信息，及时向监管部门报告谣言信息，发现一起打击一起，第一时间控制谣言。第四，制定应急处理预案并做好演练，收集学习食品行业

① Prashant Bordia，Nicholas DiFonzo，Verity Travers，Denying Rumor of Organizational Change：A Higher Source is Not Always Better，*Communication Research Reports*，Vol. 15，No. 2，1998，pp. 188 – 197.

各种谣言事件的处理经验，及时有效应对谣言。[①]

## 四　线上与线下社区结合，发动群众的力量

北京市网信办于2013年8月1日推出了北京地区网站联合辟谣平台。在中宣部、国信办和北京市委宣传部的领导下，4年来，平台的品牌影响力日渐提升。平台作为一个由管理部门、行业组织指导，以大数据为结构方式，以提升媒介素养为主旨的辟谣品牌，成员单位从最初6家发展到47家，涵盖网站、报纸、电台、电视台、社会组织等，实现了新媒体与传统媒体的融合辟谣。平台的辟谣数据量已超过100万条，为网民核实、验证谣言提供了便利。平台已拥有北京电视台BTV《一辨真伪》《北京青年报》“照谣镜”《法制晚报》“真相百科”、千龙网“首度回应”和“新媒介素养学院”、搜狗“搜狗识图”和“恶意骚扰电话甄别”、果壳网“流言百科”、新浪微博“社区公约”、腾讯网“较真”、搜狐“谣言终结者”“百度百科”多个自办或合办的特色辟谣栏目。[②]对于恶意制造和传播谣言的账户，可以用技术手段实现对该账户的设置，使其信息不容易进入大众视野，但这样做的风险是有损微博作为社交媒体的平等自由分享信息的属性。所以，多数时候还是更加依赖用户自身对平台的维护。如何让用户更加愿意自律并自觉维护平台环境？首先就是要保障用户自由发表意见的权利，并能让用户即时实现信息的分享和交流。

网络只是一个工具，很多问题不是网络带来的问题，而是社会问题反映到网络上而已。“水能载舟，亦能覆舟”，我们可以充分利用网络的快速聚合作用来赢得人心，从而使网络社区和真实社区能够联动起来，共同发动群众的力量，来为国家和社会的发展服务。当前，网络群体、网上社区、腾讯QQ群、微信朋友圈等数以万计，这些网络群体聚集了大量人群，并形成了相互信任、联系紧密的封闭、半封闭的圈子，使网络拥有了

---

① 谢爽爽、徐航：《治理食品谣言青年学者这样说——第三届“食药安全新闻传播与谣言治理”青年学者论坛侧记》，《中国医药报》2017年7月26日第2版。

② 谢爽爽、徐航：《治理食品谣言青年学者这样说——第三届“食药安全新闻传播与谣言治理”青年学者论坛侧记》，《中国医药报》2017年7月26日第2版。

无比强大的社会组织能力。如果能通过一定的议程设置和积极的舆论引导，充分发挥网络社区的作用，将活跃在网络上的民众有效地团结和组织起来，并通过相应的与现实社区的互动，形成网上、网下结合的社区活动，相信能为维护和谐稳定的发展打下坚实的社区基础。

# 第六章

# 新冠肺炎疫情谣言特征及后疫情时代谣言治理建议

从个人层面而言，新冠肺炎疫情暴发后，个人的日常生活和工作受到很大的影响，一方面要处理疫情带来的变故，改变与以往不同的生活和工作方式，另一方面要应对疫情带来的恐慌害怕和各种情绪。从社会层面而言，整个政治、经济、文化和社会管理等各个方面都受到影响，既要即时性调整各项应对策略，又要时刻面临突如其来的变化。因此从整体环境、集体心理和个人心理等方面来看，都极容易滋生谣言信息的产生和传播。

## 第一节　新冠肺炎疫情谣言特征

新冠肺炎疫情既是突发事件，又与人身健康和安全高度相关，同时，作为新出现的病毒，民众对其缺乏足够的认知，因此极易引发不安和焦虑，而不安和焦虑正是谣言产生和传播的温床。新冠肺炎疫情期间，相关谣言数量多、影响大、传播广，显示出以下特征。

### 一　新冠肺炎疫情背景下综合热度值排名前50的网络谣言

人民网新媒体智库研究员曲晓程等对舆论场中热度较高的热点谣言事件进行抓取，获得其在新闻网站、论坛、博客、报刊、微博、微信、App等平台上相应的热度排行，并用对数法的归一化方法，进行舆情热度标准化，对其综合热度进行了排行。[①] 据此数据，笔者整理出2020年1月至12月综合热度值排名前50的网络谣言，如表6-1所示。

**表6-1　　2020年1—12月综合热度值排名前50的网络谣言**

| 序号 | 时间 | 谣言内容 | 综合热度值 |
|---|---|---|---|
| 1 | 2020年11月 | 普通高中将被纳入义务教育 | 96902.25 |
| 2 | 2020年7月 | 7月20日起全国高速再次免费通行，时间延长至年底 | 86055.70 |
| 3 | 2020年9月 | 5G耗电太猛导致电网负荷创历史，会“拖垮电网” | 28934.45 |
| 4 | 2020年8月 | 银行业集体大幅降薪 | 23505.75 |
| 5 | 2020年8月 | 花呗分批接入央行征信系统会影响个人的征信记录 | 23364.45 |
| 6 | 2020年2月 | 非上海户籍不再列入新增确诊病例中 | 22919.25 |
| 7 | 2020年4月 | 外资正在加速撤离中国 | 19477.70 |
| 8 | 2020年2月 | 企业提前开工致员工感染新冠，200多名员工隔离 | 16295.75 |
| 9 | 2020年4月 | 无症状感染者是新冠病毒后期的特征 | 11391.45 |
| 10 | 2020年11月 | 湖北省卫健委发布：新冠病毒已变异，传染性更强 | 10481.50 |
| 11 | 2020年8月 | 数字人民币试点增加，即将落地 | 10285.30 |
| 12 | 2020年1月 | 把空调开到30℃可杀死新型冠状病毒 | 9430.20 |
| 13 | 2020年8月 | 全球面临50年来最大的粮食危机 | 7743.95 |
| 14 | 2020年2月 | 吃大蒜能预防（不易）感染新冠肺炎 | 7006.75 |
| 15 | 2020年10月 | 多家快递公司出现“罢工”，快递无人派送 | 6406.15 |
| 16 | 2020年10月 | 板蓝根能治新冠 | 5859.75 |
| 17 | 2020年4月 | 广州1000余名非洲籍人员核酸检测呈阳性 | 5435.25 |
| 18 | 2020年8月 | 病毒已发生变异，武汉金银潭医院再次向同济求援 | 5243.70 |
| 19 | 2020年2月 | 新型冠状病毒可在空气中悬浮 | 5047.65 |
| 20 | 2020年4月 | 哈医大一院有医生感染新冠，耳鼻喉科封科 | 4518.15 |
| 21 | 2020年9月 | 10月1日加班能享受6倍加班费 | 4382.55 |
| 22 | 2020年10月 | 中国新冠疫苗在菲律宾上市销售 | 4222.25 |
| 23 | 2020年2月 | 疫情期间，自来水加大氯气注入，静置2小时再用 | 4210.15 |
| 24 | 2020年9月 | 新疆存在“强迫劳动” | 4203.85 |

① 即将原始数据整理为在［0，1］的标准值，进而实现指标计量单位和数量级的差异，采用舆情热度 = 网络新闻 ×0.2 + 论坛 ×0.1 + 博客 ×0.1 + 报刊 ×0.2 + 微博 ×0.15 + 微信 ×0.15 + App ×0.1 的测算公式，对其综合热度进行了排行。

续表

| 序号 | 时间 | 谣言内容 | 综合热度值 |
|---|---|---|---|
| 25 | 2020 年 5 月 | 合肥高新区某工业园内发现 6 名新冠肺炎确诊病例 | 3982.70 |
| 26 | 2020 年 7 月 | 乌鲁木齐新疫情是由哈萨克斯坦入境者引发的 | 3669.05 |
| 27 | 2020 年 4 月 | 味道越大的消毒剂消毒效果越好 | 3591.50 |
| 28 | 2020 年 6 月 | 三峡大坝变形严重 | 3539.45 |
| 29 | 2020 年 9 月 | 多地教育局不再为失信人员子女办理学籍 | 3489.25 |
| 30 | 2020 年 8 月 | 武汉一小区患者复阳 | 3210.25 |
| 31 | 2020 年 8 月 | 498 元一支，新冠疫苗已开卖 | 2881.15 |
| 32 | 2020 年 6 月 | 刮风下雨可以加速新冠病毒传播 | 2780.25 |
| 33 | 2020 年 10 月 | 受拉尼娜影响，今年将现 60 年来最寒冷冬天 | 2747.20 |
| 34 | 2020 年 9 月 | 无糖月饼不含糖 | 2724.20 |
| 35 | 2020 年 11 月 | 液化气钢瓶着火一定要先灭火再关阀门 | 2640.85 |
| 36 | 2020 年 7 月 | 钟南山到新疆了 | 2582.00 |
| 37 | 2020 年 10 月 | 第七次全国人口普查“查房”是要收房产税 | 2284.20 |
| 38 | 2020 年 6 月 | 吸烟吸入后从嘴里吐出，不入肺对人体无害 | 2272.05 |
| 39 | 2020 年 4 月 | 84 消毒液和洁厕灵混用可杀灭新冠病毒 | 2253.40 |
| 40 | 2020 年 11 月 | “双阴性检测包过”，证明省时省力 | 1863.90 |
| 41 | 2020 年 7 月 | 京津冀将迎特大暴雨 | 1766.60 |
| 42 | 2020 年 8 月 | 超 100 人微信群有色情图，群主将被拘留 | 1615.00 |
| 43 | 2020 年 5 月 | 开车时使用手机导航，被交警处罚 | 1375.55 |
| 44 | 2020 年 8 月 | 家庭常用药基本退出医保 | 1361.30 |
| 45 | 2020 年 2 月 | 用生理盐水洗鼻子能预防新冠病毒 | 1311.60 |
| 46 | 2020 年 5 月 | 安徽省芜湖市出现一例新冠肺炎确诊病例 | 1250.25 |
| 47 | 2020 年 10 月 | 数字人民币钱包必须和手机号绑定 | 1239.30 |
| 48 | 2020 年 12 月 | 网传成都确诊女孩照片 | 1118.75 |
| 49 | 2020 年 12 月 | 海南出现新冠肺炎本土病例 | 1033.15 |
| 50 | 2020 年 9 月 | 彭志勇医生称新冠病毒是萨斯病毒 + 艾滋病毒的总和 | 1015.40 |

资料来源：笔者根据人民网舆情数据中心曲晓程提供的数据整理，数据采集时间为 2010 年 11 月和 2021 年 1 月。

## 二　新冠肺炎疫情背景下网络热点谣言的内容特征

新冠病毒的易感性与强传播力直接威胁到每个人的健康安全，其暴发前期正逢春节假期人员流动高峰，更加大了病毒传播范围与感染和扩散传播的概率，一时间，有关疫情的信息扑面而来，成为民众最为关注的显著信息，其中不乏缺乏确定性的谣言信息。总体来看，新冠肺炎疫情背景下，网络热点谣言呈现出以下特征。

（一）高显著性与相关性凸显

2020 年 1—12 月热度排名前 50 的网络谣言，也是综合热度值在 1000 以上的网络谣言。其中，新冠肺炎相关的有 27 条，占 54%；经济相关的有 6 条（其中含普通经济类 3 条，数字经济类 3 条），占 12%；科普相关的有 4 条（其中含健康科普 2 条，科技科普 2 条），占 8%；政策相关的有 4 条（其中含医保政策 1 条，劳工政策 1 条，房产政策 1 条，交通政策 1 条），占 8%；社会相关的有 3 条，占 6%；教育相关的有 2 条，占 4%；法律法规相关的有 2 条，占 4%；特殊天气与气候相关的有 2 条，占 4%，见图 6－1。

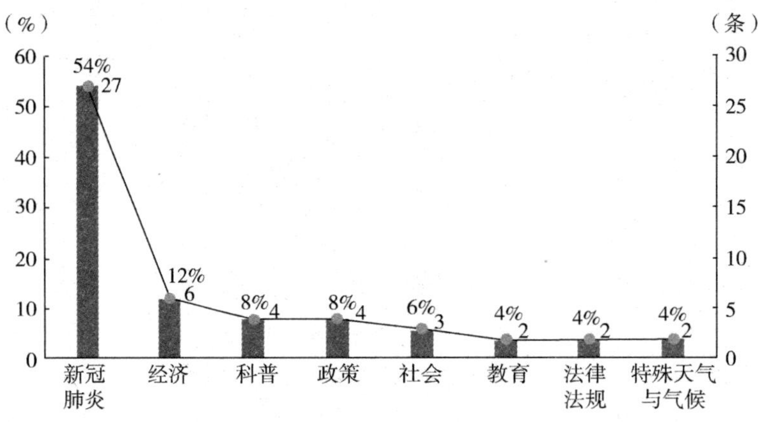


**图 6－1 热度排名前 50 的网络谣言类别**

资料来源：笔者根据人民网舆情数据中心曲晓程提供的原始数据整理，数据采集时间为 2010 年 11 月和 2021 年 1 月。

从图 6－1 可以看出，新冠肺炎疫情背景下，综合热度排名前 50 的网络谣言中，占比最大的为新冠肺炎相关的谣言，其次是经济、科普、政策、社会、教育、法律法规和天气等与民众生活、生产和社会紧密相关的谣言，显示出高度的显著性与相关性。经典的谣言公式认为“流行谣言传播广度随其对相关人员的重要性乘以该主题证据的含糊性的变化而变化”,[①] 重要性与含糊性缺一不可。此次新冠肺炎疫情既是社会突发事件，又涉及健康与人身安全，重要性凸显。而病毒传播初期，8 名发布该病毒相关信息的人被认为是传播谣言遭到训诫，可见疫情开始蔓延之初，大家对于新发病毒的认知度不高，整个社会都缺乏透明度高和权威性强的信息。因此促使谣言传播的重要因素即重要性、相关性、不确定性齐聚。

（二）焦虑恐慌情绪卷入度高

除上述重要性、相关性与不确定性以外，充满焦虑和恐慌也是新冠肺炎疫情背景下谣言的重要特征。民众的焦虑与不安、恐慌与猜疑随着疫情的发展而蔓延。此次疫情相关谣言信息的制造与传播充分利用了人们的恐慌心理，让用户卷入自己的情绪以吸引关注。具体来看，有以下几类：（1）杜撰或故意夸大自己或与自己有关的亲友感染病毒并公布感染者居住地址；（2）故意夸大或捏造某地发生聚集性感染；（3）制造官方信息发布所在城市即将飞机喷洒消毒药水或交通管制等防控措施；（4）故意夸大物资紧缺或超市关门等信息。这些信息都是利用恐慌情绪传播，同时又制造了更大的恐慌，极易降低身处恐慌中的个人对谣言的辨识力，甚至成为谣言的传播者。

（三）极大的不确定性与含糊性

经典的谣言公式认为“流行谣言传播广度随其对相关人员的重要性乘以该主题证据的含糊性的变化而变化”，重要性与含糊性缺一不可。此次新冠肺炎疫情涉及健康与人身安全，重要性凸显。而病毒传播初期，8 名发布该病毒相关信息的人被认为传播了谣言，遭到训诫，可见疫情蔓延之初，社会各界对病毒传播力和危害性的认知度不高，而训诫又导致对其公开的讨论受到限制。在此情形下，谣言传播的重要因素即重要性、相关性、含糊性齐聚，甚至某些辟谣信息都是以比较含糊的“疑—尚无定论”为定论。

（四）短视频和直播类平台与社交媒体的互嵌进一步激发谣言的发酵

伴随移动终端信息制作与分享技术的不断提升，用户自制信息与分享

① ［美］奥尔波特等：《谣言心理学》，刘水平等译，赵元村审校，辽宁教育出版社 2003 年版，第 17 页。

信息的门槛越来越低，也越来越便捷化。尤其短视频、直播类平台提供的“在场化”内容呈现极易诱导用户“眼见为实”并容易信以为真，为受众甄别信息的真伪带来巨大挑战。抖音、快手等短视频和直播类平台成为谣言传播的新渠道，并且因其有声、有图、有场景、有影像、有故事，加上“当事人”出场或画外音参与，这样的谣言极易诱导用户信以为真。同时，如果用户将抖音或快手上看到的谣言进行转发或加工，上传到微信，会产生更大的聚合效应。有些谣言信息源于直播平台或其他视频号，再被微信公众号的作者情绪化地解读和加工，杜撰煽动性极强的故事，诱导受众信以为真，并卷入真情实感，继而转发和分享，引发高度关注，成为热点。2020 年 7 月 21 日，“钟南山来新疆了”的抖音短视频，以钟南山的照片作为背景和用户头像，缺乏现场新闻图片，但在社交媒体平台上得到关注并被广泛传播，微博上出现“#钟南山乌鲁木齐##钟南山新疆#”的话题，阅读量达到 10 万 +，后续被辟谣为虚假谣言信息。① 用户通过网络搜索，相关短视频和直播内容被推送，对借助这类平台传播的谣言要加强戒备，尤其对那些基于一定的真实要素杜撰的虚假信息，要对其保持警惕和敏感。

## 第二节　新冠肺炎疫情谣言治理的反思

此次针对新冠肺炎疫情谣言的处理快速、及时，处理数量多、范围广、力度大，对于疫情相关谣言的制造与传播来说，能够起到一定的警示作用，也在一定程度上能够引起民众对谣言传播的警惕和防范，但也有以下方面值得反思。

### 一　谣言概念模糊，反转加剧民众质疑

2020 年 1 月 1 日，武汉市公安机关处罚 8 名发布“华南水果海鲜市场确诊 7 例 SARS”谣言的传播者。随着疫情传播形势的严峻化，该事件被

① 新民晚报官方账号：《“钟南山来新疆了”？网友调侃：已通过朋友圈抵达乌鲁木齐》，https://baijiahao.baidu.com/s?id=1672801955133643716，发布时间：2020 年 7 月 21 日。

推向风口浪尖，针对谣言的定义也得到极大关注。2020 年 1 月 29 日，最高人民法院针对此案件做了说明，其中提到，“‘谣言’是生活用语，法律上对谣言表述为‘虚假信息’”。[①] 这个定义被多处引用。实际上，法律当中并没有针对“谣言”的定义。因此，其本意可能是表达法律当中涉及对“谣言”处理的，是参照对“虚假信息”的处理。也就是说，应该是针对虚假的谣言信息的处理，而不是定性“谣言”为“虚假信息”。这一定义不利于社会各界对谣言的认知，对辟谣工作也容易造成困扰。

## 二 辟谣结果判定标准不一，区分不明

以腾讯新闻“较真”辟谣平台“新型冠状病毒肺炎实时辟谣”为例（该平台嵌入在腾讯新闻实时报道新冠肺炎疫情中，截至 2020 年 2 月 15 日 17：39，已有 12.7 亿阅读量），该平台辟谣信息成为广大民众在疫情期间消除恐慌心理、寻找科学理性的应对方式的主要信源，贡献巨大。但其对谣言的判定结果为“有失实”“尚无定论”“谣言”“伪科学”“真—确实如此”“假—谣言”“疑—有失实”“假—伪科学”“疑—分情况”“假—伪常识”“疑—尚无定论”等，辟谣判定标准不一，标签杂乱。造成的后果，不利于民众对谣言的理性认知。而目前口号式的“不信谣、不传谣”，也是直接将谣言等同于“虚假消息”。实际上，谣言作为含有大量不确定性的信息，可真可假，有些辟谣判定结果为真，也充分说明了这一点。同时，将“谣言”概念化为“虚假信息”，也不利于培养大众的科学、理性思维和网络素养。

## 三 谣言被治理后疑似符合实情，后续缺乏明确解释

2020 年新冠肺炎疫情期间，大量有关“某地出现感染者”谣言层出不穷，被治理的谣言中，这类谣言占比大、数量多。但相关谣言被处理后的 1 天至 3 天内，某地确实出现感染者的案例非常多，后续缺乏明确解

---

① 瞭望智库：《最高法：武汉 8 人散布的“虚假信息”并非完全捏造，应予宽容》，http://finance.sina.com.cn/wm/2020-01-30/doc-iimxxste7717023.shtml，2020 年 1 月 30 日。

释，由此可能产生一系列猜疑情绪。北京师范大学新媒体传播研究中心的研究报告指出，“感染类”谣言中，有74%在处罚后三天内当地确实出现了感染病例。[①] 当地居民在相继了解到相关谣言被治理和当地确实有类似谣言中所指涉的确诊病例出现的情形下，很难判断被治理谣言与真实情况之间是否有关联，形成困扰。

## 四　权威媒体信息造成误读，辟谣不及时

谣言传播迅速，辟谣不及时会极大地影响辟谣效度。此次疫情期间，“双黄连口服液可抑制新冠病毒”谣言传播广泛并引发抢购事件。因为是由“权威媒体”记者采访“权威”专家获得的一手信息，民众信任度高，但是对于报道中的信息的理解过于武断，加上恐慌情绪，该谣言快速扩散并引发抢购行为。腾讯“较真”辟谣平台于抢购行为发生的第二天推出两个相关辟谣信息，判定结果为“疑—尚无定论”。权威媒体发布的信息造成误读，加之辟谣不及时，导致抢购，而民众排队抢购反而增加了感染机会。

## 五　辟谣信息过于简单或模糊，标准不一，确定性不足

辟谣的目的是消除谣言信息包含的不确定性。目前的辟谣中，亟须厘清谣言与虚假信息的界限，让辟谣更加有效。谣言是被广泛传播的、含有极大的不确定性的信息。不确定性主要是指是否真实的不确定，一旦被证实或部分证实、证伪或部分证伪，其不确定性消失，便不再是谣言。因此，辟谣的判定结果中不应该出现“谣言”标签。如果判定结果为假，直接注明“虚假信息”，如果判定结果为真，直接注明“真实信息”，如果有真有假或不确定，则应谨慎处理，不能简单判定“存疑”，须道明各方观点，鼓励和激发民众对谣言信息进行理性分析和判断。

---

① 北京师范大学新媒体传播研究中心课题组：《薛定谔的猫？对276条被处罚“谣言”的分析》，《新媒体观察》2020年3月15日。

# 第三节　防疫与虚假谣言信息的甄别[①]

新冠肺炎疫情既是突发事件，又与健康和人身安全高度相关，因此极易引发民众的不安和焦虑，而不安和焦虑正是谣言产生和传播的温床。

我们要防病毒的传播，也要防虚假的谣言信息的传播。政府机构和新闻媒体需要及时、透明地发布权威信息。我们个人，要学会不轻信，多思考，勤求证，理性判断。那么，如何在海量信息中甄别虚假的谣言信息，本节提出以下建议。

## 一　“后真相”时代，重视理性思考的意义

2016年，“后真相”被《牛津大辞典》选为年度词汇，其意是指真相和逻辑在信息传播过程中被忽略，而情感煽动主导舆论的情形。古斯塔夫·勒庞在《乌合之众：大众心理研究》中指出，聚集成群的人，他们的感情和思想全都转到同一个方向，他们自觉的个性消失了，形成了一种集体心理。他认为，群体是冲动、急躁、缺乏理性、没有判断力和批判精神、夸大感情的。因此，群体中的个人是不受任何理性约束的，是面对所处群体共同的心理特征没有任何反抗的、顺从的、盲目的，甚至进入了迷幻状态的，是没有任何主观能动性和个人特性完全被埋没了的，并且，又极容易被“群体”思维所同化。

也有让我们更乐观的观点。克莱·舍基在《未来是湿的：无组织的组织力量》中指出，“群体行动新增的灵活性和力量将有更多好的而不是坏的效应，从而使当前的改变归总仍然是好的结果”。在这里，缺乏理性的“乌合之众”变为群体智慧集聚的“完美的群体”。

在社交媒体时代，大众成为信息的生产者、消费者、传播者和分享者，其主动性大大增强。个人不再像信息来源单一和媒介接触单一的传统媒体时代那样，对于接收到的信息，有条件去查证，有渠道去搜索，有空

① 本节部分内容发表于雷霞《防疫，什么样的内容不可轻信？——虚假谣言信息的甄别》，《中国大学生就业》2020年第8期。

间去做更深层次的判断，想成为“乌合之众”中的一员，还是“完美的群体”中的一员，完全取决于我们自己。

## 二 了解虚假谣言信息的特征

谣言是广泛传播的、含有极大的不确定性的信息，不确定性主要是指其内容是否属实的不确定，也就是说，谣言可真可假。某些谣言并非故意制造，也非恶意传播，或者不会产生破坏性后果，甚至具有“减压阀”作用，能够在某种程度上缓释焦虑和不安。但某些谣言是有人故意制造和恶意传播的，会造成严重的破坏性后果。我们需要警惕的是虚假的谣言信息，尤其是可能带来破坏性后果的虚假谣言信息。大体来说，虚假的谣言信息大概有以下特征。

### （一）故意夸大，制造恐慌

除上述重要性与模糊性以外，信息的不确定性、焦虑和轻信是影响谣言传播的重要因素。民众的焦虑与不安、恐慌与猜疑随着疫情的发展而蔓延。此次疫情相关谣言信息的制造与传播恰如其分地利用了人们的恐慌心理，让用户卷入自己的情绪以吸引关注，大多呈现为以下几类：（1）杜撰或故意夸大自己或与自己有关的亲友感染病毒，并公布居住小区；（2）故意夸大或捏造某地发生聚集性感染；（3）杜撰官方信息，发布所在城市即将飞机喷洒消毒药水或交通管制等防控措施；（4）故意夸大物资紧缺或超市关门等信息。这些信息都是利用恐慌情绪传播，同时制造了更大的恐慌。而恐慌情绪反过来又极易降低民众对谣言的辨识力，并进而有可能成为谣言的传播者。

### （二）情绪卷入，流量经济拉动

新冠肺炎疫情暴发后，多地管控措施涉及居家隔离，因此民众的线下社交活动大大减少，而新媒体技术提供的便捷化和新媒体平台的普及化应用，一方面使民众成为自觉的“流量”消费者，另一方面使民众成为各新媒体平台争取流量的资源。疫情带来的恐慌、害怕、关切、不满、担心等各种情绪高度卷入，作为不确定信息的谣言，借机传播，成为部分流量的拉动者。更有经济利益驱动的公众号，为了吸引粉丝和增加流量，同时从完全相反的、针锋相对的两个立场出发制造和传播基于不同立场的谣言。

1. 高度恐慌情绪的渲染

谣言信息的制造与传播恰如其分地利用了人们的恐慌心理，让用户卷入自己的情绪以吸引关注，而卷入情绪最好的方式之一就是利用故事角色化的带入感，因此，大多数造谣者和传谣者都是利用用户的恐慌心理，并通过故事化的呈现，以自己、朋友、熟人、邻居为主语（当事人或见证人），以“听说”或“看到”为谓语（“在场感”和“眼见为实”的营造），讲述一个故事，并且让故事内容听起来既对自己非常重要，又与自己高度相关，高度渲染的恐慌情绪就很容易影响信息接收者的判断。

2. 推手助推

利用不同的新媒体平台，推手们不费吹灰之力就能够将编辑好的信息瞬间推送给多个用户，以由下而上的自发形式，助推形成“舆论”，而这样的“舆论”很多时候是不受掌控的，甚至相关政务机构和媒体也会在不知不觉中被卷入其中。但追寻信息的发布账号，就不难发现这些账号要么是新注册的，要么是同一个账号已经连续发送多篇不实信息，这类账号信誉度低，或是隶属于营销机构的网络水军，甚至是僵尸账号。

（三）张冠李戴，借热点新闻制造谣言信息

2020 年 12 月，成都确诊女孩照片在网络上广泛传播，照片当事人称该照片是自己发布在短视频平台上的，被盗用为成都确诊女孩照片，[①] 这是明显的蹭热点新闻，然后进行张冠李戴，制造和传播谣言。类似的谣言还有一些是以“新闻”或以政府机关发布公文文件形式流传。热点新闻本身受关注度较高，任何有关信息都可能蹭上热点拉动流量，因此这类谣言传播力强、范围广，一般会在短时间内被涉及的相关机构或个人进行辟谣。但是，该类谣言经常借助技术手段进行以假乱真的拼接，很容易混淆视听。尤其整合音频、视频的，成为“在场化”的呈现，更加难辨真伪。

以“新闻”或以政府机关文件的方式发布以假乱真的信息，经由对人物、地点、时间、事件，或文字、印章、画面、音频、视频等的技术拼接，制造成“新闻”或通知，出现在各新媒体平台上，真假难辨，混淆视

① 腾讯网企鹅号：《“成都确诊女孩照片”疯传！照片主人回应》，https://new.qq.com/omn/20201208/20201208A0EXQY00.html，2020 年 12 月 8 日。

听。尤其整合了音频、视频，更加丰富、更有“在场”感，因此更加难辨真伪。这种情境拼接分为两种，一种是信息要素都是真实的，但经由人为的剪辑、删减和加工之后，成为每个要素真实，但张冠李戴、移花接木，整体成为虚假信息；另一种是本身掺和了真实和虚假信息，真真假假掺和在一起。培养自己对新媒体拼接和剪辑技术的敏感性，会更容易识破这类谣言。

### （四）生命力强大的“死灰复燃”式谣言

“死灰复燃”式谣言，是与以往曾经流传过的谣言非常相似的版本重新流传的谣言。2020 年 7 月，“京津冀将迎特大暴雨”的“警报”引发广泛关注和传播，后经中国互联网联合辟谣平台核查，京津冀“特大暴雨警报”是老谣言，即“死灰复燃”式谣言，其源头是 2012 年 7 月 21 日至 22 日发生在北京及其周边地区的“7·21 特大暴雨”。[①] 该谣言没有注明权威来源，也没有标注具体发布时间。而且，类似的“特大警报”不仅有京津冀版，还有云南、黑龙江等不同地方的版本。[②] 这类谣言出现的时间大都在 7 月，除了这一相同的时间要素外，其余都是不同年份和不同地理位置的雷同版本。

### （五）背离常识的高反常度

这是利用人们的猎奇心理，越是反常的，越容易引起关注。有的时候，制造这种谣言的人只图一乐，有些传播谣言的人也只是觉得“好玩儿”（有大量案例显示，被依法判处的造谣者只是出于“好玩儿”心理造谣和传谣），比如新冠肺炎疫情暴发以后，有谣言称一头母猪生下小猪后，小猪说了话，说连续吃 9 个鸡蛋能防止病毒感染。[③] 该谣言耸人听闻，但疫情期间，在特殊情形下，有人会信以为真，并按谣言中的说法吃鸡蛋，还拍视频上传到网上。人在处于高度恐慌状态时，对于与自身有极大相关性的信息，判断力容易下降，因此高反常度谣言借机而来。但要注意到，有些造

---

① 界面新闻：《京津冀将迎特大暴雨极强狂风？官方：系老谣言》，https：//www. jiemian. com/article/4660349. html，2020 年 7 月 11 日。

② 北京日报客户端：《京津冀将迎特大暴雨？谣言！》，https：//baijiahao. baidu. com/s？id = 1671912620160507828，2020 年 7 月 11 日。

③ 新浪网：《猪开口说话吃 9 个鸡蛋能防疫？造谣者已被拘留》，http：//sc. sina. com. cn/news/s/2020 - 02 - 07/detail-iimxyqvz0860261. shtml，2020 年 2 月 7 日。

谣者和传谣者不是为了“好玩儿”，而是为了其他目的，比如骗钱、骗色的招聘信息，称“某某公司招聘高级经理，年薪××，有意者联系××”。这些案例比较简单，但是如果换成更加复杂的、辨识难度大的谣言，我们未必能够保持理性，何况人在处于高度恐慌状态时，对于与自身有极大相关性的信息判断力会下降，因此，面对背离常识的高反常度信息，一定要提高警惕。

（六）道德绑架式强制、诱导传播

在笔者梳理的谣言过滤器 2018 年 1 月至 6 月发布的朋友圈每月十大谣言的 60 条辟谣信息所涉及的谣言中，利用“道德绑架”来“求转发”的有 13 条，占 22%。“不转就不是中国人”“为了孩子，转吧！”“关心家人，就转给家人”等这样的道德绑架帖，大多需要冷静判断。

（七）高噱头词汇 + 敏感符号 + 新冠肺炎疫情高浓度发酵

京师中国传媒智库曾发布谣言标题中经常出现的词和习惯用语，如带有绝对化意味的“一定”“绝对”“只因为”等；带有悬念意味的“揭秘”“真相”“曝光”等；带有夸张意味的“震惊”“惊呆”等；带有意料不到意味的“竟然”“没想到”“居然”等；带有诱导性意味的“必看”“警惕”等。[①] 由于疫情蔓延扩散，“钟南山”（作为与新冠肺炎有强联系的特殊符号）到了某地，某物或某行为（如板蓝根、洁厕灵和 84 消毒液混合，吃大蒜，吃鸡蛋，用生理盐水洗鼻子等）可以预防或治疗新冠肺炎，某地出现新冠病毒变异，传染性更强，以及某地出现确诊病例等，成为新冠肺炎疫情相关谣言的常用套路。除了新冠肺炎疫情相关敏感词汇和符号，包括日常其他热点谣言传播中常用的高噱头词汇等，与新冠肺炎疫情的高浓度发酵成为互相促进的重要因素。

## 三　借助权威平台，查证疑似虚假谣言的内容

微信官方辟谣账号“谣言过滤器”专门澄清微信平台上的谣言，其推出的小程序“较真平台”有自助推送功能，更有信息是否属实的检索查询

① 京师中国传媒智库：《移动社交网络时代的传谣与辟谣：技术逻辑视野下的新态势与新对策》，2017 年 10 月 31 日于北京师范大学发布。

功能。微信 2019 年数据报告显示，截至 2019 年 9 月，微信月活跃账户数达 11.5 亿。拥有如此庞大活跃账户数量的微信，早在 2014 年，其每天接到关于谣言的投诉就已经达到 1 万至 2 万单。《2018 年网络谣言治理报告》显示，腾讯微信平台 2018 年全年共拦截谣言 8.4 万多条，辟谣文章阅读量近 11 亿次。2019 年微信平台共生产 17881 篇辟谣文章，辟谣文章阅读量达 1.14 亿次。腾讯新闻较真平台 2019 年共生产 3840 篇辟谣内容，超过 3.5 亿人次收到辟谣科普报告分析。

除微信辟谣平台之外，果壳、科普中国、人民网“求真”栏目、丁香医生、春雨医生、蝌蚪五线谱、科学大院、北京科技报、上海辟谣平台等，也都是值得信赖的辟谣平台。这些权威平台汇集了大量的专业机构、志愿团队和个人的力量，内容涵盖各个领域，均提供专业的事实查证和科普文章等可信度高的内容。

综上所述，在越是容易受到集体焦虑情绪影响的时候，我们越是要保持独立的判断，冷静、客观、理性地看待各种各样如潮水般涌来（又消退）的消息，把握自己的节奏，不盲目，不偏信，勤思考，多求证，培养自己的网络素养，提高自己对信息的辨识能力，不被各种各样五花八门的信息绑架。

## 第四节　后疫情时代谣言治理建议

2020 年 2 月 3 日，习近平总书记针对严峻复杂的新冠肺炎疫情防控形势，发表《在中央政治局常委会会议研究应对新型冠状病毒性肺炎疫情工作时的讲话》强调，“宣传舆论工作要加大力度，统筹网上网下、国内国际、大事小事，更好强信心、暖人心、聚民心，更好维护社会大局稳定”。新冠肺炎疫情期间，部分谣言极具危害性，在“抗疫”中成为阻力，需要加强应对与防范。而有些谣言具有社会焦虑情绪的缓释作用，甚至具有一定的预警作用，因此对谣言的应对和治理提出更大挑战。

### 一　对谣言概念统一认识，对非破坏性谣言放宽治理力度

新媒体平台信息源多样，传播主体众多，信息传播便捷，信息制作门

槛很低，因此含有不确定性的信息数量庞大，如果都去治理，既不可能，又不必要。而从以往学者对谣言研究的成果来看，相当一部分的谣言具有社会舆论中民众紧张情绪的"减压阀"作用，或有对民众焦虑情绪的缓释作用，或可以促使民众进一步探求真知。正视特殊时期谣言的减压阀作用，包括谣言对社会焦虑情绪的缓释作用，做到分类分层治理，适当放宽对普通民众传播非破坏性谣言的管制。在不确定是不是虚假的谣言信息的情况下，谨慎处罚。对于一般性谣言，尤其是危害性低的谣言信息，以及普通民众在释放自身焦虑，或在对当前新闻事件进行解读和猜测过程中非故意传播的谣言信息，并且没有造成危害性结果的，可以适当放宽治理力度，积极引导网民对包含不确定性的谣言信息进行合理的质疑和探讨。

## 二　突出重点，加大力度整治危害性大的虚假谣言信息

新媒体平台多样化信息制造与传播的主体推动舆论场不同观点的碰撞与对话，即时性与碎片化的话语为舆论带来活力。依靠网民集体的智慧和力量澄清谣言，这在一定程度上能够提高网民对谣言信息的警惕性和辨识力，同时促进网民提升其网络素养；对于危害性不大，甚至含有一定预警性的谣言应适当宽容，辩证对待。但同时，要区分谣言的传播是否恶意以及是否造成严重的破坏后果，对于破坏性强的谣言决不姑息；对于那些具有非常大的破坏后果，对社会、经济、文化、机构、企业、个人等产生极大的负面影响的谣言，尤其恶意、故意制造和传播的虚假谣言信息，要突出重点，加大力度整治。尤其在新冠肺炎疫情背景下，部分谣言极具危害性，在"抗疫"中成为阻力，需要加强应对与防范。

## 三　明确和强调新闻媒体机构和个人传播确定性信息的责任意识

传播感染类谣言可能引发民众恐慌，但是，真正造成民众更大恐慌的是确定性信息的缺席。而这种更大的恐慌反过来又可能成为谣言滋生和传播的土壤。因此，及时发布确定性信息才是杜绝谣言的最重要也最有效的途径。要明确的是，权威信息并不等同于确定性信息，如果权威机构发布的是不确定信息，造成的后果反而更严重。既权威，又确定，才能更容易

获得民众的认可和信任。在病毒初发期大家认知有限的情形下，及时、透明地发布各种不同的专家意见、病毒可能的传播力以及如何防范等，引导民众综合、理性的判断，对提升整体网络素养和科学素养也大有裨益。而对于信息来源不可靠的信息，在媒体发布前一定要做好求证工作。民众越是处在焦虑中，对确定性信息的依赖和需求越强，新闻媒体正好借此机会提升自己的公信力和用户黏度。相应地，专业机构和个人有着比普通民众更大的社会责任和专业义务。如果专业机构和个人传播谣言信息，应受到更为严厉的惩罚或警告。

### 四　新闻发布会发布权威、及时、准确的信息

新闻发布会因其权威性、及时性和全面性而成为疫情期间高可信度信息的主要来源，疫情期间民众在高度焦虑以及对新冠肺炎疫情知之甚少的情形下，多依重于政府和权威机构的信息发布，发布会作为重大突发事件中的权威信息发布平台，有着不可或缺的重要作用。各级新闻发布会，要发布真实准确的信息，同时对有重大影响的谣言进行主动的澄清，有效引导和服务民众，建构社会认同，促进社会信任，传播正能量。同时，新闻发布会还可以对疫情专业知识进行科普，从而引导民众自觉地判断和抵制科学和知识类谣言。

### 五　给疫情期间为传播确定性信息做出巨大贡献的团体和义务工作者给予奖励

疫情期间，各类新闻、资讯、谣言鱼龙混杂，值得肯定的是，有相当一部分个人和团队为确定性信息的整理和传播做出了巨大贡献，比如提取最权威和有用的信息整理《关注新型冠状病毒的可靠信息与谣言》的A2N（Anti 2019-nCov）团队，制作并发布了《防疫需求与民间援助信息索引》的Simo团队和提取最权威和有用的信息给网民的阿夏桑（及其团队）等。奖励疫情期间为确定性信息传播做出巨大贡献的义务工作者，有利于维护网络空间的清朗化建设。同时，通过鼓励模范的示范作用，有利于提升网民对信息的辨识力和理性素养。

## 六　利用人工智能技术，完善信息推荐与信息搜索机制，精准推送辟谣信息

根据中国互联网络信息中心（CNNIC）发布的第47次《中国互联网络发展状况统计报告》，截至2020年12月，我国网民规模达到9.89亿，互联网普及率达到70.4%，人均每周上网时长为26.2小时，我国搜索引擎用户规模达7.70亿，占网民整体的77.8%；手机搜索引擎用户规模达7.68亿，占手机网民的77.9%。[①]"有事找度娘"成为流行语，民众对网络搜索的依赖越来越成为习惯。然而，搜索引擎推荐的关键词自动完成和下拉菜单的推荐，以及搜索结果在网页上的排序展现，都曾被指责有广告误导与赚取流量嫌疑，更有甚者，有些推荐还进一步加大了谣言和不实信息的传播。因此，必须依法加强网络空间治理，只有网络空间足够风清气正，才能更好地为民众服务，也才更有可能发挥好阵地作用。

利用人工智能技术，结合大数据和算法，从技术上遏制相同的谣言在各新媒体平台N次传播，比如信息搜索自动完成功能中，可以过滤掉已确定是虚假的谣言信息的自动完成或关联关键词推荐的功能，给已阅谣言信息的受众在该信息被判定为假之后自动推送辟谣信息。新媒体平台信息繁多，网民注意力也是分散的，尤其微博、微信、抖音等短视频平台各种网民自制信息肆意传播，网民看到谣言信息，新媒体上的信息因为时间上的新，往往信息刷新迅速，稍纵即逝，如果错过了时间，网民打开平台看到的就是完全不一样的信息了，所以不一定能有机会看到之前已经看到过的谣言的辟谣信息。因此，通过大数据和算法等手段，精准推送给用户关注过的相关谣言的辟谣信息不失为辟谣的一个有效举措。

## 七　加大投入，打造谣言查证联合辟谣平台

微信官方辟谣账号"谣言过滤器"专门澄清微信平台上的谣言，其推出的小程序"较真平台"有自助推送功能，更有信息是否属实的检索查询

① 中国互联网络信息中心（CNNIC）：第47次《中国互联网络发展状况统计报告》，http://www.cac.gov.cn/2021-02/03/c_1613923423079314.htm，2021年2月3日。

功能。目前，除微信辟谣平台之外，果壳、科普中国、人民网“求真”栏目、丁香医生、春雨医生、蝌蚪五线谱、科学大院、北京科技报、上海辟谣平台等，也都是值得信赖的辟谣平台。这些权威平台汇集了大量的专业机构、志愿团队和个人的力量，内容涵盖各个领域，均提供专业的事实查证和科普文章等可信度高的内容。新媒体时代“智能化”的用户对辟谣信息提出了新的要求和挑战，同时也可以为辟谣信息拼块贡献自己“遍在”的力量。除了专门的信息管理机构、辟谣平台和团体、公益辟谣组织进行有效的辟谣信息拼接外，可以鼓励和利用网民的力量，齐聚以上各方力量，整合资源，多管齐下，平台协同，共同加入辟谣大军。

# 第七章

# 信息确定性的回归:智媒时代的新闻生产展望

凯瑟琳·弗恩—班克斯指出，当我们在享受新科技带来的便捷的同时，也要承担科技使得谣言得以更快更广泛传播的风险，因为网络提供了大量的信息和新闻，但是也同时提供了大量的虚假信息和谣言。[①] 在离不开信息的信息时代，谣言、虚假信息以及新闻、真实信息同时存在。而新闻与谣言的斗争正是在于其确定性的确定，在其确定性没有被确定之前，谣言往往成为与新闻互为补充的信息形式。

## 第一节 谣言:与新闻互为补充的信息形式

国内对于“新闻”的定义，继以徐宝璜为代表的“事实说”、以陆定一为代表的“报道说”和以甘惜分为代表的“影响舆论说”之后，李良荣提出了“信息说”，认为新闻“是一种信息，是传达事物变动最新状态的信息”。[②] 结合以往对于新闻的定义，关键性要素无外乎“事实”“新近”“报道”以及“信息”等。而新闻的重要因素之一便是其“真实性”。因此，新闻的目的之一便是还原信息的真实性，消除信息的不确定性。而谣言正是不确定性还未被消除的信息。人们总是试图将信息的不确定性消除，从而得到确定性的信息。也就是说，只要社会存在不确定性的信息，

---

① Kathleen Fearn-Banks, Crisis Communications: A Casebook Approach (4th Edition), Routledge, New York, 2011, p. 63. First Edition Published in 1996 by Lawrence Erlbaum Associates Inc.

② 李良荣:《新闻学概论》，福建人民出版社 1995 年版，第 30 页。

就不可避免地有谣言存在的合理性，这也是为什么在信息越来越透明的新媒体时代，谣言为什么还是存在，甚至更多的原因。因为新媒体时代的信息量远远大于传统媒体时代，因此不确定性信息自然更多涌现，这就不难理解在新媒体时代谣言为什么更多了。

新闻信息中的事件当事人、时间、地点、发生了什么事、怎么发生的、引发什么后果等要素同样存在于谣言信息中。尤其对于抗议性谣言而言，当事人可以是不确定的，时间可以是道听途说的，地点可以是模糊的，但事件一定是“听说”“确实”发生了的，至于如何发生以及引发什么后果，则会成为热议、恐慌、猜测的重点，也继而会引发后续的讨论、猜测和质疑。同样，新闻的“即时”或“新近”也是谣言价值的重要基础。新闻消息作为即时发生的事情的报道，时间上的“新”是其基本要素之一，也是其价值体现。而谣言的“新”也是其价值基础。正如卡普费雷提出的，“谣言的迅疾合乎逻辑地来自信息本身价值的不可避免的逐步贬值……谣言几乎总是叙述一件新近发生的事……使信息永远时事化是谣言的一个结构特征”。①

新闻消息往往应该是消除了不确定性的信息。也就是说，新闻消息的价值在于其确定性，传播的目的也是消除信息的不确定性。而谣言的生命力往往在于其不确定性没有被消除。一旦其确定性被消除，谣言要么变成了虚假消息，要么变成了真实消息，总之不再成为谣言。奥尔波特提出的谣言公式｛谣言 =（事件的）重要性 ×（事件的）含混不清｝中，其中一个重要变量是“（事件的）含混不清”，也即信息的不确定性。因此，谣言的不确定性是其生命力所在，如果一旦被确定，该变量成为“0”，那么，谣言自然也就不存在了。

同理，新闻信息的公式可以是：新闻消息 =（事件的）重要性 ×（事件的）确定性。前文已探讨公式中的“（事件的）重要性”变量在新媒体时代已经多样化，但无论这个变量如何多样化，“（事件的）含混不清”这个变量越大，意味着越接近于谣言；“（事件的）含混不清”这个

① ［美］理查德·韦斯特、林恩·H. 特纳：《传播理论导引：分析与应用》（第二版），刘海龙译，中国人民大学出版社 2007 年版，第 17 页。

变量越小，越接近于新闻消息。

新媒体时代，信息的来源增多，信息总量也增多，信息的不确定性自然也就随之增多，不确定性的谣言信息与确定性的新闻信息，正是构成了信息的总体。更有时候，谣言直接等同于虚假新闻或信息，或等同于部分的虚假新闻或信息，这取决于其是否被发布在大众媒体上。也就是说，同样的一个信息，如果以确定性面貌出现于大众媒体上传播，就意味着成为了“新闻”信息，只是不知道是真“新闻”还是假“新闻”。有些时候，假新闻与谣言仅一步之遥。也有一些时候，谣言，尤其是抗议性谣言正好是对大众媒体发布的信息的全部或者部分提出的质疑、猜测或者阐释。并且从一定意义上来说，这些质疑会促使专业的新闻机构更加专业，也会促使相关政府或者机构在媒体上发布的信息更加严谨和准确。

反过来说，作为不确定性信息的谣言越多，说明整个社会的所有信息量越大，也就说明了我们生存的世界并非一潭死水。从这个意义上来说，谣言有其存在的价值和意义。因此，不妨这样理解谣言：它是一种与新闻互为补充的信息形式。谣言不断冲击或敲打着新闻的细节、逻辑的严密、新闻背后的新闻，而新闻在试图努力消除信息的不确定性，不断澄清真实或非真实因素。

## 第二节　智媒时代的新闻生产：专业性与权威性的提升

手机端即时通信成为大众获取与传播信息的重要渠道，同时，伴随着手机等新媒体移动终端的普及，用户对于移动终端信息传播平台的黏性增大，移动终端成为新闻信息传播的重要平台。伴随着新媒体技术及移动终端信息平台的发展，用户的行为逐渐趋向移动化、碎片化、情绪化、智能化，这是不可避免的趋势。但是，作为专业的新闻机构，作为确定性信息的生产者和输送者，与自媒体时代“人人都是记者”的“全民新闻”相比，大众传媒的优势到底在哪里？大众传媒是否要承担更多的社会责任？在此情形下，如何解读终端化？如何解读碎片化？终端化是否需要全盘碎片化？媒体融合时代的新闻内容生产应该遵循什么样的路径？这些问题成为亟待研究的重要问题。

美国新闻自由委员会指出，现代新闻界与现代社会的关系是崭新而陌生的。大众传播机构能推进文明进程，也能使之受挫。它们能使人类的品质降低和庸俗化。它们能威胁世界和平。它们能夸大或贬低新闻及其重要性，助长和满足某种情绪，制造自以为是的虚构故事和盲点。随着新工具的不断应用，它们的影响范围和势力与日俱增。“新闻界可能是蛊惑性的、煽情的和不负责任的。果真如此的话，新闻界及其自由将在宇宙的劫难中沉沦。”① 笔者认为，无论是传统媒体时代，还是新媒体时代，大众媒体都应该具有不可置疑的权威性，并且承担相应的社会责任。新闻的本质便是探寻信息的确定性及其深层的社会意义。

操慧指出，在过去，一个新闻的生产过程大致如下：记者发现新闻线索，前往现场采访或者远程联系当事人，然后撰稿成文或编辑播出。而未来的新闻生产主体将会是一种新型的电子媒介人，即依靠人与技术的和谐并相互创造，从以人为本的目标出发，理性选择媒介，能动补救或补偿某一媒介的先天不足，从而适应并满足人的需求，最终实现人与媒介之间的脱域，即实现作为生产主体的自由状态，而社会协作的网络化、高频度、高效率将直接作用于新闻生产的流程再造与范式型构。② 做到在不同媒体平台之间的互动穿插与能动选择，首先就要打破新媒体与传统媒体的二元对立，用真正融合的观念重新认识媒体。现有大多媒体融合的相关研究成果立足于传统媒体立场，谈应对新媒体带来的挑战，不乏使用“冲击”这样的词。但正如刘义昆、赵振宇指出的，未来的新闻业将不再有明显的新旧之分，它将呈现出融合发展的态势，大多数媒体都会通过不同的平台，呈现形态各异的内容。③

## 一　减少碎片化：更加专业化的新闻内容生产

美国新闻自由委员会认为，新闻界的职业和实践所指向的新闻理想化

① ［美］新闻自由委员会：《一个自由而负责的新闻界》，展江、王征、王涛译，中国人民大学出版社2004年版，2011年第4次印刷，第2页。

② 操慧：《脱域：互联网时代的新闻生产》，《四川大学学报》（哲学社会科学版）2012年第3期。

③ 刘义昆、赵振宇：《新媒体时代的新闻生产：理念变革、产品创新与流程再造》，《南京社会科学》2015年第2期。

的标准是：一种就当日事件在赋予其意义的情境中的真实、全面和智慧的报道；一个交流评论和批评的论坛；一种供社会各群体互相传递意见与态度的工具；一种呈现与阐明社会目标与价值观的方法；一个将新闻界提供的信息流、思想流和感情流送达每一个社会成员的途径。[①] 要想达到这个理想化的目标，仅仅依靠碎片化的新闻信息报道是远远不够的。

在媒体融合为多种媒体资源的整合利用提供了前所未有的便利，新闻机构在整合各信息传播平台资源的基础上，需要生产出更加优质的和更加专业化的适用于不同媒体平台的新闻内容，而不仅仅是盲目迎合新媒体平台，尤其是移动终端和社交媒体平台受众的碎片化接收习惯，生产大量碎片化的新闻信息。移动终端不仅仅是信息发布与传播的绝佳平台，同时也是很好的信息澄清平台，但前提和关键是其公信力与权威性。因此，抵制不确定性谣言信息的大量传播，还信息以确定性，维护各新闻媒体机构及其发布新闻信息的媒体与移动终端信息传播平台的公信力，是提高其权威性的唯一方式。

需要指出的是，在媒体融合时代，碎片化的新闻信息是需要的，例如《纽约时报》为苹果手表用户提供“一句话报道”（one-sentence stories）新闻信息。但是所有的新闻信息都朝碎片化这一趋势发展是不可取的。

## 二　提高技能：更加全能的新闻内容生产者

黄旦认为，在传播革命导致的“网络化关系中”，媒介与社会的界限消解，只有自组织滋生的多重相互联结，原有的职业理念将会重新遭到估量。作为一个节点，衡量专业新闻传播机构的是接入点和到达点的数量，转化数据的能力和水平。[②] 彭兰通过国内外案例及理论阐释指出，媒介融合时代，跨媒体人才需要跨越各种媒体的整合性思维，需要在专业媒体与社会化媒体之间的穿越能力。[③] 无疑，与传统媒体时代相比，新媒体时代对新闻内容生产者的要求更加多样化和全能化。除了具备一定的专业素养

① ［美］新闻自由委员会：《一个自由而负责的新闻界》，展江、王征、王涛译，中国人民大学出版社 2004 年版，2011 年第 4 次印刷，第 11—12 页。

② 黄旦：《重造新闻学——网络化关系的视角》，《国际新闻界》2015 年第 1 期。

③ 彭兰：《融合时代，新媒体教育向何方》，《新闻与写作》2015 年第 3 期。

以外，对于在不同媒体终端之间的新闻内容生产与延伸的能力，是媒体融合时代要求新闻内容生产者具备的新思维和新技能。

美国波因特研究院在一项名为“未来新闻业竞争能力”的调查中，提出新闻从业者应该掌握的37项关键技能，分为四大类：知识、态度、个人特质以及价值观（包括19项技能）；新闻采集（包括7项技能）；新闻生产（包括6项技能）；技术或多媒体生产（包括5项技能）。[①] 伴随用户同时不同媒介消费习惯的，便是不同媒体平台对于新闻信息的不同呈现。新媒体技术使得同一新闻事件以数据化、可视化、多媒体化等全方位方式传播，这必然要求新闻内容生产者掌握多种技能，使同一新闻素材的采写编排及音频视频内容能够满足不同平台的需求。

同时，要注重对于综合性人才的培养与激励。传统媒体管理理念要与新媒体时代的发展相结合，在人员的考核方面要考虑如何与新媒体衔接，打破倚重传统媒体而忽视新媒体的局面，尽快提出新的激励方式。不然，有激情和创造力在新媒体领域做出贡献的员工得不到及时的激励，甚至造成人才的流失，会对新媒体的发展和媒介的融合极为不利。

### 三　加强定制化：服务型的新闻内容生产

彭兰指出，社会化媒体、移动终端和大数据，是影响新闻生产的新技术因素。[②] 随着大量“公民记者”的涌现，我们需要思考，大众从专业的新闻机构那里期望得到什么样的信息？也就是说，专业的新闻机构与新媒体时代无处不在的“公民记者”相比，其优势在哪里？除了能够提供更加专业化的新闻产品之外，首当其冲的优势之一便是提供定制化的新闻信息服务。我们知道，个别的“公民记者”或者非专业新闻机构的移动App、微信公众号等也可能提供定制化的信息，因此，媒体机构所提供的定制化信息必须是有着非常高的可信度的、确定性的、全面的、可靠的信息，媒体机构所积累的大量的信息数据库以及大量的专业人员专业技术的积累为

---

① ［美］霍华德·芬博格、劳瑞恩·克林格：《未来新闻业的10大核心技能》，张建中编译，《新闻记者》2014年第11期。

② 彭兰：《社会化媒体、移动终端、大数据：影响新闻生产的新技术因素》，《新闻界》2012年第16期。

此提供了保障。

媒体融合时代，传统的新闻生产理念需要转向信息的提供与服务。同时，需要认清和把握分众化传播这一新的信息传播的趋势。美国学者保罗·布拉德肖（Paul Bradshaw）曾提出一个21世纪新闻编辑室的“钻石模型”。[①] 依据此模型，新闻生产将包括快讯、草稿、报道、背景、分析/反思、互动、定制等步骤。并指出21世纪先以快讯、草稿实现“快传播”，再以报道、分析和背景提供“深解析”，同时要在新闻生产全过程考虑让公众参与、为用户定制信息。[②] 这一模型对媒体融合时代的新闻生产有很大的借鉴意义。根据不同的受众对于新闻内容本身的需求和对于信息传播的不同媒介的需求，实现内容的定制化及其与受众的互动性，从而实现不同媒介平台之间的互通互联和分享。

## 四　消除同质化：更加多样化的新闻内容生产

桑斯坦指出，“非预期的、未经筛选的信息披露以及经验分享，同样相当重要”。[③] 多种媒体平台为受众提供了多样化的选择，也为新闻内容生产者提供了多样化的新闻信息呈现方式与路径，更为多样化的新闻内容生产提供了技术保障。媒体融合时代的受众成为享受新闻信息服务的用户，他们不再满足于单一媒介对于某一新闻事件的呈现，而是可能同时消费不同媒介，并有所互动。因此，对于同一新闻事件，新闻内容生产者如果想要满足用户的需求，就必须提供内容多样、新式多样、多角度以及多媒体化的呈现，以多样化的内容和形式服务于多样化的媒体平台。同时，由于媒体平台多样化与便捷化的保障，新闻内容生产者可以提供新闻事件相关的背景资料、前因后果、相关知识链接等信息的链接，并引入科学的研究方法，以多媒体、数据化、可视化等多样态的形式呈现，满足新媒体

---

① 转引自白红义、张志安《平衡速度与深度的“钻石模型”——移动互联网时代的新闻生产策略》，《新闻实践》2010年第6期，原始来源：Paul Bradshaw：A model for the 21st century newsroom，http：//onlinejournalismblog.com/2007/09/17/a-model-for-the-21st-century-newsroom-pt1-the-news-diamond/。

② 刘义昆、赵振宇：《新媒体时代的新闻生产：理念变革、产品创新与流程再造》，《南京社会科学》2015年第2期。

③ ［美］凯斯·桑斯坦：《网络共和国》，黄维明译，上海人民出版社2003年版，第6页。

时代用户的多样化信息需求，并培养受众的科学素养，从而打破知其然而不知其所以然的藩篱，培养大众理性思维。

## 五 回归新闻本质：探索新的深度和报道模式

张易、张莉将新闻专业主义的精神内核概括为：从新闻传播者的角度出发，媒体要负担起社会责任，为社会公共利益服务；从新闻传播的内容出发，新闻专业主义所倡导的是报道内容的真实、客观、公正、中立。从新闻传播环境的层面来说，要保证媒体的新闻自由和言论自由，新闻报道服从于事实，而不是服从于其他势力，如政治势力、经济势力甚至包括大众的舆论势力。[①] 对于新闻来说，无论是广播、电视、报纸还是网站、移动终端，都只是不同的信息传播载体。新媒体移动终端只是方便用户更加便利地接收与互动，而新闻对其最根本属性和社会功能的坚守与维护才是新闻成其为新闻的根本所在。

在媒体融合时代，因为有了受众的广泛参与和互动，信息与观念的即时拼接与相互启发使得同一新闻事件的相关信息有了多维度的解读，从而向更多内涵与外延延伸，朝着众筹的深度与广度拓展。广大的受众在碎片化信息的解读过程之中，自发地探究其背后的深层社会意蕴，由简单的关注现象（了解新闻事件）到对现象所反映出来的问题的质疑（解读新闻事件），以及对相关法律法规的解读（拓展新闻事件）等。因此，媒体融合时代，需要提供给受众的，是更加多样化的深度报道，碎片化不等于没有深度，受众也并非仅仅满足于接收碎片化的信息。

一方面，新闻作为社会记忆建构者之一，有责任和义务留下最接近真实的记录来帮助建构人类的集体记忆；另一方面，新闻的专业理念和技巧历经几百年来的沉淀，不是“全民记者”可以比拟的，而全民也不可能成为真正的“记者”。因此，碎片化不应该成为专业的新闻机构生产的新闻的主流，向大众提供的信息要有高度的确定性，并且有头有尾，尽量从多维度呈现事件的全貌，同时，要探寻其社会价值和意义。

移动终端技术的发展必然带来信息入口的大量增多，人的碎片化时间

---

① 张易、张莉：《自媒体语境下新闻专业主义的消解和重构》，《新闻世界》2015 年第 4 期。

成为各种移动终端入口争夺的重要资源，但作为有着相应社会责任的新闻机构，其提供的信息服务必然要以精准为特质，不能也以争夺信息入口为首要目的而一味地迎合，甚至引导碎片化、肤浅化的信息传播。这一方面是区别于人人都可以生产和传播信息的非专业的社会化媒体的需要，另一方面也是体现大众媒体的社会责任的需要。

新媒体时代信息多元和信息量急剧增多，如何以专业的素养发掘真相，去伪存真，还原新闻事件的真实面貌，客观、全面、深入地报道新闻；如何以专业化的视角提供信息，即便是碎片化的信息，也避免肤浅化、同质化等，践行这些专业主义精神显得弥足珍贵。正如王辰瑶指出的，未来的新闻可能超越对线性时间的追逐，更从容地提供这个时代所需要的事实性知识；可能超越简单的事实性知识形态，有能力通过处理更多的事实，提供关于事实的全新理解；有可能不再是职业媒体的垄断性知识，而变成一个更开放、竞争更强也更健康的领域。[①] 媒体融合并不是新媒体“冲击”传统媒体，也不是传统媒体“收编”新媒体，而是应该取长补短，优势互补，以更高的专业性和时效性服务于大众。

## 第三节　智能化检测与提醒:提升谣言审核效率

人工智能在新闻领域的应用具有巨大潜力，智能听、说、读、写、翻译及信息处理等技术的提升，虚拟现实与人工智能结合的沉浸式新闻及个性化体验，以及基于深度学习的定制化信息服务等，都将为新闻的制造、传播与互动带来重大变革，越来越多的应用场景和消费场景被创造出来，为新闻工作者赋能，同时为用户体验带来升级。协同化、智能化、互动化、可视化与沉浸式体验是未来智能媒体的发展趋势，加强引领与管理，培养人机协同意识，深化媒体融合理念，重视受众需求，将是智能媒体的努力方向。

在海量信息中做到对信息真实性的辨识，对人工智能来说还是一个难题。但在一定的编程模式中，引入人工智能来辨识信息的真伪，已有成功

① 王辰瑶:《未来新闻的知识形态》,《南京社会科学》2013 年第 10 期。

的尝试。路透社为了解决真假信息辨识的问题，他们使用新的新闻追踪系统叫作 News Tracer，针对每天 5 亿则 Twitter 信息进行演算，从假新闻、不合理的新闻、广告、杂音中找到真的新闻事件，有了算法的辅助，记者可以从社交媒体众多信息中脱身，把更重要的时间用来挖掘故事。[①] 互联网上真实信息和不实信息混杂，用户难以辨认，专业新闻结构和公益组织人工的辨识与发布不仅成本高，而且效率低。而人工智能技术在自然语言和图像、视频处理等领域的应用，可以建立适合的审核模型，对敏感信息进行追踪、识别、检测、过滤、标注、报警，针对暴力、色情、恐怖信息等进行自动筛查，节省了大量的人工审查时间和精力，同时，还可以进行版权审查和对假新闻的识别。人工智能提供了检测文本、音视频各种类型信息的真实性并减少错误信息传播的途径和方案。对大数据的汇总和分析能力，以及算法能力，使得智能媒体可以针对信息进行溯本追源，包括对图像和音频、视频进行一站式审核。在指定的数据范围内，人工智能快速的整理、检索和高效处理能力能够帮助新闻生产和发布机构监控新闻。出现不实信息、不当信息、拼写错误、个性化推荐不准从而影响了新闻的精准化和针对性投放时，人工智能能够实时监控和提醒。

正如彭兰指出的，智能化技术在媒体行业的应用，将从信息采集、加工、整合、核查与判断、协同生产和内容分发等方面带来新生产力。但新生产力的引入并不必然等于生产力的提升，生产力的提升也不必然意味着一个更好的传媒业。[②] 社会生活充满千变万化，不能仅仅用逻辑推理与数据化分析和建模来界定与应对，而人工智能还不能对其创作和生成的内容进行人性化的解读和阐释，因此，我们需要通过内在与外在两种方式来建立人工智能信息发布安全监管和评估体系来避免可能造成的触犯法律、法规和影响新闻伦理的内容的发布与传播，外在的监管和评估体系需要加进人的作用，而内在的监管和评估体系可以引入诸如“抑制器”和“审查员”这样的人工智能程序。“抑制器”是智能体会在想到某个“坏主意”

---

① 雷锋网：《AI 给新闻业带来致命威胁？哥大新闻学院权威报告给你答案》，http：//www.sohu.com/a/202363886_ 114877，2017 年 11 月 4 日。

② 彭兰：《增强与克制：智媒体时代的新生产力》，《湖南师范大学社会科学学报》2019 年第 4 期。

的时候出现抑制，以阻止做出相应的不当行为；“审查员”是指智能体不需要等到一个“坏主意”形成后才有所行动，它们可以对不良思维形成之前的那个思维状态进行拦截。①

智能媒体是媒体融合发展的高级阶段，将推动媒体融合进一步深化。媒体机构由于自身的积累，拥有海量的数据资源，但是如何充分利用这些数据，无论是传统媒体还是新媒体，都需要更加智能化的挖掘和提炼。未来智能媒体的发展依赖于移动互联网及其提供的多平台联动、人机交互等新技术，媒体融合将自足于智能化挖掘和分析大数据的基础，集结社会群体资源和整体智慧，信息传播的形式将更加丰富和多样。H5、短视频、动图、直播、虚拟现实和增强现实，以及可穿戴设备等人工智能技术与新闻产品和信息传播平台的结合，将彻底改变新闻生产的全程，推动媒体融合进一步深化，新闻生产的智能化变革也将逐步影响到整个产业生态及其与用户之间的互动关系。

依赖大数据与深度学习，人工智能在新闻业的应用中，一方面要努力提升“人性化”的情感感知力和理解力，另一方面要依赖自身优势来克服和打破人性的弱点和局限。在提供和推送兼具个性化、便捷化和优质化内容的同时，要提升精准计算与信息服务技术，细化受众需求，实现“个性化”与“公共化”的融合，以提供更加优化的公共性服务，平衡好个性与公共性之间的关系，处理好个性满足与社会整合的关系，努力打破算法带来的偏向。未来，搭载5G增强技术的研发与应用和物联网的智能化架构，人工智能在新闻业的应用将实现移动互联、社交网络与人工智能的深度融合发展，有望实现更加“智能化”“人性化”“差异化”“沉浸化”和“个性化”。

## 第四节　加强云计算技术，促进资讯产品移动化生产

媒体大脑统计的媒体用户数据显示，78%的媒体认为在线化生产将成为未来媒体主要生产方式之一。② 在一年半的时间里，在云基础架构上训

① ［美］马文·明斯基：《心智社会：从细胞到人工智能，人类思维的优雅解读》，任楠译，机械工业出版社2016年版，第348页。

② 媒体大脑：《战疫，近千家媒体机构是如何在线化生产的》，新华智云，2020年2月20日。

练大型图像分类系统所需的时间从 2017 年 10 月的约 3 个小时减少到 2019 年 7 月的约 88 秒；在同一时期，训练这种系统的成本也类似地下降了。[①] 将来，随着云计算技术的不断提升，新闻制作的流程将打破时空限制，新闻现场的移动化采编和云端处理与审核将进一步提高新闻生产的效率。云平台可以使用户的电脑或移动终端设备的内存获得释放，从而大大提高速度和效率。尤其是视频制作，传统媒体时代，从现场拍摄，到后台剪辑和编审，整个流程下来需要较长时间，效率低下。云计算技术则为制作者提供了高效平台，用户在视频拍摄现场就可以将拍摄的视频直接上传到素材库，编辑者则可以直接在云平台进行操作，从而实现移动化采、编、审，提升视频生产力。智能云剪辑则通过有效识别时间、图片、音频等，实现智能剪辑，在短时间内生产多样化的视频产品。

建立在人工智能对数据的分析处理和甄别能力基础上的人机交互，使机器不再只是媒介，而是成为传播主体之一。在 2019 年 10 月 30 日举行的“聚视而上　构建视听产业新生态”的主论坛上，工信部互动媒体产业联盟副秘书长杨崑认为 2021 年媒体功能将全面智能化，2023 年国内将出现第一批成系统的智慧媒体平台。2025 年，这些平台的能力将不仅限于媒体内部，而是泛媒体。[②] 通过深度学习和知识图谱，人工智能技术将不断进行智能化升级，让机器产生认知，正如智能视频云体系既能汇聚数据，又能进行分析和存储，还能进行监控，为新闻制作者提供直播现场各种突发状况的预警和重点场所、人员的实时状况。搜索引擎可以利用搜索来改善它的人工智能，而智能耳机的同声翻译正是通过把演讲者与听众之间的互动部分地转换成为演讲者的声音和机器之间的互动，以及机器与机器、听众之间的互动。

5G 时代，“无视频，不传播”越来越成为共识。随着移动智能终端的普及和 5G 网络的商用和发展，移动平台视频将获得更大的发展机会。国家信息中心《迈向万物智联新世界——5G 时代·大数据·智能化》指出，

---

① Ray Perrault and Saurabh Mishra, *Introducing the AI Index* 2019 *Report*, 2019 - 12 - 11, https://hai.stanford.edu/news/introducing-ai-index-2019-report.

② 智媒实验室：《2021 年媒体功能将普遍智能化，这 5 个实现路径值得参考》，https://www.sohu.com/a/351709995_99916165，2019 年 11 月 5 日。

5G将带来人类历史上史无前例的数据爆炸式增长，2025年非结构化数据量在总数据量中的占比将达95%，全球企业对AI的采用率将达86%。5G的极致联结能力将促进政府和企业的数字化转型，改变人们现有的生产和生活方式，提升人们的生活品质和体验。[①] 用户对视频和直播产品的偏好，以及5G重塑生产、生活方式的趋势，将共同促进智能媒体的视频化发展，推动视频产品的声画质量，以及推动一大批移动传播终端和可穿戴设备的多样化呈现，为用户带来更多的即时化、可视化、交互化和沉浸化体验。

## 第五节　利用智能搜索推荐阻断谣言传播

作为互联网基础应用，搜索引擎用户规模增速继续与网民总体规模增速基本保持同步。越来越多的人离不开网络以及网络搜索，工作、学习和生活信息越是在网络上唾手可得，人们对搜索引擎越是依赖，而这种依赖在一定程度上消减和阻碍了人的记忆、思辨与独立思考的能力。“有事找度娘”成为流行语，而过度依赖“度娘”，很容易将人变成“妈宝”。基于算法的搜索结果推荐，实际上不可能不被人为干预，因为搜索引擎是最好的干预搜索结果的工具。因此，我们要警惕搜索结果推荐对用户关注事件的议程设置及其对事件看法的涵化引导，其中，对网络谣言的扩散传播作用尤其要得到重视。

### 一　“客观”的假象：搜索推荐如何引导用户选择预设内容

目前，各种搜索引擎的搜索推荐功能的实现，一是通过搜索关键词自动生成推荐，二是搜索结果内容以及这些内容的排序预设。

#### （一）搜索关键词自动生成

用户在查找信息时，在搜索栏键入关键词，搜索栏下拉菜单中会显示出预设的诸多选项，同时，网页下方还会显示类似“大家都在搜”这样的

---

① 中国产业经济信息网：《报告预测2025年全球企业对AI采用率将达86%》，http://www.cinic.org.cn/hy/zh/619380.html，2019年9月12日。

引导语，吸引和诱导用户点击显示的推荐条目。这种预设内容的推送在看似“客观”的机器算法中完成，并让人产生高关注度和高热度的错觉。而看似基于用户的搜索行为自动生成的“热词”，表面上看起来比较“客观”，但忽视了社会责任与正向价值引导作用。

（二）搜索结果内容及其排序预设

搜索结果中排在第一页的内容以及第一页排在前面的内容指向特定的预设，或者与钱有关（广告，付费排序内容），或者与赚取用户点击量有关，或者与其他目的有关。而用户在不知不觉中被导向预设的内容链接。表面上看似“客观”的、来源于网友“大家都在搜”计算结果的推荐，实际上正是因为有这个推荐，才增加了网友对该推荐内容的点击量，反过来，点击量又重新对计算结果做了贡献。这就在一定程度上隐秘地、貌似客观地影响了“舆论”。

## 二　警惕搜索结果推荐助推谣言的传播

移动终端谣言的传播，除了谣言传播最基本的两个条件，即重要性和模糊性以外，要易于在移动终端信息平台上传播，还需要有足够吸引用户眼球的内容，无论是娱乐性、反常性，还是相关性，都拓展了谣言的传播空间。越是恶俗的，越是反常的，越是有趣的，越是有娱乐性的，就越是吸引眼球的、容易有高点击率的。在这一点上，商业网站搜索结果推荐以及搜索关键词自动生成与网络谣言的天性完美地契合。

以多年来一直存在的谣言“橘子里有虫子”为例，笔者于 2021 年 1 月 7 日分别使用电脑版 360 浏览器和手机版搜狗搜索对其进行网络搜索。以“柑橘有虫子”为关键词，360 浏览器找到相关结果约 93400 个。排在靠前位置的标题中，诸如“柑橘外表好好的，为什么里面会有小虫子？如何防治？”“柑橘里面有很多虫子是怎么回事、需要怎样治疗”等标题刷屏。笔者再以“柑橘有虫子　谣言”为关键词，360 浏览器找到相关结果约 3790 个。排在靠前位置的标题中，类似“柑橘内白色幼虫致命？胡扯！真相点这里→→”“食药监局发声：这些柑橘相关谣言别再传了！把橘农害惨了！”这样的标题排在前面。这个潜伏多年的谣言早在 2008 年就出现在手机短信中，短信称“告诉家人、同学、朋友暂时别吃橘子！今年广元的橘子在剥了皮后的白须上发现小蛆状的病虫……”其后多年以来，“某地橘子有虫”的谣言每年都会传播，有的还有配图或视频。影响比较大的年份造成柑橘严重滞销，经济损失惨重。使用搜狗搜索 App，相关搜索推荐中靠前的标题为“橘子里面为什么会有虫子”“橘子里面有虫子能吃不”等，在翻 2 页后不起眼的位置看到有“辟谣：橘子里面长蛆虫，会寄生在人体内”等。显然，这样的搜索结果及其推荐不利于相关辟谣信息的传播，也不利于相关知识的科普，从而也不利于提升受众对相关谣言的批判能力。

类似以上这样的案例还有很多。这让本着搜索某一关键词，了解相关信息的用户，无意间被导向了与该关键词相关的谣言信息，同时还为该谣言信息增加了浏览量，继而为该谣言被继续推荐为“大家都在搜”内容起到助推作用。那么，反过来说，利用搜索关键词引导用户点开的信息，以及关键词自动生成和自动推荐的信息，可以有效辟谣，也即推送确定性信息，避免某些不实的谣言信息误导用户。

## 三　利用智能搜索与推荐阻断谣言传播

从理念上来说，在新媒体平台提供了越来越多的互动、交流、共享的时代，简单粗暴地应对负面谣言信息的想法和做法显然都已经不合时宜。从技术上来说，传统信息控制方式已不足以满足目前的信息安全需要，信息控制复杂度和难度均有所增大，这就需要探寻更多的方式和途径来跟上时代的发展和需要。

### （一）明确搜索服务提供商的社会责任，加强法制法规引领与管理，约束搜索自动生成及结果推荐

提高具有搜索功能的网站和互联网公司的社会责任意识，减少其权力，在一定程度上公开其算法，接受有关机构的监督，同时开通举报通道。对搜索自动生成及搜索结果推送危害性性谣言的行为进行法律追究，对涉及危害性谣言、色情、歧视、仇恨言论等相关的联想结果推荐予以约束和限制。

### （二）采用算法推荐优势，加强主流价值观的引导，健全人工干预和审核机制

未来亟须加强法制法规的引领和管理作用，避免算法偏见引起的道德

伦理风险。推荐给用户的内容，不能一味地迎合用户的偏好，而是要兼顾社会化的公共信息和群体化信息的推送。一方面，要采用算法推荐优势，加强主流价值观的引导，通过对关键词和敏感要素等的筛查，避免不良信息的传播。另一方面，要健全人工干预和审核机制，避免一些有损正向价值观的信息因为算法结果而成为热点或居于热度排行前几位。

### （三）加强虚假信息智能化识别能力，建立人工智能信息发布安全监管和评估体系

随着用户数据积累和算法的改进，信息搜索功能不断优化，人工智能能够更智慧地理解用户的搜索诉求，提供更加精准化的搜索服务。无论是关键词的自动生成还是搜索结果的排序，都可以通过技术手段避免推送已经确认为虚假的谣言信息。通过人工智能技术对危害性谣言信息进行追踪、识别、检测、过滤、标注、报警，并依赖其对数据的汇总和算法对包括语音、图片、音频和视频在内的信息进行追本溯源，可节省大量的人工审查时间和精力。

### （四）利用关键词搜索推荐有效辟谣并传播确定性信息

高质量的信息才能造就清朗的网络空间，搜索结果优先推荐确定性信息，避免将不明真相的用户导向早已被判定为虚假谣言的信息。媒体机构和有搜索功能的信息服务商可以充分利用人工智能技术来打造便捷高效的智能信息检索系统，智能、高效地提供服务的同时有效辟谣和传播确定性信息。可以整合各辟谣平台、辟谣联盟数据库，从技术上杜绝已被确认虚假的谣言信息自动生成推荐搜索项，针对已经接收过虚假谣言信息的用户，利用推荐功能主动推送辟谣信息。

# 附录1

## 台湾媒体移动终端舆论引导及应对谣言的经验和问题分析

笔者于2018年4月10日至19日赴台湾进行了学术访问与调研，调研主题聚焦于台湾新媒体发展状况、媒体融合发展经验及网络舆情监测等，其间访问了台湾具有代表性的媒体机构旺旺中时集团（中国时报、旺报、工商时报）、联合报系（联合报、联合新闻网）、风传媒、东森媒体集团（ETtoday新闻云）和大数据股份有限公司（Big Data）等，并对相关机构负责人做了访谈，对台湾媒体在积极主动推进媒体融合和新媒体业务发展、探索适宜于新媒体时代特征的媒体内容和传播方式方面，尤其在数字化资料库、大数据服务、网络直播和舆情监测与应对方面积累的经验进行了梳理。通过调研与访谈，笔者了解到台湾媒体近些年来在积极主动地推进融媒体和新媒体业务的发展，探索适宜于新媒体时代特征的媒体内容和传播方式。在舆论检测与影响方面，政府对媒体机构虽然没有直接的监管，但在一定程度上起到了间接的影响作用；在言论尺度方面，台湾媒体虽然在监督政府，甚至在“骂”政府方面比较自由，但总体来说，需要有事实依据和信息来源，不能凭空捏造；而ETtoday东森新闻云影音节目深受青睐，尤其大批年轻受众为其粉丝经济做出了巨大贡献。

### 一　台湾媒体融合及移动终端媒体发展现状

台湾媒体融合更多地体现在以旺旺中时集团为代表的商业资本与媒体内容的融合及其促进的文化融合、以联合报系为代表的媒体新闻，以及以中国时报“翻爆 App”和联合知识库为代表的资讯检索、服务及大数据的融合。移动终端媒体以直播点击率在台湾排第一的 ETtoday 东森新闻云为代表。

### （一）媒体融合方面

媒体融合方面，以联合报系为例。目前联合报系包含联合报、经济日报、世界日报、联合晚报和 UPAPER 等。其中联合晚报是台湾唯一的晚报。UPAPER 是捷运局指定的投放在捷运（地铁）上的报纸。联合报于 1951 年创刊，曾经发行过 120 万份，现在转型中。资料库方面，目前联合报系所有报纸均已数字化，受众付费或者成为会员就可以取得资料。联合知识库中有千万张珍贵的历史照片，这是其最大的特色和优势。其中包括很多早期由记者使用胶卷拍摄的照片，因为受当时版面所限等原因未能发表的，现都数字化在资料库里，因此联合知识库是台湾媒体资料库中最大、最完整的资料库，吸引了很多的用户。移动服务方面，联合报系有售票、打车、购物等应用 App。外围服务方面，联合报系曾经提供上海世博会清明上河图等技术支持，以及其他艺术类产品包括凡·高、宫崎骏画作产品、文创产品、电商、出版社等。另外，联合报系曾举办过马拉松比赛、商展、论坛等。报社内部媒介内容生产方面，联合报以前的编辑部，在新媒体时代变为新闻部，新闻部工作人员不仅仅提供内容给纸媒，还提供内容给各移动终端媒体平台。曾在传统媒体部门工作的人员要轮流接受新媒体中心新技术教育培训，通过培训，才可以继续留在岗位。报社提供大数据服务给内容制作者，内容制作者都能便捷使用和掌握用户与产品的关联等数据，以做出更贴合受众需求的内容。社会公益方面，报社开展“努力让台湾更好”的愿景工程，即发现现实问题，针对问题，派记者出去调研，包括走出国门，了解国外的相关经验和做法，写出提供解决策略的专题报道，实际上发挥了智库功能。

### （二）移动终端媒体发展方面

移动终端媒体发展方面，以 ETtoday 东森新闻云为例。ETtoday 东森新闻云于 2011 年正式上线运营，是台湾知名社区新闻网站，其前身为东森媒体集团的新闻网站《东森新闻报》。ETtoday 东森新闻云是原生的新媒体，没有转型问题。目前 ETtoday 全公司从业人员年龄年轻化，平均为 29 岁，吸引的受众也是偏年轻的受众。ETtoday 东森新闻云的口号为“爱上分享，乐在云端”，其栏目包括新闻、生活、图片、健康、美食、正妹等，是率先在 Facebook 开辟专栏的新闻媒体。目前 ETtoday 东森新闻云直播点击率在台湾排第一名。ETtoday 东森新闻云也吸引了一批大陆受众。大陆受众主要关注内容为政治和时事方面的台湾当地新闻，诸如有关台海局势、军演等，有 4 万多点击率。ETtoday 公司有很大的资料库，下一步打算重新挖掘虚实结合资料库，可以按照客户不同的需求提供个性化的大数据购买服务。同时，ETtoday 有自己的网络民调机构“民调鱼”，在云端最前线发布网络民调。ETtoday 年轻受众居多，将来打算扩大受众群，下一步还需要优化新闻质量和调整栏目。

可以看出，联合报系是传统媒体适应新媒体时代，以及主动利用新媒体技术做出转型的代表，以其大而全的数据库和多样化的受众服务为特色；而 ETtoday 东森新闻云是原生态的新媒体，采编队伍年轻化，受众年轻化，节目内容比较轻快，是完全的活力型新媒体，两者基本能够概括和涵盖台湾媒体融合和移动终端媒体发展现状。

## 二　台湾媒体在舆论引导与媒体管理方面的经验

据联合报社长项国宁介绍，台湾的媒体管理分两个时代，1987 年戒严解除之前，政府对媒体的管理比较严；戒严解除之后，国家公共委员会对媒体，尤其是对电视台的股东、内容等都有一定的管理，但是管理不偏向政治性。1999 年出版法废除之后，政府对媒体没有直接的管理管道。但是政府对媒体间接的影响和管理是有的，只是比较微妙。

### （一）舆论引导方面

中国时报社长王丰认为，中华民族的伟大复兴，需要台湾共同参与。旺旺中时集团有自己的立场，认为两岸关系好，台湾才会好。以前台湾媒体以岛内为重点，自从旺旺集团介入后，中时集团胸怀全世界和两岸格局，旺旺集团对台湾民众开阔视野方面，确实有贡献。因此，除了媒体融合，旺报想要做的，是两岸文化的融合；通过翻爆 App，用户对报纸所有内容都可以免费索引和查阅。因此，中时集团是典型的资本与媒体的融合，也是文化与观念的融合，成为促进两岸理解与沟通、影响舆论的桥梁。

### （二）媒体内容管理方面

台湾媒体内容管理方面，主要依赖自律。项国宁认为，新闻是编辑部主任的意见、看法和记者的意见、看法产生的综合体，严肃的自媒体是很辛苦的。但是类似像风传媒那样的严肃的新媒体，在网络媒体时代坚持新闻理想虽然辛苦，却吸引着知识水平较高、年龄较大的一批“铁杆粉丝”。风传媒是成立于2014年的网络媒体，在媒介平台内容的审核方面，风传媒对于记者和受众发来的稿件都有把关，但不针对言论立场把关，只针对是否有事实依据、是否有新闻来源、是否言之成理来把关。如果出现把关失守问题，比如有作者引用的政府数字是错误的，之后会将政府机关的说明附在文后，即紧跟在原文下方。也就是说，在有不同说法的时候，会将正反两面说辞一并发出来，受众都可以看得到。对于网友留言，不进行管治，但发现假新闻不多。

### （三）舆情监测与谣言澄清方面

目前台湾最大的舆情监测大数据公司有两家，以其中一家创立于2015年的大数据股份有限公司 Big Data 为例来看，其三位创始人在科技部组织的新创团队的创业比赛中，获得第二名，得到资金资助，成立了公司。公司通过网络爬虫抓取网络内容，放到云端，再进行语义分析，得出结果。其数据来源包括新闻、App、部落格（博客）、讨论区等。公司运营长林慧珍认为，大数据可以起到减压阀作用，比如对于企业来说，其一，可以检测对手的动态，发现其中有什么事自己需要做的；其二，对于自己的负面新闻的检测，进行第一时间处理，而不是等到记者采访，或者进一步发酵。所以目前公司的大多数客户是企业，为企业提供舆情监测的同时，也提供应对策略咨询服务。危机处理和谣言澄清策略方面，依据大数据检测结果，先帮助客户判断需不需要出来应对，如果需要应对，提出应对策略。应对策略中，林慧珍认为对台湾民众来说，道歉是非常有效的普遍做法。如果确认是虚假的谣言信息，客户需要自己提供能够证明被造谣的材料，由第三方出面发布，公司协助澄清。

### （四）网络直播与粉丝经济：吸引和影响年轻用户

网络直播以 ETtoday 东森新闻云为例，ETtoday 每天不间断地推出新闻政论、热门网红、自制网剧、社群经济等网络直播节目，推出 App 会员制，精准锁定族群，走 B to C 商业模式。ETtoday 社群中心编辑特色为社交媒体化的操作，曾经邀请马英九到编辑室采编 1 天并做了直播，节目很受欢迎。ETtoday 每个小编有自己的粉丝页，有自己的昵称，而小编同时又是别的社群的粉丝，因此小编的粉丝也能很容易进入别的社群。因此，ETtoday 一大亮点是其粉丝经济。ETtoday 东森新闻云总组云有 350 万粉丝，分享云、宠物云等有超过 100 万粉丝。娱乐新闻星光云、ET Travel 东森旅游云等点击率都在台湾同类新媒体内容中排第一名。每周三和周五，ETtoday 会拍摄影音节目，全部采用由同事自编自演的“社畜模式”，使用虚拟摄影棚。目前 ETtoday 每天 5 条直播节目，类似于网络电视，一刀不剪辑，时间长短不受限定，嘉宾选择也不受限定，只要对议题有兴趣就可以，吸引了众多粉丝。尤其是遭遇突发事件和一些重大事件的重要节点时，这种不间断的直播冲击和影响着年轻用户的价值观、人生观和社会意识。

## 三　台湾媒体融合发展过程中失衡与需要反思的问题

宏观方面，正如中时报社长王丰指出的，台湾大概 2400 万人，老龄化很严重，目前 1/7 是 75 岁以上人口，但真正能消费媒体的，不是老人，而是浅老人或更年轻的人。同时，台湾在政治上故步自封的“锁岛”状态，必然影响经济，也影响媒体的发展，新媒体发展不起来，年轻人容易与时代断层。在新媒体科研与教学、媒体机构内部管理与新闻实务，以及媒体融合发展过程中失衡与需要反思的问题方面，需要注意以下几个方面。

### （一）新媒体科研与教学方面

以铭传大学传播学院的新媒体教学为例。铭传大学传播学院的新媒体教学走在全台湾前列，吸引了很多大陆高校新媒体教学团队前去“取经”，其新媒体课程设置紧跟时代需求，学生实习社团的媒体业务也相当有特色，学生就业非常好，但是科研方面的发展与实务方面的培养不同步，因此反映出来的问题是：第一，无论是学院的侧重还是培养学生的侧重，都重视实务，科研明显薄弱；第二，学院引进的计算机老师，与文科学生互动和相互理解是个问题；第三，计算机学科和新闻学科老师互动和相互理解也是问题；第四，新媒体技术发展快，学校行政审批手续繁杂，通过审批才能购买新设备，等新设备买来，很可能就已经过时了。其实对于新媒体专业的科研与教学来讲，以上问题不仅仅铭传大学有，很多大学新媒体教育专业也都普遍存在。新闻与传播学院新媒体教育必须得到重视，这是对新时代媒体机构输送和培养高质量人才的前提和保障。

（二）报社内部传统媒体部门和新媒体部门员工之间的融合问题

大数据股份有限公司 CEO 林慧珍曾经在三立、东森、联合报电子报工作，据她介绍，以联合报为例，联合报在新媒体转型方面，虽然转型较早，而且转型没有迫在眉睫的紧迫感，但是报社内部传统媒体和新媒体员工之间的融合是个问题。传统媒体人员会觉得新媒体并没有赚钱，靠自己养着新媒体员工，结果还要向新媒体员工学习新技术，心理不平衡。直到新媒体的发展让传统媒体员工逐渐关注到新媒体转发的影响力，并且开始有名人关注线上社区的时候，才对新媒体有了逐渐多的理解和认同，但是转换旧有观念是一个漫长的过程。同样道理，掌握新技术的员工学习和理解媒体工作思维和模式，也需要一个不断磨合的过程。

（三）深度报道与新媒体的融合问题

以风传媒为例，因其创办者大都是原中国时报员工，因此风传媒依旧坚持以批判性的、深度的政治新闻、国际新闻、调查报告和评论为主要内容，在民粹化和网络化互相强化及坚持展示多元声音方面取得成绩，赢得受众认可。但是面临的一个问题是，风传媒内容制作成本高，而点击带来的流量与那些低俗媒体点击流量一样，所以营收方面并不理想，同时，风传媒这样的严肃网络媒体面临新媒体时代生活化的挑战。因此风传媒目前引进了新媒体传播人才，正在付费阅读等方面尝试转型，但如何在保持现有特色的基础上吸引年轻用户，以及处理好坚持高质量内容与营收之间的平衡是个问题。

（四）新媒体点击率排行与媒体社会责任的平衡问题

如何坚守新闻理想与“接地气”，是需要相当的智慧的。但在这个一味追求“点击率”的时代，很容易使两者失衡。以中时报网络内容点击率排行为例，乘坐中时报办公楼电梯，或者走路经过其楼道，都可以看到“点击率”排行表。过度追求点击率，必然带来标题党和低俗内容问题，如何既有品位又接地气，既最求点击率又兼顾媒体的社会责任与担当，是个问题。

以上问题虽然是基于对台湾媒体的考察，探讨的是台湾媒体在媒体融合和新媒体发展中存在的问题，但实际上，多数问题都属于新媒体时代媒体融合发展方面普遍存在的问题，其经验我们可以借鉴，而问题我们也需要共同面对和思考。

# 附录2

## 青少年网络素养与网络谣言破解*

谣言在任何一个时代都存在，曾被称为“世界最古老的传媒”。因此，谣言是一个社会中常态存在的信息传播现象。不过，在如今我们生活的新媒体时代，我们比以往任何一个时代都更加容易接收到谣言，甚至在有意、无意中制造和传播着谣言。同时，谣言借助各种网络平台广泛传播、扩散，容易产生比以往任何一个时代都更加巨大的社会影响。而大多青少年对谣言的辨识力不高，容易被谣言蛊惑，同时缺乏网络素养和科学素养，这就需要家庭和学校共同承担起相应的责任，帮助和指导孩子认识谣言、理解谣言，以理性、科学和负责的态度应对谣言，提升自己的网络素养。

### 一　认识谣言：谣言是什么

2013 年，中国社会科学院舆情调查实验室对关于整治网络谣言舆情的调查结果显示，多数人对于“网络谣言”的界定并不清楚，自认为对“什么是网络谣言”清楚的受访者仅占 14.6%。成年人尚且不能完全了解谣言，更不用说青少年了。2016 年 5 月 31 日北京市科协信息中心发布的《北京市青少年科学认知水平问卷调查分析报告》中指出，面对诸如“路由器辐射大，导致植物不发芽”“过午不食，健康减肥”“牛奶 + 可乐，导致胃结石”等 10 条热门谣言时，300 名受访学生中（其中 30% 为高中

---

* 本节部分内容发表于雷霞《青少年网络素养与网络谣言破解》，《青少年网络素养教育读本》，社会科学文献出版社 2018 年版。

生，70% 为初中生），98% 的受访学生缺乏科学鉴别力，至少相信过其中一条谣言；42% 的受访学生选择半信半疑；25% 的受访学生选择基本不信；23% 的受访学生选择基本不看；8% 的受访学生选择主动求证；2% 的受访学生表示会转发并询问其他人求证。也就是说，受访学生中，选择求证的仅占 10%。那么，谣言到底是什么呢？为什么谣言有如此巨大的蛊惑力呢？

从汉语中“谣言”一词的产生和演变过程来看，谣言的前身应为“谣”。“谣”在形式上一般比较押韵或对仗，简单明快，所以容易通过口头传播；在内容上，大多“谣”能反映出人民的智慧和生活的哲理，具有深刻的内涵和思想，往往成为知识或技艺普及的传播工具，因而也便于世代流传。与此同时，“以谣谚行教化”是古代编注谣谚的目的之一，所以“谣”的收集也受到官府的重视，这也是“谣”能够长期流传下来的重要原因。但早在先秦，屈原所作《离骚》中，就有“众女嫉余之蛾眉兮，谣诼谓余以善淫”这样的句子，其中，“谣（诼）”便是“诋毁”之意。随着时代的发展，谣言“歌颂、颂赞”之意渐渐消失，而“诋毁、诽谤”之意逐渐突出。按照《现代汉语词典》的解释，谣言是“没有事实根据的消息”。据此，我们大家多数时候都简单地认为谣言是“虚假消息”或“不实信息”。

随着时代的发展和大家对谣言认识的深入，除了认为谣言是“未被证实”与“虚假消息”的说法外，有人提出谣言能够表达人们的对抗性诉求，而这些对抗性诉求恰好反映的是无法通过其他有效途径表达的诉求；也有人认为，谣言反映群体的智慧，谣言是在群体议论过程中产生的即兴新闻，通过这种经常性的、融合了集体智慧的交流方式，人们试图对自己面临的威胁或模棱两可的处境构建出有意义的解释；还有人认为，谣言是信息的扩散过程，也是对信息的解释和评论过程。

我们能够看出，简单地说谣言就是“虚假消息”显然过于武断，不过，谣言普遍具有的属性无非两点：一是广泛传播，二是其不确定性。因此，我们可以这样认识谣言：谣言是被广泛传播的、含有极大的不确定性的信息。其中，“不确定性”和“广泛传播”缺一不可。也就是说，即便是带有不确定性，如果没有广泛传播，也成不了谣言；而广泛传播的信息，如果具有非常强的确定性，就不再是谣言。正因为其不确定性未被消除，因而大多数时候当人们听到或看到谣言信息时，会自然而然地表现出一定程度的将信将疑，而且期望被确定。谣言在其形式上的或确定（比如，以“据我同事亲眼所见……”等开头的谣言信息），或不确定（比如，以“据说……”等开头的谣言信息）及其在内容上的不确定与神秘性，在很大程度上增加了自身的迷惑性，这种迷惑性正是谣言存活的保障，也是吸引大众传播的前提。

## 二　理解谣言：谣言为什么会产生和传播

传统媒体时代，谣言的传播和扩散主要靠人与人之间的口耳相传，尤其是通过熟人之间传播的信息往往以在场的见闻或者见证人的视角登场，使得谣言可信度增加。但新媒体时代的谣言已经不需要这种只靠口耳相传的形式来传播，由于便捷而完整的复制、粘贴和转发、分享，信息已经完全可以原汁原味地传播，除非是传播者出于某种目的故意增删或修改之后再分享。我们应该注意到，移动化的新媒体平台带来信息生产与传播的便利，也自然地带来了谣言信息的制造与传播的便利——易于传播很重要，会极大增加传播的积极性和参与性。传播积极性越高，参与主题和主体越多，信息传播中的“谣言”也就越多。

### （一）经典的谣言公式对谣言传播的解读

针对谣言的传播，奥尔波特和波斯曼在 1947 年提出了后来被认为是经典的谣言公式，即“R ~ I × a”（谣言公式）。也就是说，“流行谣言传播广度随其对相关人员的重要性（I）乘以该主题证据的含糊性（a）的变化而变化，重要性与含糊性之间的关系不是加法而是乘法，因为，如果两者之中有一个为 0，也就没有谣言了。”1953 年，克罗斯在奥尔波特和波斯曼的谣言公式中加入了公众批判能力，将谣言公式修改为：“R ~ I × a/c”，其中，“c”代表公众对谣言的批判能力。

当然，谣言的产生和传播是一个非常复杂的过程，尤其在新媒体技术迅速发展的今天，再加上为数众多、分布在全世界各个地区的、具有不同背景、心理需求和目的的大众的参与，谣言的产生和传播过程不可避免地受很多偶然因素的影响，因此，通过一个简单的谣言公式，是很难覆盖全面的，从这个层面上来说，任何谣言公式都是不完善的。但谣言公式比较直观地反映了谣言产生的重要因素，并能帮助人们简便了解谣言，从这个层面上来说，以上公式是非常有价值和意义的。

基于谣言公式，很多研究者认为，只要信息透明，就可以杜绝谣言。实际上，在信息更加透明的新媒体时代，谣言并没有减少，而是更多。新媒体平台上的谣言能够收藏、保存、转发，因此容易多次和在长时间内重复传播。而一些在社交媒体上传播的谣言本来就是为了故意吸引眼球，赚得粉丝关注，因此谣言内容具有很高的相关性和吸引力，容易得到关注和传播。而伴随着网络成长起来的青少年，很早就接触网络信息，在信息的海洋中徜徉，更加无从辨别信息的真伪。新媒体技术使得青少年接触到的网络谣言“感觉更像是真的”“在场的”，觉得“有图，有视频，有真相”，极大地增加了谣言的蛊惑性。

（二）“信息拼图”在网络谣言传播中的作用

借助网络平台，“信息拼图”在不实信息的拼接和被策划的舆论宣传中起重要作用。如果关于事件的信息一开始是不实的和不全面的，而所谓的“了解真相”的网友也只是凭借道听途说和自己的猜测来发布信息，这样的信息一旦迅速拼接上，少量的真实的信息反而被排异，那么，不实的信息就主宰了舆论的主氛围。另一种情形，便是有意的、故意的舆论宣传，比如网络营销公司利用水军造势，有选择性地发布信息，甚至编造信息，再由其他水军发布与之能够拼接的“支援性”信息，从而迅速形成“信息拼图”，形成“舆论”。

在新媒体时代，有时候打造和发布一条信息，不用标明该信息的可靠性或者来源，或者故意用不确定的来源，或者指明该消息来源为信息发布者的熟人、事件的当事人或目击者等让人更加容易相信的形式，以口耳相传、手机短信、新闻客户端评论，或者社交网络等渠道和平台发布和传播，甚至能被大众媒体当作新闻由头来报道，再被传到网上，更加扩大了传播范围和关注热度。因此，“信息拼图”变得更加开放。而开放，就意味着有更多的可能性拼接，同时容易混杂更加不确定性的信息。这就给有意利用“信息拼图”来故意传播不良、虚假、危害性谣言信息的人以可乘之机，他们见缝插针地散播各种信息来填补信息空白和缝隙，以实现自己想要的“信息拼图”，达到自己的目的。营销公司就正是借用新媒体时代大众对于所接收到的信息进行再创造的“信息拼图”能力，让大众“自动地”完成其预期的事件或者话题的启动和热捧。

同时，利用以往的新闻事件，甚至是以往的谣言信息，经由技术性的改造而重新打造，以“新闻”的或者“谣言”的方式在网上传播开来的现象也很多。将以往新闻事件中的新闻要素，或者谣言信息中的不同构成因子进行重新的拼接，要么转换了地理位置（即故事发生的地点），要么转换了故事中的某些元素（比如挖洞的时候看到蟒蛇，继而又在山上看到老虎等），要么改变了故事中的当事人（在场者、目击者、经历者、听说者等），要么转换了故事发生的时间等等，使得重新拼接的文字、视频和画面大面积传播，再加上新媒体时代的大众拥有多种传播谣言的便捷途径，使得这些多源、多头的谣言信息被广泛传播开来。

有了网络和新媒体技术的保障，一些以往的旧帖经由网友的移花接木式的加工，完完全全变成了新近发生的故事，在网上，甚至传统媒体上传播的现象也不鲜见。新媒体技术为谣言制造提供便利的一个重要途径是通过情境拼接，以“新闻”的方式发布以假乱真的信息，无论是文字的、图像的、声音的、影像的，还是多媒体的，经由对人物、地点、时间、不同事件、画面、音频、视频等的技术拼接，制造成全然像“新闻”那样的稿件，并以“新闻”的面目出现在各新媒体平台上，被想当然地认为是“新闻”的大众再进行评论和转发，成为像模像样的“新闻”，成为披上了“新闻”外衣的谣言，而披上了“新闻”外衣的谣言以“新闻”的面目被网友转发，在网络上大行其道。

有些时候，网友发布一些娱乐性与游戏性的谣言信息，那些清楚信息中故意留有破绽的网友很可能是在其基础上“添油加醋”一番，再与其他网友们分享，将信息戏谑化，以“众娱众乐”为目的。但是，不明所以的部分网友则容易将其当作事实来理解和看待。而且，某些时候，网友们明知是不实消息，但为上下接龙或别的“好玩儿”的原因而传播，也是一种网络时代特有的“谣言”传播中的娱乐性因素和特质。这种情形下，谣言制造者和传播者都图一乐，并不在乎信息是否准确和真实。

### （三）辟谣的滞后与难度

《诗·小雅·雨无止》中说，"辟言不信"，就是说，严肃的法度之言辟谣的时候，人们不会容易相信。大众本来就具有猎奇心理，谣言信息本身具有的不确定性使其更加具有神秘性，因此谣言信息具有较强的吸引力。谣言信息的传播中，悬疑更能增加故事情节的吸引力，对于不确定性消息的热衷与传播，比辟谣更加具有吸引力，也更加易于传播。当不确定性一旦定性了，就"死亡"了，没定性，也就是不确定性未消除之前，是"活"的，是不断被增删和修改的，是在"成长"的。而"活"的事物远比"死"了的事物更具有吸引力。谣言所指涉的故事一旦"活着"，便有可延续性，从而不断产生变体，其生命力远比辟谣信息更强，这也就是辟谣的难度所在。

造成"辟谣"难度的，有以下几方面。其一是辟谣者的权威性不够。其二是新媒体时代，当不确定性存在时，人们信谣、传谣，质疑谣言，一旦确定，即谣言已死，人们便不再有兴趣"信"和"传"辟谣信息了。有了多人的挖掘，靠着网友们自动和自觉的力量，以及线下的民间力量，有些谣言随着时间的推移，会自然消失，失去被关注度，不再传播。其三是由于信息的公开不够全面和及时，所以有一些谣言会长期潜伏，伺机出现，比如转基因食品相关的谣言，就长达数年。但媒体公开报道的信息显然不足以消除民众的猜疑和恐慌。

辟谣的滞后，甚至不辟谣，再加上对于某些问题辟谣难度大，使得一些悬而未解的谣言长时间存在。这些谣言的传播者仍然不明所以，各种猜测、质疑和求辟谣充满新媒体传播平台。另外，权威性或公信力不够的主体发布的辟谣信息，有时候不但没有起到预期的辟谣作用，反而在结果上是以辟谣的方式传播了谣言，有一些民众是在本不知某一谣言的情形下，看到了辟谣信息才知晓的谣言，但因辟谣主体缺乏权威性或公信力，大众宁愿相信谣言信息，而不相信辟谣信息。

## 三　应对谣言：培养青少年的理性与担当

谣言不可避免地夹杂在网络的信息海洋中，并且极具生命力和蛊惑性。而现实的情形是，少年儿童触网低龄化趋势越来越明显，以广东省少年儿童用网情况为例，据2017年9月底发布的《2017年广东省少年儿童网络素养状况报告》显示，超23%的学龄前儿童（3—6岁）日均使用网络时长在30分钟以上，而日均上网时长超过30分钟的5岁儿童已达31.9%。且3岁儿童就已经开始使用QQ和微信，12岁时拥有QQ（87.9%）、微信（69.7%）的账号儿童比例超五成。儿童在网上娱乐、社交、表达方面的行为普及率不断上升，他们的上网知识已全面反超父母，几乎一半（49.2%）的儿童表示自己懂得的上网知识更多，61.6%的父母认为自己上网知识不如自家孩子。既然青少年接触网络信息（自然也就包括网络谣言）越来越早，并且难以避免，那么，积极主动地引导青少年正确认识和了解网络谣言，尤其是引导和帮助青少年以更加科学和理性的态度应对网络谣言，变得更加紧迫和重要。

（一）理性认识谣言的传播：提升媒介素养

网络平台提供了谣言制造、传播与扩散的便利。无论是传统媒体时代，还是Web2.0之前的新媒体时代，信息的可溯源性很强，信息发布者只要是发布了信息，或者在论坛、贴吧发了帖，自己是没有权限修改或删除自己发布的内容的，而信息无论真伪，都可以溯源，有据可查，因此，信息发布者比较谨慎。但在Web2.0之后的新媒体时代，个人拥有了更多的权限和操作上的便捷，可以随意增添和删除自己发布的信息，并有了更多的即时互动性，信息的传播更加活跃和复杂，而对于信息的溯源也更加困难。

与此同时，我们要认识到，谣言并不是新媒体的专利，一些传统大众媒体和专业记者、编辑也有可能成为谣言的制造者和传播者。而且，在新媒体时代，通过大众媒体传播谣言的例子也有很多。大多数情况下，大众媒体对于谣言的制造与传播都是通过媒体对于一些网络流传信息，甚至是自己采访到的信息的误读而形成谣言信息的传播与扩散，或者是对于一些小事件或者事件中的一些因素放大，经过渲染，以吸引眼球而形成谣言信息的传播与扩散，或者是通过一些机构的设置与策划，而形成谣言信息的传播与扩散。在信息繁杂的新媒体时代，专业的媒体机构一旦有所疏漏，便很容易被策划。

媒介素养的提升需要我们每一个人更有责任、更有担当，这也是我们每一个人更深入、更全面和更理性认识谣言的前提和保障。面对谣言，我们过分恐慌和过分麻木都不可取。确定性的"信息拼图"离不开网民智慧，更离不开网络原住民的青少年们。而提高自己的网络素养不仅是对自己、对身边的人，也是对所有人有益的事情。

（二）学习并遵守七条底线，积极响应倡议

有相当数量的谣言信息传播都会给正常的信息环境带来困扰，也会为正常的社会发展带来影响。以 2011 年 3 月日本发生地震与海啸产生的"碘盐防辐射"谣言为例，这一谣言使中国和欧美部分地区的民众都开始抢购碘盐。很快，全国多地超市的食盐被抢购一空，波及面非常广。抢购食盐现象的发生，反过来影响到了股市，中国 A 股市场 2 只平时比较平稳的盐业股突发暴涨。3 月 15 日，兰太实业（600328）涨停，云南盐化（002053）上涨 4.34%；17 日，兰太实业与云南盐化均涨停。在各地政府大力补库保证供应后，抢盐风潮消失，18 日开始，盐业股又大幅回落。兰太实业 18 日跳空低开，且以跌停报收。第二周，兰太实业和云南盐化继续下跌，股价回到日本地震发生前的价格水平。这就是一个食品相关谣言引发的社会、经济大联动现象。也有些时候，谣言的制造与传播仅仅是出于娱乐和好玩儿的心态，但信息发布和传播后，造成非常严重的后果，影响了很多人的正常生活和工作。当然，谣言的制造者也要因此承担相应的法律责任。也有另一种情形是，由于谣言的存在，一些商品的销售受到抵制。比如对于柑橘里边有虫子的谣言，就在很大程度上影响了柑橘的销量。古往今来，谣言对于某些商品的抢购，或者抵制，都严重影响了自然的经济和市场规律，对经济的正常发展产生不利影响。其实，很多谣言不仅仅对经济，而且对个人、对社会、对国家都会产生很大的负面影响。

2013 年 8 月 10 日，在国家互联网信息办公室举办的"网络名人社会责任论坛"上，网络名人就如何在互联网上发挥作用，传递正能量、抵制谣言、构建健康的网络环境进行讨论，并达成共识，提出网友遵守的七条原则，即"七条底线"：一是法律法规底线；二是社会主义制度底线；三是国家利益底线；四是公民合法权益底线；五是社会公共秩序底线；六是道德风尚底线；七是信息真实性底线。2014 年 11 月 25 日，共青团中央、中国青少年新媒体协会举行"清朗网络·青年力量——青年网络文明志愿行动"启动仪式，向全国团员青年发出《清朗网络·青年力量》倡议书，号召团员青年们积极按照习近平总书记提出的“勤学、修德、明辨、笃实”要求，将共青团员的先进性和担当精神延伸到网上，在网上积极发出青年好声音、形成强劲青春正能量。家长要帮助孩子学习并遵守七条底线，并积极响应清朗网络倡议，让孩子树立法律意识，严格遵守国家和相关部门制定的各项法律、法规，增强社会责任感，鼓励孩子对自己的言语和行为负责，做到文明上网、文明发言，并自觉做到不造谣、不传谣，面对可疑信息主动求证，不轻信谣言，发现谣言积极举报，不助长谣言的传播，维护良好的网络环境。

### （三）主动了解和化解谣言信息带给孩子的负面影响

有一个案例是这样的：15 岁的李梅（化名），初中三年级，喜爱读书，性格开朗，理想是当一名企业家。为此她一直很用功，一心想考取名牌大学。可是，突然之间她变得萎靡不振，学习不再积极，考试成绩直线下降。究其原因，是李梅在上网时看到一条“新闻”，说国内某重点高校毕业生就业率连年降低，那些能当企业家的，都是因为他们“有背景”。李梅看到的新闻缺乏信息来源，并与事实严重不符，是一条网络谣言，但李梅信以为真，这给李梅带来很大的负面影响。所以，在日常生活中，父母要勤于观察孩子的情绪，遇到孩子情绪低落、与日常表现大相径庭时，要主动询问原因，在帮助孩子了解谣言及其危害的基础上，更要进行反谣言的疏导和教育。反谣言的疏导和教育中，最重要的是站在孩子的立场和角度，和孩子一起分析谣言所涉及的内容是否属于确定性的信息，是否有值得质疑的地方，是否需要更进一步求证。培养孩子的主动性和思辨力，帮助孩子做到不信谣、不传谣。同时，当孩子本人成为谣言的指涉对象，甚至成为谣言的受害者时，更需要父母的关心和疏导，必要的时候和孩子一起求助学校和相关机构。

### （四）避免偏见先行，和孩子一起探寻真相

另一种情形是，父母听信谣言，进而干扰和影响孩子的选择。比如有谣言说，近视后摘掉眼镜，度数从 400 降到了 200。戴了眼镜之后，视力虽得以矫正，但适应之后，近视度数会继续加深，因此要反其道而行之，摘掉眼镜，让眼睛总是看不清，就可以起到锻炼视力的作用，使视力逐渐提高，甚至恢复视力。因此，一些家长不愿意给孩子配眼镜，担心孩子一

旦戴上了眼镜，近视度数会越来越深。在这种情形下，父母需要将自己听信于谣言而产生的偏见暂放一边，和孩子一起探寻真相，防止父母的偏执阻碍孩子的探究能力和探究热情。所以，父母面对谣言信息，首先自己要有一定的判别力，并且以身作则，给孩子以主动探寻真相的榜样的力量。

（五）我们的担当：不造谣、不传谣

2013 年 5 月 29 日，微博账号为“中大热点”的用户发布信息，信息还附有一张《关于 2013 年中山大学校名改动的通知》的红头文件截图。新浪微博用户“@ 中大热点”称：“真不想改名啊”并配上大哭表情，足以以假乱真。《南方都市报》记者在采访中山大学宣传部老师时了解到，此事纯属子虚乌有，为学生恶搞娱乐。也许仅仅出于娱乐或者开玩笑心理制造了谣言，并借助如今非常便捷的新媒体平台传播开来，新媒体巨大的信息聚合作用有时候会以迅雷不及掩耳之势大范围传播，在我们了解到了谣言可能为他人、为社会造成的巨大危害之后，我们在制造信息和传播信息的时候就需要更加三思而后发，确保我们发送出去的信息是确定性的真实的信息，并且不会给他人和社会造成危害和损伤。而当我们在无形之中被卷入了网络谣言，尤其成为谣言信息指涉对象时，我们不要进一步制造派生谣言，以牙还牙。这时候，我们更有责任对谣言信息进行澄清，并在必要时借助法律、法规等有效手段，保护我们自己的权益。

（六）我们的责任：做确定性信息的探寻者

新媒体技术的发展和各种新媒体平台都为信息的拼接和还原事件的真实提供了便捷。一是由于新媒体平台提供了快捷而又能够完整记录的途径，弥补了单靠人的大脑的记忆容易产生的记忆误差；二是由于新媒体平台提供了多人互动、互相证伪或证实的可能，使得不可靠或者出现纰漏的记录在短时间内就可能被别的更加可靠而真实的记录所取代和淘汰。这就如同正在拼插的立体拼图，不适当的碎片非常容易被清理出局，而只有那些适当的碎片才能够天衣无缝地与别的碎片衔接，因为事实只有一个，因此，接近事实的碎片彼此能够契合。

普通民众相信和传播谣言，大都源于该谣言所涉及的信息对个人的重要性和相关性，以及对不了解的事物的恐惧和对未知事物的焦虑。我们不能止于停留在甄别谣言，而是直涉“谣言”所含信息，利用网络时代特有的异地（包括同地不同角度）共时“信息拼图”，探寻确定性的信息。不确定性到确定性的探寻过程是求知与“实事求是”“去伪存真”的过程，更是培养科学的理性思维的过程。对于非恶意的、未置可否的、模糊性的、试图解释的、质疑的谣言信息，我们应该在理解与尊重的基础上，挖掘确定性信息及其关联，以更加确定性的信息回应和反馈；而对于那些明显恶意的、不实的、含有诽谤性的谣言信息，我们在探寻真相的基础上，能够有理有据地向相关机构和平台举报，以己之力推动家人和民众的媒介素养与信息判断能力，共同营造良好的网上信息环境。网络空间是我们的共同家园，我们需要更好地以科学、理性和客观的态度对待谣言，并更进一步理解自己在网上发布信息的责任。

# 附录3

## 斩断谣言传播链　共建清朗网络空间*

近年来，随着我国互联网蓬勃发展，网络资讯已经成为每个网民的基础性消费品，其开放的言论表达平台在传达社情民意、维护公共秩序方面起着至关重要的作用。与此同时，网络谣言也已成为影响社会健康发展的一大因素。如何科学防治谣言成为我们必须面对和探讨的一个重要课题。

**一　中国互联网联合辟谣平台上线以来，辟谣数据已达数万条，这么庞大的谣言数据背后产生的动因是什么？**

谣言被认为是世界上最古老的传媒，它存在的历史几乎和人类口耳相传的历史一样漫长。因而有关它的界定也有多个版本。这些不同的版本各自有它的合理性，同时也有一定的局限性。笔者在梳理这些概念的基础上试图提出一个更加普遍意义的定义——不确定说。这个概念在2016年得到国家名词委新闻与传播学科的认可并收录到词条中，具体定义是：谣言是广泛传播的、含有极大的不确定的信息。这个概念当中广泛性和不确定性缺一不可，如果它有一定的确定性但被广泛传播了显然不是谣言；如果它是不确定的，但是没有被广泛传播仍然不能认为是谣言。

奥尔波特和波斯曼曾提出：谣言传播的强度与两个因素有关，一是事件的重要性，二是事件的模糊性，这两个因素是缺一不可的。两者是乘积的关系而不是相加的关系：如果说模糊性是零，这个事情再怎么重要也不

---

* 本节部分内容节选于雷霞《斩断谣言传播链　共建清朗网络空间》，新华网新华访谈，http://www.piyao.org.cn/ftzb/wlyyzl/index.htm? tdsourcetag=s_pcqq_aiomsg，2018年11月21日。

可能成为谣言；如果该事情足够模糊然而太细微，大家也不会关注它，自然也不会传播开来。这是最经典的谣言公式。

1953 年克罗斯在这个谣言公式上加了一个因素——公众的批判能力。如果公众的批判能力足够强，不管谣言再怎么产生、传播，只要公众有自己的理性判断，就可以遏制谣言的传播。这就相当于“谣言止于智者”，智者就是指公众的批判能力。

到了新媒体时代，事件的重要性更加复杂化。在经典的谣言公式中，笔者加入了事件的相关性和娱乐性。新媒体平台上转发的很多谣言，一种是和人本身相关的，还有一种是娱乐性的。有时候网友转发一个谣言仅仅是出于娱乐的需要，这是新媒体时代谣言产生的一个动因。

另外，笔者还加入了一个事件的推送力度，这含有两个层面的意思。第一个层面，比如一些营销公司雇用大量水军发布谣言信息，甚至会在转发过程中给转发者提供有偿服务，通过这样大力度的推动让整个谣言加速传播。第二个层面，宽泛地理解这个事件的推送力度，比如一个谣言信息经过网络大 V 或者意见领袖、专家，借他们之口传播可信度会更强，所以事件的推送力度笔者也加入了公式当中。

所以笔者给出的新的谣言公式是，事件的重要性、相关性、娱乐性加在一起再乘以事件的模糊性再乘以事件的推送力度，所有这些再除以公众的批判能力。当然，公众的批判能力越强，谣言的传播力度肯定是越弱的。

## 二　如何调动自身力量或者发动网民力量去辟谣？

网络时代辟谣需讲究方式方法，要更好地利用“信息拼图”，把已证实的信息多角度地拼接起来还原事实真相。

人在选择相信一个信息的时候，实际上已经选择性吸收了，能够转发这条谣言多半是心里已经有一定的认可度，当然也不排除是为了求证到底是否真实。所以辟谣需要注意方式方法。例如在因为辟谣被逐出家族群这样的情形中，私下沟通可能比当面指出“这是谣言”更便于接受。

关于发动网民力量来辟谣，涉及笔者曾经提出的谣言传播当中的信息拼图。信息拼图是说在具备相近观点的一些信息中，这些信息碎片就像拼图一样，事件上相合的信息碎片就会拼接起来。如果是真实的信息拼接起来那就是真相，但如果是虚假的信息拼接起来那可能就是虚假信息。网络时代大家随时随地可以发信息，因此也可以有更多角度去拼接。一个谣言传播开来之后，网民可以通过自己的理性验证，通过“我发一点儿、你发一点儿”，多角度拼接还原事实真相，这就是一种发动网民力量可以做到辟谣的事情。

## 三　作为辟谣工作者，如何破解网络辟谣工作的滞后性？

功夫在日常。不管是政府层面，还是企事业单位或者媒体，都需要共同努力去维护公信力。

辟谣工作的滞后性是一个世界性的难题，要不然就不会有传言说“辟谣还在穿鞋的时候谣言已经满天飞”了。笔者认为功夫在日常，也就是说，如果政府提高公信力，媒体提高权威性，企业、单位、机构能够维护自身声誉，广大的网友能够提高自己的辨识力，在这些方面做得足够好，辟谣工作的滞后性就能在一定程度上得到缓解。比如一个企业有了谣言信息，并且是虚假的谣言，如果该企业声誉度很高，完全可以迅速公开信息，而媒体就可以迅速地跟进，再如果这个媒体有足够的权威性，那么大家是会愿意相信它传播的信息。然而如果这个媒体平时没有积累权威性，即使辟谣，大家可能也不会完全相信。

政府也是同样的道理，如果政府的公信力足够强，在出现一条与公共事件相关的谣言时，政府第一时间辟谣，大家一定会选择相信。

所以不管是政府层面，还是企事业单位或者媒体，都需要共同努力去维护公信力。而我们个人就需要在谣言出现后，更加理性地去判断，第一眼看到的东西我们不要卷入过多的情绪，先理性判断再发表意见。

## 四　在涉及公共政策和公共安全的网络谣言治理中，我们除了尽量公开信息之外还需做哪些工作？

辟谣信息要及时快速传达到网民，同时要注意辟谣信息的传播路径以及语言表达。

笔者认为，除了信息公开，最重要的一点就是辟谣信息要及时到达网民手中。曾经在某条谣言疯狂传播的时候，笔者登录相关部门官方网站查看，实际上该网站已经在第一时间发布了辟谣信息，但阅读量、点击量很小，所以笔者觉得辟谣信息的传播路径很重要，尤其如果没有到达特定人群的话，那这个辟谣就等于白做了。第二点，信息不光要透明，而且要用适合网络时代的语言去表达，能够用贴合网友喜好的语言进行平等的交流，注意辟谣的方式也同样重要。

## 五　国际上有哪些经验为我国治理网络谣言提供有益借鉴和启示?

一是法律惩戒；二是成立专门机构；三是实行网络实名制；四是舆情监测；五是建设辟谣平台。

应对谣言确实是公认的难题，各个国家都在不断探索，并为之付出了大量努力。应对方式主要有下面几类：第一种是通过法律的手段。法律上最接近谣言的其实就是诽谤或者是涉及妨害公共安全的事件。先说美国，作为一个多种族国家，在这方面的界定是比较严格的。对于一些网上的信息，比如涉及对个人或者对特定的人及人群造成损害的信息，或者是对某一个特定的种族或者人群进行侮辱、谩骂的信息，还有妨害公共安全的信息，都会有一些特别明确的法律规定去惩戒。同样是海洋系法律的国家，比如英国对诽谤罪的界定就没有那么严格。总体来说，各个国家虽然维护一定的言论自由，但是自由都是有边界的，所以第一种通行的做法就是通过法律去惩戒。第二种普遍的做法是成立专门机构。比如德国、澳大利亚、俄罗斯等很多国家都会成立专门的机构去监测谣言信息，去管理涉谣信息。第三种是实行网络实名制。像韩国，早在 2007 年就推行过网络实名制，但是后来因为涉及违宪，所以在 2012 年取缔了。但像日本等其他国家虽然没有明文规定必须实名认证上网，但实际上通过 IP 号等途径基本上还是可以做到实名上网的，这也是管理谣言的一种途径。第四种普遍实行的方式就是通过技术性的手段做一些监测，进行舆情的监测以及一些信息的过滤、屏蔽。第五种就是一些记者或者是网友个人发起的一些公益性的辟谣平台，当网民有了一些疑似谣言信息的时候可以在这样的平台求助，这些都是比较通行的做法。

## 六　在网络谣言治理中如何应对旧谣新传?

理性、感性相结合。理性方面可以从显在层和隐在层以及技术层三个方面辟谣；感性方面可以通过当事人讲回忆、旁观者讲故事以及采访者讲感受的方式进行辟谣。

旧谣新传在新媒体时代越来越多，主要是因为新媒体时代信息传播更加便捷，而且在这个基础上还可以根据个人意向增补或删掉一些信息，使得原本的信息产生了变异。有些谣言可能反映了当下某个社会热点，同时还迎合了部分群体诉求，这样的谣言一出现，传播范围就会很快扩散开来。这样的谣言还有一个特点就是相关性比较高，比较吸睛，再加上标题经过加工，很容易引起大面积的传播甚至造成社会恐慌。

笔者认为，应对旧谣新传可以通过两个层面，一层是理性应对层面。理性应对可以从显在层和隐在层以及技术层三个方面进行。显在层就是明显发现谣言有漏洞，很容易识破；隐在层就需要一定的逻辑推理分析，经过推理和分析还原事实真相；技术层面应对包含两方面，一方面是通过技术手段对一则谣言进行传播层面的解构，例如指出谣言（视频制作）是经由不同场景或事件的拼接，另一方面是对谣言所涉及的内容做一个技术性的分析。另一层就是感性应对层面。面对旧谣新传，可以通过当事人讲回忆、旁观者讲故事以及采访者讲感受的方式进行辟谣，还原事情的真相。

# 参考文献

## 一　中文专著


蔡静：《流言：阴影中的社会传播》，中国广播电视出版社 2008 年版。

陈力丹：《舆论学：舆论导向研究》，中国广播电视出版社 1999 年版。

陈桐生：《礼化诗学——诗教理论的生成轨迹》，学苑出版社 2009 年版。

（清）杜文澜：《古谣谚》，周绍良校，中华书局 1958 年版，2008 年第 4 次印刷。

何木风：《空穴来风：中国历史中的造谣往事》，凤凰出版社 2009 年版。

胡钰：《大众传播效果：问题与对策》，新华出版社 2000 年版。

胡钰：《新闻与舆论》，中国广播电视出版社 2001 年版。

李良荣：《新闻学概论》，福建人民出版社 1995 年版。

李若建：《虚实之间：20 世纪 50 年代中国大陆谣言研究》，社会科学文献出版社 2011 年版。

刘建明：《舆论传播》，清华大学出版社 2001 年版。

石慧敏：《谣言传播的心理学研究》，中国广播电视出版社 2011 年版。

苏萍：《谣言与近代教案》，上海远东出版社 2001 年版。

魏然：《新媒体与网络设施研究》，《传播学》（第 12 章），中国人民大学出版社 2007 年版。

吴筱玫：《Page Rank 下的资讯批判：新“2・28”事件回顾》，邱林川、陈韬文主编：《新媒体事件研究》，中国人民大学出版社 2011 年版。

于建嵘：《抗争性政治：中国政治社会学基本问题》，人民出版社 2010

年版。
俞可平：《治理与善治》，社会科学文献出版社 2000 年版。
周裕琼：《当代中国社会的网络谣言研究》，商务印书馆 2012 年版。
周裕琼：《2012 年中国谣言传播特征解析与应对策略》，《新媒体蓝皮书·中国新媒体发展报告（2013）》，社会科学文献出版社 2012 年版。
周裕琼：《真实的谎言：抵制家乐福事件中的新媒体谣言分析》，邱林川、陈韬文主编：《新媒体事件研究》，中国人民大学出版社 2011 年版。

## 二 译著

[美] 爱德华·霍尔：《无声的语言》，何道宽译，北京大学出版社 2010 年版，2015 年第 3 次印刷。
[美] 爱德华·赛义德：《东方学》，王宇根译，生活·读书·新知三联书店 1999 年版。
[美] 安德鲁·斯特拉森、帕梅拉·斯图瓦德：《人类学的四个讲座：谣言、想象、身体、历史》，梁永佳、阿嘎佐诗译，中国人民大学出版社 2005 年版。
[美] 奥尔波特等：《谣言心理学》，刘水平、梁元元、黄鹂译，赵元村审校，辽宁教育出版社 2003 年版。
[美] 保罗·莱文森：《手机：挡不住的呼唤》，何道宽译，中国人民大学出版社 2004 年版。
[美] 保罗·莱文森：《新新媒介》，何道宽译，复旦大学出版社 2011 年版。
[美] 戴维·迈尔斯：《社会心理学》（第 8 版），侯玉波、乐国安、张智勇等译，人民邮电出版社 2006 年版。
[法] 弗朗索瓦丝·勒莫：《黑寡妇：谣言的示意及传播》，唐家龙译，商务印书馆 1999 年版。
[英] 弗雷德里克·C. 巴特莱特：《记忆：一个实验的与社会的心理学研究》，黎炜译，浙江教育出版社 1998 年版。
[法] 古斯塔夫·勒庞：《乌合之众：大众心理研究》，冯克利译，中央编译出版社 2004 年版，2005 年第 5 次印刷。
[德] 汉斯—约阿希姆·诺伊鲍尔：《谣言女神》，顾牧译，中信出版社 2004

年版。

［美］卡斯·R. 桑斯坦：《谣言》，张楠迪扬译，李连江校译，中信出版社 2010 年版。

［美］凯斯·R. 桑斯坦：《极端的人群：群体行为心理学》，尹宏毅、郭彬彬译，新华出版社 2010 年版。

［美］凯斯·R. 桑斯坦：《信息乌托邦：众人如何生产知识》，毕竟悦译，法律出版社 2008 年版。

［美］凯文·凯利：《失控》，东西文库译，新星出版社 2010 年版，2013 年第 9 次印刷。

［美］克莱·舍基：《未来是湿的：无组织的组织力量》，胡泳、沈满琳译，中国人民大学出版社 2009 年版。

［美］克里斯托弗·查布里斯、丹尼尔·西蒙斯：《看不见的大猩猩：无处不在的 6 大错觉》，段然译，中国人民大学出版社 2011 年版。

［美］孔飞力：《叫魂：1768 年中国妖术大恐慌》，陈兼、刘昶译，上海三联书店 1999 年版。

［美］兰·费雪：《完美的群体：如何掌控群体智慧的力量》，邓逗逗译，浙江人民出版社 2013 年版。

［美］理查德·韦斯特、林恩·H. 特纳：《传播理论导引：分析与应用》（第二版），刘海龙译，中国人民大学出版社 2007 年版。

［美］马克·E. 沃伦：《民主与信任》，吴辉译，华夏出版社 2004 年版。

［美］马克·波斯特：《信息方式：后结构主义与社会语境》，范静哗译，周宪校，商务印书馆 2000 年版，2001 年第 2 次印刷。

［英］弥尔顿：《论出版自由》，吴之椿译，商务印书馆 1958 年版，2012 年第 7 次印刷。

［法］让—诺埃尔·卡普费雷：《谣言：世界最古老的传媒》，郑若麟译，上海人民出版社 2008 年版。

［美］托马斯·弗里德曼：《世界是平的——21 世纪简史》，湖南科学技术出版社 2008 年版。

［英］维克托·迈尔－舍恩伯格：《删除：大数据取舍之道》，袁杰译，浙江人民出版社 2013 年版。

［英］维克托·迈尔－舍恩伯格、库克耶：《大数据时代》，盛杨燕、周涛译，浙江人民出版社 2013 年版。

［美］扬·哈罗德·布鲁范德：《美国民俗学概论》，李扬译，上海文艺出版社 2011 年版。

［美］伊莱休·卡茨、约翰·杜伦·彼得斯、泰玛·利比斯、艾薇儿·奥尔洛夫：《媒介研究经典文本解读》，常江译，北京大学出版社 2011 年版。

［美］詹姆斯·E. 凯茨、罗纳德·E. 莱斯：《互联网使用的社会影响：上网、参与和互动》，郝芳、刘长江译，商务印书馆 2007 年版。

［美］朱迪斯·M. 本内特、C. 沃伦·霍利斯特：《欧洲中世纪史》（第 10 版），杨宁、李韵译，上海社会科学院出版社 2007 年版，2013 年第 8 次印刷。

## 三　中文论文

巢乃鹏、黄娴：《网络传播中的“谣言”现象研究》，《理论与探索》2004 年第 6 期。

陈昌凤：《“媒体融合”的学术研究态势与业界变迁方向——21 世纪以来媒体融合研究的文献分析》，《新闻与写作》2015 年第 3 期。

陈东冬：《网络谣言的治理困境与应对策略》，《云南行政学院学报》2012 年第 3 期。

杜骏飞：《流言的流变：SARS 舆情的传播学分析》，《南京大学学报》（哲学·人文科学·社会科学版）2003 年第 5 期。

鄂璠：《2011—2012 中国信用小康指数：社会信用趋于好转　透明度对政府信用影响最大》，《小康》2012 年第 9 期。

顾秋阳、琚春华、鲍福光：《融入用户偏好选择的社交网络谣言传播和控制的演化博弈模型研究》，《情报科学》2019 年第 12 期。

郭光华：《论网络舆论主体的“群体极化”倾向》，《湖南师范大学社会科学学报》2004 年第 6 期。

郭全中：《媒体融合：现状、问题及策略》，《新闻记者》2015 年第 3 期。

胡泳：《谣言作为一种社会抗议》，《传播与社会学刊》2009 年第 9 期。

怀默霆：《是什么让中国人不满意——专访哈佛大学社会学系社会学教授怀默霆》，《中国改革》2012 年第 5 期。

黄旦：《重造新闻学——网络化关系的视角》，《国际新闻界》2015 年第 1 期。

黄岭峻、王芳：《谣言与神化——关于太平天国起义的政治传播学分析》，《长江论坛》2006 年第 2 期。

黄宛峰：《汉代考核地方官吏的重要环节——“举谣言”与“行风俗”》，《南都学坛》（社会科学版）1988 年第 3 期。

霍盛亚、李增：《〈两匹马的对话〉与英国“公众舆论”的形成》，《外国问题研究》2013 年第 1 期。

姜胜洪：《2011 年中国社会舆情分析》，《兰州学刊》2012 年第 2 期。

匡文波：《“新媒体”概念辨析》，《国际新闻界》2008 年第 6 期。

匡文波：《新媒体是主流媒体吗？——基于手机媒体的定量研究》，《国际新闻界》2011 年第 6 期。

匡文波、郭育丰：《微博时代下谣言的传播与消解——以“7·23”甬温线高铁事故为例》，《国际新闻界》2012 年第 2 期。

雷霞：《移动终端辟谣模式：众筹式信息拼图的立体表达》，《现代传播》2019 年第 9 期。

雷霞：《谣言：概念演变与发展》，《新闻与传播研究》2016 年第 9 期。

雷霞：《“信息拼图”在谣言传播中的作用研究》，《新闻与传播研究》2014 年第 7 期。

李莉：《文学与记忆的关系探析》，《社会科学家》2009 年第 12 期。

李丽、王勇：《论新媒介环境下谣言传播的特征与应对——以山西“等地震”事件为例》，《新闻世界》2010 年第 7 期。

李锋清：《网络舆论的引导与成熟公共领域的构建》，《齐齐哈尔大学学报》（哲学社会科学版）2009 年第 3 期。

廖祥忠：《何为新媒体?》，《现代传播》2008 年第 5 期。

连建明：《日本地震引发当地海啸同时触发“股市海啸”》，《新民晚报》2011 年 3 月 26 日。

林晖：《中国主流媒体与主流价值观之构建》，《新闻与传播研究》2008 年第 2 期。
刘丽敏、卢梦薇：《错误记忆的理论模型》，《黑龙江科技信息》2011 年第 4 期。
刘荣：《善治语境下网络谣言治理的多元主体结构》，《广西社会科学》2012 年第 9 期。
刘建明：《解读主流媒体》，《新闻与写作》2004 年第 4 期。
刘思玲：《遂宁多人散布“针刺”谣言被拘》，《成都商报》2009 年 10 月 14 日第 6 版。
刘亚州、王静、潘晓中、付伟：《考虑节点亲密度的社交网络谣言传播研究》，《计算机工程与应用》2018 年第 14 期。
刘义昆、赵振宇：《新媒体时代的新闻生产：理念变革、产品创新与流程再造》，《南京社会科学》2015 年第 2 期。
陆安：《碎片化时代媒介传播力的构建——以上海〈东方财经〉杂志社为例》，《科技传播》2015 年第 3 期。
［新西兰］罗伯兹：《地震预报的政治和行政方面的后果》，宋守全、李华英主编：《国际地震社会学论文集》，科学技术文献出版社 1982 年版。
莫梅锋、刘潆檑：《论主流媒体》，《新闻爱好者》2005 年第 5 期。
潘知常：《“塔西佗陷阱”并不是塔西佗本人提出的——关于“塔西佗陷阱”的正本溯源》，《徐州工程学院学报》（社会科学版）2020 年第 3 期。
彭兰：《融合时代，新媒体教育向何方》，《新闻与写作》2015 年第 3 期。
齐爱军：《什么是“主流媒体”?》，《现代传播》2011 年第 2 期。
齐爱军、洪浚浩：《美国西方有关主流媒体研究的多元理论视角论析》，《新闻大学》2013 年第 1 期。
人民网舆情监测室：《2012 年新浪媒体微博报告》，2013 年 1 月 23 日。
人民网舆情监测室：《谣言和社会化媒体营销案例分析》，2013 年 9 月 3 日。
邵庆海：《新媒体定义剖析》，《中国广播》2011 年第 3 期。
申艳妮：《网络谣言传播研究》，《东南传播》2008 年第 12 期。
施爱东：《灾难谣言的形态学分析——以 5·12 汶川地震的灾后谣言为例》，《文化研究》2008 年第 4 期。
施爱东：《谣言的鸡蛋情绪——钱云会案的造谣、传谣与辟谣》，《民俗研究》2012 年第 2 期。

石慧敏、刘京林：《地震核爆下的谣言传播模式》，《人民论坛》2011 年第 10 期。

陶国根、魏星河：《社会资本与网络谣言的有效治理》，《党政干部学刊》2011 年第 10 期。

陶圣屏、刘建萍、戴程：《认知鸿沟视角下的网络谣言传播影响因素研究——以台湾洪仲丘事件为例》，《北京理工大学学报》（社会科学版）2019 年第 5 期。

滕露璐、熊忠辉：《新媒体环境下的谣言传播与预防：从“抢盐”风波谈起》，《声屏世界》2011 年第 6 期。

王灿发：《突发公共事件的谣言传播模式建构及消解》，《现代传播》2010 年第 6 期。

王灿发、何雯：《突发公共事件的谣言传播系统及过程分析》，《青年记者》2009 年第 33 期。

王灿发、侯欣洁：《重大突发事件中的谣言话语分析》，《新闻与传播研究》2012 年第 5 期。

王国宁：《从传播学角度看谣言及其控制》，《新闻研究资料》1991 年第 1 期。

王继先：《浅析互联网谣言传播的钝化现象》，《传媒观察》2009 年第 9 期。

汪志坚、李欣颖：《来源可信度、情感认同与涉入程度对网路谣言辟谣效果之影响》，《管理学报》2005 年第 3 期。

魏武挥：《谣言的传播与辟谣》，《新闻记者》2012 年第 5 期。

吴建、马超：《谣言传播公式：溯源、修正与发展》，《新闻界》2015 年第 13 期。

吴建、马超：《谣言研究中被遗忘的先驱——巴斯德及其经典文献的考察》，《新闻与传播》2016 年第 3 期。

新华社“舆论引导有效性和影响力研究”课题组：《主流媒体如何增强舆论引导有效性和影响力之一：主流媒体判断标准和基本评价》，《中国记者》2004 年第 1 期。

熊炎：《网络辟谣信息的构成要素及其理论效果——以〈每月“科学”流

言榜〉为例》,《天津行政学院学报》2016 年第 1 期。

薛易:《互联网对公安工作的挑战与对策》,《警察技术》2009 年第 6 期。

严三九、徐晖明:《广州非典型肺炎事件中的流言传播调查》,《华东师范大学学报》2004 年第 3 期。

尹良润、徐速:《微博科技谣言传播影响因素的实证分析——兼论微博谣言传播公式》,《当代传播》2015 年第 3 期。

尹韵公:《当前网络发展的新特点》,《新闻与写作》2013 年第 1 期。

喻国明:《“微博辟谣”是个伪命题》,《中国经济时报》2012 年 1 月 6 日第 12 版。

喻国明:《当前中国社会舆情的现状及特征——基于〈中国社会舆情年度报告(2012)〉蓝皮书的分析性结论》,《新闻与写作》2012 年第 5 期。

喻国明:《呼唤“社会最大公约数”:2012 年社会舆情运行态势研究——基于百度热搜词的大数据分析》,《编辑之友》2013 年第 5 期。

张洪忠、沈菲、李昊、贾全鑫:《疫情接近性对谣言信任度的影响:新冠疫情中传播渠道的中介效应分析》,《新闻界》2020 年第 4 期。

张晓雪、高珊:《互联网在谣言传播中的角色及应对策略——以江苏省人民医院“艾滋门”事件为例》,《青年记者》2011 年第 7 期。

张信刚:《土耳其进行曲:走向共和(中)》,《财经》2013 年第 5 期。

张易、张莉:《自媒体语境下新闻专业主义的消解和重构》,《新闻世界》2015 年第 4 期。

赵丽涛:《我国深度转型中的社会信任困境及其出路》,《东北大学学报》(社会科学版)2015 年第 1 期。

赵汀阳:《认同与文化自身认同》,《哲学研究》2003 年第 7 期。

赵志裕、温静、谭俭邦:《社会认同的基本心理历程——香港回归中国的研究范例》,《社会学研究》2005 年第 5 期。

中国国务院新闻办公室:《中国互联网状况》(白皮书),2010 年 6 月 8 日。

周裕琼:《QQ 群聊会让人更相信谣言吗?——以奥运谣言实验为基础》,中华传播学会年会,《台湾新竹》2009 年 7 月。

周裕琼:《谣言一定是洪水猛兽吗?——基于文献综述和实证研究的反思》,《国际新闻界》2009 年第 8 期。

周裕琼：《当代中国社会网络谣言的本质特征、传播规律与社会功能：对八次实证研究发现的综合分析》，《中国传媒海外报告》2012 年第 8 期。

祝华新：《打击谣言背景下的网络舆论新格局》，《中国改革》2013 年第 10 期。

祝建华：《不同渠道、不同选择的竞争机制：新媒体权衡需求理论》，香港《中国传媒报告》（*China Media Reports*）2004 年第 2 期。

《主流媒体如何增强舆论引导有效性和影响力之三：重视对几类重要报道领域的改革与创新》，《中国记者》2004 年第 1 期。

## 四　学位论文

程中兴：《谣言、流言研究：以话语为中心的社会互动分析》，博士学位论文，上海大学，2007 年。

何玉兴：《社会群体沟通平衡问题学理资源探析》，博士学位论文，中国社会科学院研究生院，2000 年。

王峰苓：《十八世纪英国城市公共性研究》，博士学位论文，华东师范大学，2006 年。

尉程炜：《〈古谣谚〉研究》，硕士学位论文，北京大学，2011 年。

## 五　英文专著

Bordia, P. and Rosnow, R., *Rumor Rest Stops on the Information Highway Transmission Patterns in a Computer-Mediated Rumor Chain*, Human Communication Research, 1998 (12).

Buckner, T. H., *A Theory of Rumor Transmission*, Oxford University Press on behalf of the American Association for Public Opinion Research, 1965, Spring.

Edward, T. Hall, *An Anthropology of Everyday Life*, New York: Anchor Books Editions, 1992.

Fine, G. A., "Rumor, Trust and Civil Society: Collective Memory and Cultures of Judgment", *Diogenes*, 2007.

Kathleen Fearn-Banks, *Crisis Communications: A Casebook Approach* (*4th Edi-*

*tion*), Routledge, New York, 2011 (First Edition Published in 1996 by Lawrence Erlbaum Associates Inc).

Park, R. E. and Burgess, E. W., *Introduction to the Science of Sociology*, 3rd edn, Chicago: University of Chicago Press, 1969 (Originally Published in 1921).

Sameer Hinduja and Ustin W. Patchin, *Bullying Beyond the Schoolyard: Preventing and Responding to Cyberbullying*, Corwin Press, 2009.

Steve Duck and David T. McMahan, *The Basics of Communication: A Relational Perspective*, SAGE Publication Inc., 2009.

## 六 英文论文

Allport, G. W., Postman, L., An Analysis of Rumor, *Public Opinion Quarterly*, 10, Hiver 1946 - 1947.

Anthony, S., Anxiety and Rumor, *Journal of Social Psychology*, 1973, 89 (1).

Ball-Rokeach, S. J., De Fleur, M. L., A dependency model of mass-media effects, *Communication Research*, 3, 1976.

Bauerr, A., Gleicher, D. B., Word-of-mouth Communication in the Soviet Union, *Public Opinion Quarterly*, 1953.

Bordia, P., Difonzo, N., Problem Solving in Social Interactions on the Internet: Rumor as Social Cognition, *Social Psychology Quarterly*, 87 (1), 2004.

Bordia, P., Rosnow, R., Rumor Rest Stops on the Information Highway Transmission Patterns in a Computer-Mediated Rumor Chain, *Human Communication Research*, 1998 (12).

Buckner, H. T., A Theory of Rumor Transmission, *Public Opinion Quarterly*, 29 (1), 1965.

Chorus, A., The Basic Law of Rumor, *Journal of Abnormal and Social Psychology*, 1953 (48).

Cristian, F. Coletti, Pablo, M. Rodrǐguez, Rinaldo B. Schinazi, A Spatial Stochastic Model for Rumor Transmission, *Springer Science + Business Media*, 2012.

Devavrat Shah and Tauhid Zaman, Rumors in a Network: Who's the Culprit?

*Ieee Transactions on Information Theory*, Vol. 57, No. 8, August, 2011.

Dian Katz, MS. Rumors Hurt, *Lesbian News Magazine*, March, 2011.

Difonzo, N., Bordia, P., A Tale of Two Corporations: Managing Uncertainty During Organizational Change, *Human Resource Management*, 1998, 37.

Difonzo, N., Bordia, P., Corporate Rumor Activity, Belief and Accuracy, *Public Relations Review*, 2002 (28).

Gabrielle, F. Principe, Tomoe Kanaya, Stephen J. Ceci and Mona Singh, Believing Is Seeing: How Rumors Can Engender FalseMemories in Preschoolers, *Psychological Science*, Vol. 17, No. 3, 2006.

Garrett, R. K., Troubling Consequences of Online Political Rumoring, *Human Communication Research*, 2011, 37 (2).

Gary Tang, Francis, L. F. Lee, Facebook Use and Political Participation: The Impact of Exposure to Shared Political Information, Connections with Public Political Actors, and Network Structural Heterogeneity, *Social Science Computer Review*, 2013, 31 (6).

Howard, L. Weinberg, When News Fails, Men Must Invent It, *Columbia Journalism Review*, Spring, 1969.

Javier Borge-Holthoefer, Yamir Moreno, Absence of Influential Spreaders in Rumor Dynamics, *Physics. soc-ph*, 2011, 12 (13).

Jiang Fei and Huang Kuo, Community Media in China: Communication, Digitalization, and Relocation, *Journal of International Communication*, 19, 1, 2013.

Jinyu Huang, Xiaogang Jin, Preventing Rumor Spreading on Small-world Networks, *J Syst Sci Complex*, 2011 (24).

J. N. Kapferer, A Mass Poisoning Rumor in Euripe, *Public Opinion*, Volume 53, 1989.

Knapp, R. A., Psychology of Rumor, *Public Opinion Quarterly*, 8 (1), 1944.

Oh, O., Agrawal, M., Rao, H. R., Community Intelligence and Social Media Service: A Rumor Theoretic Analysis of Tweets During Social Crises, *MIS Quarterly*, 2013, 37 (2).

Peri K. Blind, Building Trust in Government in the Twenty-First Century: Review of Literature and Emerging Issues, *7th Global Forum on Reinventing Government Building Trust in Government 26 – 29 June 2007*, Vienna, Austria (Written in November 2006), http://unpan1.un.org/intradoc/groups/public/documents/un/unpan025062.pdf.

Peterson, W. A. and Gist, N. P., Rumor and Public Opinion, *American Journal of Sociology*, 1951.

Prasad, J., The Psychology of Rumor: A Study Relating to the Great Indian Earthquake of 1934, *British Journal of Psychology*, 1935 (26).

Prashant Bordia, Nicholas DiFonzo, Verity Travers, Denying Rumor of Organizational Change: A Higher Source is Not Always Better, *Communication Research Reports*, Vol. 15, No. 2, 1998.

Prashant Bordia, Nicholas DiFonzo, Problem Solving in Social Interaction on the Internet: Rumour as Social Cognition, *Social Psychology Quarterly*, 2004 (67).

Ralph, L., Rosnow, Rumor as Communication: A Contextualist Approach, *Journal of Communication*, 38 (1), 1988.

Rosnow, R. L., Yost, J. H., Esposito, J. L., Belief in Rumor and Likelihood of Rumor Transmission, *Language and Communication Theory*, 1986 (8).

Rosnow, R. L., Esposito, J. L., Gibney, L., Factors Influencing Rumor Spreading: Replication and Extension, *Language & Communication*, 1988 (8).

Rosnow, R., Inside Rumor-A Personal Journey, *American Psychologist*, 1991, 46 (5).

Serdar Ozturk, The Struggle over Turkish Village Coffeehouses (1923 – 1945), *Middle East Studies*, Vol. 44, No. 3, May, 2008.

Tajfel, H., Differentiation Between Social Groups: Studies in the Social Psychology of Intergroup Relations, Chapters 1 – 3, London: Academic Press, 1978.

Tanaka, Y., Sakamoto, Y., Matsuka, T., Transmission of Rumor and Criticism in Twitter after the Great Japan Earthquake, *Proceeding of the Annual Meeting of the Cognitive Science Society*, 2012.

Weinberg, S. B., Regan, E. A., Weiman, L., et al., Anatomy of A Rumor: A Field Study of Rumor Dissemination in A University Setting, *Journal of Applied Communication Research*, 1980 (8).

Zixue Tai, Tao Sun, The Rumouring of SARS During the 2003 Epidemic in China, *Sociology of Health & Illness*, 2011 - 2033 (5).

## 七 报纸资料

《安利首次表态：纽崔莱用“转基因原料”系谣言》，《京华时报》2012年9月5日第B47版。

曹继军、颜维琦：《专家称“雾霾可使鲜肺6天变黑肺”一说夸大其词》，《光明日报》2013年11月20日第10版。

邓琦：《复旦大学称“雾霾使鲜肺6天变黑”报道不实》，《新京报》2013年11月19日第A18版。

龚丹韵：《为什么谣言比科普有市场》，《解放日报》2013年10月21日第3版。

国家互联网信息办：《清理网络谣言取得阶段性成果》，《中国青年报》2012年4月13日第6版。

李拯：《自媒体有传播就有责任》，《人民日报》2013年5月11日第1版。

梁为：《300网友武汉试吃“黄金大米”》，《南方都市报》2013年10月20日第A17版。

刘德华、邹明斌：《中江县检察院：红十字会买药虚开发票系谣传》，《检察日报》2008年5月25日第4版。

刘黎霞、高菲：《中大更名“逸仙大学”？纯属“学生恶搞娱乐”》，《南方都市报》2013年5月30日第GA16版。

刘启路、高鸿鹏：《网上散布“挖肾”谣言，5人被拘》，《大河报》2013年8月28日第A13版。

毛浩、董伟、白皓：《瓮安答卷》，《中国青年报》2012年4月27日第1版。

《如何快速识别网络惊悚谣言　看教科书式网络辟谣》，《扬子晚报》2012

年 3 月 30 日第 B1 版。

商西：《转基因大米做猕猴喂养实验》，《京华时报》2013 年 10 月 21 日第 A5 版。

宋识径、许梦娜：《一网络推手公司造谣被端》，《新京报》2013 年 8 月 21 日第 A8—A9 版。

王璀一：《聚美优品被指逼供应商“站队” 电商资源争夺加剧》，《北京商报》2013 年 2 月 26 日第 4 版。

王俊秀：《七成上访者向政府网站投诉过 近九成对答复不满意》，《中国青年报》2012 年 1 月 11 日第 3 版。

向楠：《83.2% 受访者确认现在社会谣言很多》，《中国青年报》2011 年 9 月 8 日第 7 版。

谢爽爽、徐航：《治理食品谣言 青年学者这样说——第三届“食药安全新闻传播与谣言治理”青年学者论坛侧记》，《中国医药报》2017 年 7 月 26 日第 2 版。

张鸣：《义和团和五四时期的流言、危机与抢购》，《新京报》2011 年 3 月 26 日第 B6 版。

中国社会科学院中国特色社会主义理论体系研究中心：《合力构建聚民心尚理性的网络舆论空间》，《人民日报》2013 年 11 月 14 日第 14 版。

《致歉声明》，《经济观察报》2012 年 6 月 19 日第 1 版。

庄庆鸿、翁菁：《辽宁东港 80 后副市长履历造假疑云》，《中国青年报》2013 年 1 月 25 日第 3 版。

## 八 网络资料

北大法律信息网：《贾志攀编造、故意传播虚假恐怖信息案》，http：//vip.chinalawinfo.com/newlaw2002/slc/slc.asp？db = fnl&gid = 117651106。

大公网：《国新办副主任李伍峰因严重抑郁坠楼身亡》，记者隋晓姣，http：//news.takungpao.com/mainland/focus/2014 - 03/2389181.html，2014 年 3 月 30 日。

东北新闻网：《辽宁东港出现 80 后美女副市长 官方称按程序晋升》，http：//news.ifeng.com/mainland/detail_ 2013_ 01/11/21095850_ 0.

shtml，2013 年 1 月 11 日。

东方网：《阿扁枪击案全景记录：两颗子弹扭曲选举 岛内人人成神探》，来源：《瞭望东方周刊》，作者：范丽青，http：//mil. eastday. com/eastday/mil/node3208/node16679/userobject1ai231975. html，2004 年 5 月 11 日。

凤凰网：《自由谈：什么导致了无“盐”的结局?》，截止日期：2011 年 3 月 25 日，http：//news. ifeng. com/opinion/special/dizhenshiyan/。

工业和信息化部：《工业和信息化部关于印发信息通信行业发展规划（2016—2020 年）的通知》，http：//www. miit. gov. cn/n1146285/n1146352/n3054355/n3057267/n3057273/c5465134/content. html，2016 年 12 月 18 日。

光明网：《7 个数据揭露经济现状》，http：//economy. gmw. cn/2013 －09/13/content_ 8898164. htm，2013 年 9 月 13 日。

光明网：《农业部：转基因食品“致癌、影响生育”是谣言》，http：//economy. gmw. cn/2013 －10/18/content_ 9215173. htm，2013 年 10 月 18 日。

果壳网：《如何看待黑龙江大豆协会对于转基因大豆的指责?》，http：//www. guokr. com/article/437141/，2013 年 6 月 25 日。

海知部落：《英研究发现：人对 Facebook 讯息的记忆力是书的 1. 5 倍》，http：//www. iknowing. com/iknowing/note/46713423949403. html，2013 年 1 月 31 日。

河北新闻网：《“大吃大喝”不实报道甚于毒药》，http：//www. hebnews. cn，2013 年 4 月 25 日。

红古人信息网：《兰州城管遭千人群殴，队长下跪哭喊求饶（组图）》，http：//www. hongguren. com/news. php? id =74，2012 年 9 月 12 日。

华商网：《法国科学家公布的研究结果显示——吃了两年转基因谷物 过半实验鼠长肿瘤》，记者李珊，来源：《华商报》，http：//hsb. hsw. cn/2012 －09/21/content_ 8422517. htm，2012 年 9 月 21 日。

黄河新闻网：《靠什么终结上访者杀截访者的悲剧》，http：//www. sxgov. ch/changzhi/changzhi_ content/2013 －11/29/content_ 3904075. htm。

国务院办公厅：《李克强主持召开国务院常务会议：部署进一步落实半年多以来已出台的促改革调结构措施 夯实经济稳中向好基础》，http：//www. gov. cn/ldhd/2013 －10/20/content_ 2510836. htm，2013 年

10 月 20 日。

环球网：《疯传“军车进京北京出事”谣言背后不简单》，http：//mil. huanqiu. com/Observation/2012 - 04/2580647. html，2012 年 4 月 3 日。

肯德基官网：“探秘之旅”专区，http：//www. kfc. com. cn/% E6% 8E% A2% E7% A7% 98% E4% B9% 8B% E6% 97% 85/。

雷霞：《斩断谣言传播链　共建清朗网络空间》，新华网新华访谈，http：//www. piyao. org. cn/ftzb/wlyyzl/index. htm? tdsourcetag = s _ pcqq _ aiomsg，2018 年 11 月 21 日。

瞭望智库：《最高法：武汉 8 人散布的“虚假信息”并非完全捏造，应予宽容》，http：//finance. sina. com. cn/wm/2020 - 01 - 30/doc-iimxxste 7717023. shtml，2020 年 1 月 30 日。

柳宁馨：《我们来终结这则保时捷落满 6 年灰的催泪假消息》，谷雨实验室—腾讯新闻，https：//new. qq. com/rain/a/20200530 A0BCT700，2020 年 5 月 25 日。

美联社网站：《美联社雇员社交媒体守则》（2013 年 5 月修订），http：//www. ap. org/Images/Social-Media-Guidelines_ tcm28-9832. pdf。

闵大洪：《从网络谣言到网络假新闻》，新华网传媒人物专栏，http：//news. xinhuanet. com/newmedia/2003 - 06/23/content_ 931727. htm，2003 年 6 月 23 日。

南方网：《苏宁掌门张近东被捕是谣言?》，http：//www. southcn. com/finance/hot/cjjiaodian/200503030060. htm，2005 年 3 月 3 日。

彭扬、张琳：《海淀区动物园丢失一头大象？你被这类网络谣言忽悠了吗?》，http：//society. people. com. cn/n1/2018/1106/c229589 - 30384 905. html，2018 年 11 月 6 日。

齐媛媛：《男子辟谣老妈“碱性食物抗癌”帖　竟被踢出家庭群聊》，《半岛晨报》，2018 年 11 月 10 日，http：//epaper. hilizi. com/shtml/bdcb/20181110/20181110A021. shtml。

全国人民代表大会常务委员会：《中华人民共和国治安管理处罚法》，http：//www. law-lib. com/law/law_ view. asp? id = 97597，2005 年 8 月 28 日。

全国人民代表大会常务委员会：《中华人民共和国刑法（2011 年修正)》，

http：//www. lawtime. cn/faguizt/23. html#9，2011 年 2 月 25 日。

人民网：《归真堂事件展现网络公关技巧　无间道手段操纵民意》（人民网记者张雨访谈武汉大学信息管理学院教授沈阳会商实录），http：//news. china. com/focus/huoxiongqudan/11115079/20120301/17064181. html，2012 年 3 月 1 日。

人民网：《北京西城回应"父陪 9 岁女练摊遭围殴"称多名执法者受伤》，http：//legal. people. com. cn/GB/n/2013/0727/c425 10 – 22348414. html，2013 年 7 月 27 日。

人民网：《"两高"公布关于办理利用信息网络实施诽谤等刑事案件适用法律若干问题的解释》，http：//legal. people. com. cn/GB/51654/363283/368986/，2013 年 9 月 9 日。

人民网：《山东滨州警方称接到电死"外星人"报警专家未予确认》，记者封欢欢，http：//society. people. com. cn/n/2013/0609/c1008 – 2180 5602. html，2013 年 6 月 9 日。

人民网：《山西出现"近日有地震"流言　地震局已发公告辟谣》，记者姚晓晨、封欢欢，http：//society. people. com. cn/GB/41158/10992003. html，2010 年 2 月 21 日。

人民网—《人民日报》：《〈深圳 90 后女孩当街给残疾乞丐喂饭感动路人〉等虚假报道遭国家新闻出版总局查处》，http：//fujian. people. com. cn/n/2013/ 0508/c181466 – 18613452. html，2013 年 5 月 8 日。

人民网强国论坛：《肿瘤大面积爆发与转基因食品有关!》，http：//bbs1. people. com. cn/post/1/1/1/134657688. html，2013 年 10 月 29 日。

360 百科：《归真堂活熊取胆事件》，http：//baike. so. com/doc/6801299. html。

搜狐网：《女儿嫌母亲是清洁工不认　10 年后发千封忏悔邮件》，来源：《重庆晚报》，记者任文劼等，http：//news. sohu. com/20090506/n26 3790616. shtml，2009 年 5 月 6 日。

腾讯较真平台：《谣言易感人群分析报告》，https：//wj. qq. com/article/single – 141. html，2017 年 4 月 19 日。

腾讯科技：《关注网络谣言治理，腾讯发布〈2017 腾讯公司谣言治理报告〉》，《2017 腾讯公司谣言治理报告》，http：//tech. qq. com/a/201

71220/026316. htm，2017 年 12 月 20 日。

腾讯网：《大学女生怕同学讥笑将临时工母亲推开：滚回家》，来源：《钱江晚报》，记者郑琳，http：//edu. qq. com/a/2013 0505/000071. htm，2013 年 5 月 5 日。

腾讯网：《社交账号被盗：新时代的网络安全之殇》，http：//www. cy-zone. cn/a/20130424/241425. html，2013 年 4 月 24 日。

腾讯网：《说服国人接受转基因为何这么难》，http：//view. news. qq. com/in-touchtoday/index. htm? 2587&ADUIN = 327288433 & ADSESSION = 1382338609 & ADTAG = CLIENT. QQ. 5239_ .0 & ADPUBNO = 26248，2013 年 10 月 21 日。

铁血社区：《兰州城管被民围殴，队长被暴打跪地求饶》，http：//bbs. tiexue. net/post2_ 3621446_ 1. html，2009 年 6 月 9 日。

网易新媒体：《新闻杂谈：以讹传讹》，http：//www. 52rkl. cn/xinwenza-tan/1204123262013. html，2013 年 12 月 4 日。

网易新闻：《警方辟谣“鸟巢大会每人领 5 万”　仍有老人坚持进京》，http：//news. 163. com/17/0424/19/CIQENF6000018AOR. html，2017 年 4 月 24 日。

武汉大学互联网科学研究中心：《微博传播规律与舆情演进（网络发布版）》，来自@武大沈阳微博发布，http：//vdisk. weibo. com/s/iKVe-UpSH-i，2012 年 5 月 2 日。

四川新闻网：《网上造谣针刺死人　以身试法被拘五日》，http：//gy. new ssc. org/system/20091012/000640225. htm，2009 年 10 月 12 日。

网易：《任志强：央视报道造谣早转够 500 了　应抓起来》，http：//mon-ey. 163. com/13/1126/18/9EKIGS3Q002534NU. html，2013 年 11 月 26 日。

西部网：《陕西地震信息网遭黑客攻击紧急发布信息辟谣》，http：//news. cnwest. com/content/2008 – 05/30/content_ 1256007. htm，2008 年 5 月 30 日。

先点新媒：《贵州一女子造谣老母猪开口说话，称吃 9 个鸡蛋能防疫，被拘留 10 日》，https：//baijiahao. baidu. com/s? id = 1657726575579579 798 & wfr = spider & for = pc，2020 年 2 月 6 日。

逍客：《2018 微信用户数量首次突破 10 亿》，https：//www. shopefx. com/

college/news/2380. html，2018 年 5 月 21 日。

新华网：《公安机关核实已有 531 人被针状物刺伤》，http：//news. xinhuanet. com/politics/2009 -09/06/content_ 12005095. htm，2009 年 9 月 6 日。

新华网：《刘铁男被“双开”　实名公开举报渐显反腐“威力”》，记者华春雨、隋笑飞等，http：//news. xinhuanet. com/politics/2013 -08/08/c_ 116870448. htm，2013 年 8 月 8 日。

新华网：《“钱云会案”：警惕网络推手误导网上舆论》，http：//news. xinhuanet. com/legal/2011 -02/06/c_ 121052650. htm，2011 年 2 月 6 日。

新华网：《世卫组织：碘盐无益防辐射　不当食用有碍健康》，http：//news. xinhuanet. com/world/2011 -03/18/c_ 121205098. htm，2011 年 3 月 18 日。

新华网：《谣言是如何成为“谣盐”的？——全国食盐恐慌性抢购的幕后》，http：//www. sc. xinhuanet. com/content/2011 -03/22/content_ 22335927. htm，2011 年 3 月 22 日。

新华网：《北京市公安机关依法查处网上编造传播谣言行为》，http：//news. xinhuanet. com/legal/2012 -03/30/c_ 122911330. htm，2012 年 3 月 30 日。

新华网：《北京一女子网上散布“警察当街打死金毛犬”虚假信息被拘留》，http：//news. xinhuanet. com/2013 -06/18/c_ 11 6191331. htm，2013 年 6 月 18 日。

新华网：《国家互联网信息办部署集中清理三类信息保护公民个人隐私》，http：//news. xinhuanet. com/politics/2013 -06/26/c_ 116302889. htm，2013 年 6 月 26 日。

新华网：《网络名人社会责任论坛在央视新址举行》，http：//news. xinhuanet. com/local/2013 -08/10/c_ 116892078. htm，2013 年 8 月 10 日。

新华网：《河北邢台一女子贴吧内问“是否发生命案”被拘留》，http：//www. he. xinhuanet. com/news/2013 -08/31/c_ 11 7173891. htm，2013 年 8 月 31 日。

新华网：《两个故意传播谣言微博账号被注销和暂停》，http：//news. xinhuanet. com/politics/2013 -05/10/c_ 115711107. htm，2013 年 5 月 10 日。

新华网：《网曝山东临朐 20 万群众被强行做用药试验不实》，http：//news.

xinhuanet. com/photo/2012 -01/14/c_ 122586886. htm，2012 年 1 月 14 日。

新浪网：《苏宁电器发布澄清声明　董事长张近东被捕属谣传》，http：//finance. sina. com. cn，2005 年 3 月 2 日。

新浪网：《江西上饶数十男子持刀砍村民》，http：//slide. news. sina. com. cn/c/slide_ 1_ 2841_ 33350. html？img =268077，2013 年 7 月 6 日。

新浪网：《湘潭男子因群转发炭疽谣言被拘 5 天》，http：//hunan. sina. com. cn/news/s/2013 -08 -28/080168025. html，2013 年 8 月 28 日。

新浪网：《新华社发乌龙快讯称伊斯坦布尔获 2020 奥运举办权》，http：//sports. sina. com. cn/o/2013 -09 -08/06216769674. shtml，2013 年 9 月 8 日。

新浪网：《波士顿爆炸案美国媒体摆乌龙：称嫌疑人已被捕》，http：//tech. sina. com. cn/i/2013 -04 -18/08478252340. shtml，2013 年 4 月 18 日。

央视网：《山东滨州：“外星人”来了？自导自演!》，http：//news. cntv. cn/2013/06/12/VIDE1371051478893402. shtml，2013 年 6 月 12 日。

扬子晚报网：《聚美优品驳斥假货谣言，行业恶性竞争亟待解决》，http：//www. yangtse. com/system/2013/03/25/016672703. shtml，2013 年 3 月 25 日。

谣言过滤器：《重阳节，别让谣言成为你我的隔阂》，https：//chuansong-me. com/n/2605934651015，2018 年 1 月 17 日。

郑若麟：《谣言盛行的理论剖析》，四月网文化评论专栏文章，http：//opin-ion. m4. cn/2012 -08/1181252_ 7. shtml，2012 年 8 月 28 日。

中国国学网：《中国古人如何造谣？盘点谣言史上的“四大发明”》，http：//www. confucianism. com. cn/Show. asp？id =216456，2012 年 4 月 24 日。

中华论坛：《牛逼城管让牛逼拉面穆斯林打尿裤了，图文并茂》，http：//club. china. com/data/thread/1011/2732/31/48/5_ 1. html，2011 年 10 月 8 日。

中华人民共和国国务院新闻办公室与中华人民共和国信息产业部：《互联网新闻信息服务管理规定》，2005 年 9 月 25 日。

中国互联网络信息中心（CNNIC）：《中国互联网络发展状况统计报告》（第 47 次），http：//www. gov. cn/xinwen/2021 -02/03/content_ 5584518. htm，2021 年 2 月 3 日。

中国时刻网：《新华社央视摆乌龙致长沙晚报几十万份报纸追回损失巨

大》，http：//www. s1979. com/caijing/guonei/201309/09100508409. shtml，2013 年 9 月 9 日。

中国新闻网：《中盐总公司回应食盐抢购现象：确保市场稳定供应》，http：//www. chinanews. com/cj/2011/03 -17/2912655. shtml，2011 年 3 月 17 日。

中国新闻网：《网传江西数十男子持刀砍村民　官方澄清与拆迁无关》，http：//www. chinanews. com/fz/2013/07 -06/5010625. shtml，2013 年 7 月 6 日。

最高人民法院网站：《忠诚是政法干警的基本操守》，http：//www. court. gov. cn/spyw/laxf/201206/t20120629_ 177613. htm，2012 年 6 月 29 日。

## 九　工具书

中国社会科学院语言研究所词典编辑室：《现代汉语词典（修订本）》，商务印书馆 1996 年版。

# 后　记

社交媒体时代，我们足不出户便能了知天下事，并展开多样态的即时互动。信息四通八达，各种媒介，渠道，乃至万物，只要联网，便可接入信息的海洋。我们习惯于依赖技术，好像只要“接入”端口，“打开”平台，“唤醒”人工智能，信息便会自来，我们已经习惯。但随之而来的问题之一，就是信息海洋中，鱼目混珠，难辨真伪。我们习惯了接收信息，习惯了随手转发信息，习惯了评论和质疑信息，也习惯了情感、时间和精力的高度卷入。我们感谢和享受媒介为信息提供的便捷通道，我们也无奈于不实信息如何影响和阻塞这个通道。而谣言，以“是否属实”的不确定性持续保有其神秘面纱。其中，如何将“判定为假”的谣言信息予以清除，还通道以畅通光亮，如何将“判定为真”的谣言信息赋以真相，还历史记忆与记录以清明，如何让暂时“无法判定真假”的谣言信息成为探寻真知的动力，或发挥其“减压阀”的正向功能，这些都吸引着我关注、观察和思考谣言。

非常有幸获得国家社科基金课题资助和中国社会科学院创新工程出版资助，得以完成本课题的研究并能将其最终成果出版发行。一项课题的完成，有太多想要由衷感谢的人，从立项到结项，各个环节中都凝聚了很多同行评议专家和行政管理老师的辛苦付出。非常感谢中国社会科学院新闻与传播研究所良好的学术氛围，以及所领导和各位同事的支持与鼓励，非常感谢全国哲学社会科学工作办公室和中国社会科学院行政管理老师们的辛苦付出，非常感谢在本课题立项和结项过程中提出过宝贵建议和意见的各位评审专家，非常感谢对本人的阶段性成果发表过程中给予过指导和提出宝贵修改意见的学术期刊编辑与匿名评审专家们（虽然无从知晓匿名评审专家们的姓名），非常感谢所有参加过本书出版资助评审会和匿名评审的老师们，是您们的宝贵意见让最终的书稿更加完善。老师们的认可和帮助是鼓励，更是鞭策，本人深知书稿还有很多不足，研究也还要继续。

虚拟现实，可穿戴设备，人工智能，元宇宙，沉浸式短视频和直播都使移动终端谣言传播变得越来越复杂。如果说移动终端改变了人认识和建构自我的方式，而社会认同是被建构的认同，那么移动终端时代的谣言是如何生成，又是如何与社会认同相互影响？如果说人们往往将自己认同的真相当作真相，而不同的人可能建构出不同的真相，那么谣言如何提示我们去重视消除误解、澄清事实？如果说事实不一定是真相，那么谣言如何提示我们去探究事实与真相的关系？在这样一个充满着不确定性的时代，在这样一个情绪一触即发的后真相时代，谣言的存在也许恰好提示我们去认知确定性信息的宝贵，进而体认作为一个新闻人对探寻确定性信息的社会责任与担当。

感谢我的家人和亲友对我一如既往的支持和关爱！恩师与益友，家人与孩子，都给予我太多的厚爱与鼓励！怅然若失中，是这些爱与鼓励，唤起我心底的力量；踌躇满志中，是这些爱与鼓励，燃起我生命的热情；焦虑低落中，是这些爱与鼓励，提醒我继续前行的勇气。

最后，感谢本书编辑陈肖静女士的热情、细致和认真，以及出版社其他老师们的辛苦付出！本人能力和视野所限，研究仍有许多不足，恳望各位同仁批评指正。

雷　霞

2022 年 1 月 16 日